U0498221

产教融合视域下
现代产业学院人才培养范式研究

CHANJIAO RONGHE SHIYU XIA

XIANDAI CHANYE XUEYUAN RENCAI PEIYANG

FANSHI YANJIU

刘　佳◎著

西南财经大学出版社
中国·成都

图书在版编目(CIP)数据

产教融合视域下现代产业学院人才培养范式研究/
刘佳著.--成都:西南财经大学出版社,2025.5.
ISBN 978-7-5504-6670-8

Ⅰ.G649.2

中国国家版本馆 CIP 数据核字第 2025X9H925 号

产教融合视域下现代产业学院人才培养范式研究
刘佳 著

责任编辑:李特军
责任校对:石晓东
封面设计:墨创文化
责任印制:朱曼丽

出版发行	西南财经大学出版社(四川省成都市光华村街 55 号)
网 址	http://cbs.swufe.edu.cn
电子邮件	bookcj@swufe.edu.cn
邮政编码	610074
电 话	028-87353785
照 排	四川胜翔数码印务设计有限公司
印 刷	成都金龙印务有限责任公司
成品尺寸	170 mm×240 mm
印 张	18.25
字 数	294 千字
版 次	2025 年 5 月第 1 版
印 次	2025 年 5 月第 1 次印刷
书 号	ISBN 978-7-5504-6670-8
定 价	98.00 元

1. 版权所有,翻印必究。
2. 如有印刷、装订等差错,可向本社营销部调换。

前　言

在全球经济一体化和科学技术快速发展的背景下，高等教育面临着前所未有的挑战与机遇。传统的教育模式在培养适应社会需求的应用型人才方面显得力不从心，特别是在应对新兴产业的快速发展和产业结构升级的需求时，出现了明显的供需脱节现象。为了更好地满足经济社会发展对高素质应用型、复合型人才的需求，现代产业学院应运而生，并逐渐成为推动产教深度融合的重要载体。

笔者为武汉华夏理工学院商学院国际经济与贸易专业教师，主要研究方向是跨境电商与协同育人。《产教融合视域下现代产业学院人才培养范式研究》基于所在学院与企业共建"汉睿数字经济现代产业学院"这一背景编写而成。本书结合该现代产业学院建设中的经验，对如何有效进行深层次的建设进行思考，探讨其定位与发展、办学机制、多元治理结构、育人模式以及保障措施等方面的问题，以期为我国现代产业学院的发展提供理论支持和实践指导。

全书共分为九章，涵盖了现代产业学院的各个方面，每一章节都围绕特定主题展开深入分析，并结合实际案例进行阐述。

第一章，绪论。绪论部分首先介绍了现代产业学院产生的时代背景及其重要意义。随着新一轮科技革命和产业变革的到来，传统产业正在经历深刻转型，新兴技术不断涌现，传统教育模式面临严峻考验。同时，国家也出台了一系列政策文件，鼓励和支持高校与企业之间开展深度合作，共同探索符合新时代要求的人才培养模式。因此，如何构建一个既能满足产业发展需求又能促进学生全面发展的教育体系，成为当前高等教育亟待解决的问题之一。

第二章，产教融合视域下现代产业学院的定位与发展。本章主要讨论了现代产业学院在产教融合视域下的具体定位及其发展方向。首先，本章明确了现代产业学院的基本概念及核心功能，即通过整合教育资源与产业资源，搭建一个集教学、科研和社会服务于一体的综合性平台；其次，分析了国内外相关领域的成功经验，如德国的"双元制"职业教育模式以及美国的一些社区学院的做法等，从中获得有益启示；最后，结合当前我国国情，提出了一些具有针对性的发展建议，包括加强顶层设计、完善法律法规、加大财政投入等。

第三章，现代产业学院办学机制与多元治理结构研究。本章重点探讨了现代产业学院的办学机制及其多元化的治理结构。有效的办学机制是确保现代产业学院顺利运行的关键，它涉及多个层面的因素，如组织架构设计、管理制度制定以及资源配置方式等。除此之外，多元化的治理结构也是不可或缺的一部分，因为它能够有效整合各方资源，实现优势互补，从而提升整体办学效益。本章还列举了若干典型案例，展示了不同类型的现代产业学院在实践中所采取的具体措施及其成效。

第四章，地方政府主导下的现代产业学院育人研究与实践。地方政府作为地方教育发展的重要推动力量，在现代产业学院建设过程中扮演着至关重要的角色。本章详细论述了地方政府在政策支持、资源整合等方面的积极作用，并通过具体实例说明了它们是如何助力地方经济发展的，为高校提供了宝贵的教学资源和发展空间。

第五章，学校与行业协会合作的现代产业学院育人模式研究与实践。学校与行业协会的合作模式是现代产业学院育人模式中的一个重要组成部分。行业协会凭借其深厚的行业背景和广泛的会员基础，可以为学生提供更贴近实际的工作环境，帮助他们更快地适应职场生活。本章着重探讨了这种合作模式的特点及其实施路径，同时还分享了一些成功的实践经验。

第六章，学校与龙头企业合作的现代产业学院育人模式研究与实践。本章聚焦于学校与龙头企业的合作模式。龙头企业通常拥有较强的技术实力和市场影响力，这使得它们能够在人才培养过程中发挥重要作用。本章通过介绍几个典型的合作案例，展示了双方如何通过共建协同育人机制、创新人才培养模式等方式，共同培养出符合市场需求的高素质人才。此外，本章还分析了此类合作面临的挑战及应对策略，强调了建立长期稳定的合作关系的重要性。

第七章，基于现代学徒制的现代产业学院育人模式研究与实践。本章探讨了基于现代学徒制的现代产业学院育人模式。现代学徒制是一种将理论学习与实践操作紧密结合的人才培养方式，旨在培养学生的动手能力和职业素养。本章首先回顾了现代学徒制的历史沿革及其在不同国家的应用情况，然后结合我国实际情况，提出了适合我国国情的现代学徒制实施方案，并通过具体案例展示了其在实际操作过程中的效果。

第八章，现代产业学院育人的保障机制研究。完善的保障机制是确保各项育人措施得以顺利实施的基础条件。本章围绕师资队伍建设、教学资源配置、评价体系完善等多个方面展开了详细讨论。优秀的教师团队是保证教学质量的前提条件之一，针对目前我国存在的"双师型"教师短缺的现象，我们可以通过多种途径加以改善，比如定期选派教师赴企业挂职锻炼，增强实践经验；邀请企业专家来校授课或担任兼职教师，丰富课堂教学内容；建立有效的激励机制，吸引更多优秀人才投身职业教育事业；此外，还需要建立起一套科学合理的多元化评价标准，除了考试成绩外，还应关注学生的实习表现、项目完成情况以及创新能力等多维度指标。

第九章，现代产业学院育人场境、产境，学境建设研究。良好的育人场境不仅能激发学生的学习兴趣，还能创造一个有利于学生成长的空间。本章从硬件设施到软件环境，全面分析了如何打造一个开放、互动且充满活力的育人场境。这包括但不限于优化校园布局、营造浓厚学术氛围、引进先进教学设备以及开发在线学习平台等。只有在一个充满活力和创造力的环境中，学生才能真正发挥潜能，成长为具备创新精神和实践能力的高素质人才。

《产教融合视域下现代产业学院人才培养范式研究》一书系统地梳理了现代产业学院在产教融合背景下的发展历程及其未来发展趋势。本书不仅能够让读者更加清晰地认识到现代产业学院的核心价值，也能为读者今后的相关研究和实践工作提供有益参考。希望本书能够引起更多人关注现代产业学院，并激发大家积极探索创新的热情，共同致力于构建更加完善、更具活力的现代产业学院体系，为实现中华民族伟大复兴贡献智慧和力量。由于本人研究能力所限，本书中难免存在不足之处，还请见谅。

★基金项目：2023 年度湖北省教育科学规划重点课题《现代产业学院背景下应用型高校'多元协同，数字赋能'人才自主培养新范式研究》（2023GAO82）。

刘佳

2025 年 3 月

目　录

第一章 绪论

第一节 研究背景与意义

一、研究背景

随着全球经济一体化的加速、科技的飞速发展和产业结构的不断升级与转型，我国企业对高素质技术技能型人才的需求日益迫切。职业教育作为培养技术技能型人才的重要途径，其发展受到了广泛关注。产教融合作为一种重要的职业教育模式，通过产业与教育的深度合作，能够有效提升人才培养质量，满足社会经济发展对人才的需求。现代产业学院作为产教融合的重要载体，近年来在我国得到了快速发展，成为职业教育改革的重要方向之一。

在我国，职业教育产教融合的发展经历了从初步探索到逐步深化的过程。近年来，国家出台了一系列政策文件，推动职业教育与产业的深度融合。例如，《国家职业教育改革实施方案》提出要推动校企全面加强深度合作，打造一批高水平实训基地，建设一批示范性职业教育集团（联盟），建设一批具有辐射引领作用的高水平专业化产教融合实训基地。这些政策为现代产业学院的发展提供了有力的政策支持和制度保障。

随着粤港澳大湾区等区域经济的快速发展，区域产业结构的优化升级对高素质人才的需求更为迫切。现代产业学院在区域经济发展中的作用日益凸显，成为推动区域产业升级和人才培养的重要力量。例如，粤港澳大湾区作为我国经济高度发达的地区之一，其产业结构的多元化和高端化对职业教育提出了更高的要求。现代产业学院通过与区域内企业的深度合作，能够更好地满足区域经济发展的需求。

二、研究意义

（一）理论意义

本书旨在通过系统分析现代产业学院的定位、办学机制、育人模式及保障机制，构建一个完整的现代产业学院人才培养范式理论框架；通过对产教融合视域下现代产业学院的深入研究，丰富和完善职业教育理论体系，为职业教育的理论研究提供新的视角和方法。

（二）实践意义

1. 为现代产业学院的建设与发展提供指导

本节通过研究现代产业学院的定位与发展路径，为各地现代产业学院的建设提供理论支持和实践指导，帮助其更好地满足区域经济发展需求。

2. 为地方政府和行业协会提供决策参考

本节通过研究地方政府主导和行业协会参与的育人模式，为地方政府和行业协会在职业教育中的角色定位和职能发挥提供理论参考，从而促进职业教育与区域经济的协同发展。

3. 为企业参与职业教育提供借鉴

本节通过研究学校与企业合作的育人模式，为企业参与职业教育提供实践案例和经验借鉴，推动企业与学校深度合作，提升人才培养质量。

三、研究背景的进一步阐述

（一）全球经济一体化背景下的职业教育发展

在全球经济一体化的背景下，各国经济相互依存，产业结构不断升级和转型。这种趋势对劳动力市场提出了更高的要求，特别是对高素质技术技能型人才的需求。职业教育作为培养这类人才的重要途径，其重要性日益凸显。然而，传统职业教育模式在人才培养方面存在诸多不足，如课程设置与市场需求脱节、实践教学环节薄弱等。这些问题导致职业教育培养的人才难以满足企业和社会的实际需求。

为了应对这一挑战，许多国家和地区开始探索产教融合模式，通过产业与教育的深度合作，实现教育资源与产业需求的有效对接。这种模式不仅能够提高职业教育的质量和适应性，还能够促进产业的发展和创新。例如，德国的"双元制"职业教育模式，通过学校与企业的紧密合作，实现了学生在理论学习和实践操作之间的无缝衔接，培养了大量高素质技术技能型人才，为德国的经济发展提供了有力支持。

（二）我国职业教育产教融合的发展历程

我国职业教育的发展经历了从初步探索到逐步深化的过程。早期的职业教育主要以学校教育为主，与产业的联系较为薄弱。随着经济的发展和产业结构的升级，这种模式逐渐暴露出诸多问题，如人才培养与市场需求脱节、学生实践能力不足等。为了应对这些问题，我国开始探索职业教育产教融合模式，通过校企合作、工学结合等方式，实现教育资源与产业需求的有效对接。

2023 年，国家发展改革委、教育部等部门印发《职业教育产教融合赋能提升行动实施方案（2023—2025 年）》，提出一系列政策措施，包括推动形成产教融合头雁效应、夯实职业院校发展基础、建设产教融合实训基地、深化产教融合校企合作、健全激励扶持组合举措等，旨在促进教育链、人才链与产业链、创新链有机衔接。这些举措共同推动了我国职业教育产教融合向纵深发展，为培养高素质技术技能人才、服务经济社会发展提供了有力支撑。

（三）区域经济发展对职业教育的需求

随着粤港澳大湾区等区域经济的快速发展，区域产业结构的优化升级对高素质人才的需求更为迫切。现代产业学院在区域经济发展中的作用日益凸显，成为推动区域产业升级和人才培养的重要力量。现代产业学院通过与区域内企业的深度合作，能够更好地满足区域经济发展的需求。

（四）现代产业学院的兴起与发展

现代产业学院作为一种新型的职业教育办学模式，近年来在我国得到了快速发展。其核心在于通过校企深度合作，构建集人才培养、技术研发、社会服务等功能于一体的综合性教育平台。现代产业学院的兴起与发展，不仅是职业教育改革的必然选择，也是适应区域经济发展需求的重要举措。

1. 现代产业学院的定义与特征

（1）现代产业学院的定义

现代产业学院是职业教育中一种新型的办学模式，通过与产业的深度合作，构建集人才培养、技术研发、社会服务等功能于一体的综合性教育平台。其目标是培养适应产业发展需求的高素质技术技能型人才。

（2）现代产业学院的特征

校企深度合作：现代产业学院强调学校与企业的深度合作，通过共同制定培养方案、共建实训基地、共同开展技术研发等方式，实现教育资源与产业需求的有效匹配。

多元主体参与：现代产业学院的建设涉及学校、企业、政府、行业协会等多元主体。各方通过协同合作，共同推动现代产业学院的发展。

产教融合：现代产业学院通过产教融合，实现教育与产业的协同发展。学生在学习过程中不仅能够获得扎实的理论知识，还能够通过实践提升实际操作能力。

服务区域经济：现代产业学院的建设紧密结合区域经济发展需求，通过培养高素质技术技能型人才，为区域产业升级和经济发展提供人才支持。

（3）现代产业学院的发展现状

政策支持：近年来，国家出台了一系列政策文件以推动现代产业学院的发展。例如，《国家职业教育改革实施方案》。

实践探索：各地在现代产业学院的建设方面进行了广泛的实践探索。例如，广东理工职业学院巨轮智能现代产业学院通过与巨轮智能装备股份有限公司合作，构建了集人才培养、技术研发、社会服务等功能于一体的综合性教育平台，取得了显著的成效。

存在的问题：尽管现代产业学院在发展过程中已经取得了一定的成效，但也存在一些问题。例如，校企合作的深度和广度不足、人才培养模式有待进一步优化、保障机制不完善等。这些问题制约了现代产业学院的进一步发展，需要通过深入研究加以解决。

（五）现代产业学院的政策环境与社会需求

1. 政策环境

国家政策支持：近年来，国家出台了一系列政策文件，推动职业教育与产业的深度融合。这些政策文件不仅为现代产业学院的发展提供了有力的政策支持，还为其建设和发展指明了方向。这些政策文件的出台，为现代产业学院的发展提供了坚实的政策基础。

地方政策支持：除了国家层面的政策支持，各地也纷纷出台了相应的政策文件，推动现代产业学院的建设和发展。例如，广东省出台了《广东省职业教育"扩容、提质、强服务"三年行动计划（2019—2021 年）》，明确提出三年行动计划：制定产教融合型企业认定管理实施办法，对深度参与职业教育、行为规范、成效显著的企业，按照相关规定予以表彰和相关政策支持。这些地方政策文件的出台，为现代产业学院的建设提供了具体的实施路径和保障措施。

2. 社会需求

产业升级需求：随着全球经济一体化的加速和科技的飞速发展，产业结构的升级与转型对高素质技术技能型人才的需求日益迫切。现代产业学院通过与产业的深度合作，能够更好地满足产业升级对人才的需求；通过与区域内企业的深度合作，能够培养出适应产业升级需求的高素质技术技能型人才。

就业市场需求：当前就业市场对高素质技术技能型人才的需求不断增加。现代产业学院通过校企合作、工学结合等方式，能够有效提升学生的实践能力和就业竞争力。例如，华为信息与网络技术学院通过与华为公司的深度合作，培养了大量适应市场需求的高素质技术技能型人才，这些学生在就业市场上具有较高的竞争力。

社会服务需求：现代产业学院不仅在人才培养方面发挥着重要作用，还在社会服务方面具有重要价值。通过与企业的合作，现代产业学院能够为企业提供技术研发、咨询服务等支持，促进企业的技术创新和发展。同时，现代产业学院还能够为社会提供职业培训、技能鉴定等服务，提升社会劳动力的素质。

四、研究意义的进一步阐述

（一）理论意义的进一步阐述

丰富职业教育理论体系：本研究通过系统分析现代产业学院的定位、办学机制、育人模式及其保障机制，构建了一个完整的现代产业学院人才培养范式理论框架。这一框架不仅能够为职业教育的理论研究提供新的视角和方法，还能够丰富和完善职业教育理论体系。

提供新的研究方法和视角：本研究采用文献研究法、案例分析法和实地调研法相结合的研究方法，采用新的研究方法，从新的视角对现代产业学院进行深入研究。这些方法和视角不仅能够为职业教育的研究提供参考，还能够为其他相关领域的研究提供借鉴。

（二）实践意义的进一步阐述

为现代产业学院的建设与发展提供指导：本研究通过研究现代产业学

院的定位与发展路径，为各地现代产业学院的建设提供理论支持和实践指导。这不仅能够帮助现代产业学院更好地满足区域经济发展需求，还能够提升其办学质量和水平。

为地方政府和行业协会提供决策参考：本研究通过分析地方政府主导和行业协会参与的育人模式，为地方政府和行业协会在职业教育中的角色定位和职能发挥提供参考。这不仅能够促进职业教育与区域经济的协同发展，还能够提升地方政府和行业协会在职业教育中的影响力。

为企业参与职业教育提供借鉴：本研究通过研究学校与企业合作的育人模式，为企业参与职业教育提供实践案例和经验借鉴。这不仅能够推动企业与学校深度合作，还能够提升人才培养质量，从而满足企业和社会的实际需求。

现代产业学院为学生和教师提供发展平台，为学校校企合作提供更为宽阔的发展空间。

学生发展：通过现代产业学院，学生能够获得更多的实践机会和就业渠道。学生在学习过程中不仅能够获得扎实的理论知识，还能够通过实践提升实际操作能力，增强就业竞争力。

教师发展：现代产业学院为教师提供了更多的发展机会。教师通过参与企业的技术研发和项目合作，能够提升自身的实践能力和科研水平，更好地适应职业教育的发展需求。

现代产业学院还能推动职业教育的国际化。

国际交流与合作：现代产业学院通过与国际知名企业和教育机构合作，能够引入先进的教育理念和教学方法，提升职业教育的国际化水平。

提升国际影响力：通过现代产业学院的建设，我国职业教育在国际上的影响力不断提升。

1. 促进教育公平

资源均衡分配：现代产业学院通过与企业的深度合作，能够吸引更多的社会资源投入到职业教育中，在一定程度上促进了教育资源的均衡分配。例如，通过校企合作，企业可以为学校提供实训设备、实习基地等资源，提升学校的办学条件和教学质量。

提升教育质量：现代产业学院通过产教融合、工学结合等方式，能够有效提升职业教育的质量和水平。学生在学习过程中不仅能够获得扎实的理论知识，还能够通过实践提升实际操作能力，增强就业竞争力。这有助于提升职业教育的社会认可度，促进教育公平。

2. 推动教育创新

创新教育模式：现代产业学院通过校企合作、工学结合等方式，创新了职业教育的办学模式和育人模式。例如，现代学徒制育人模式通过"双导师"制实现了学生在理论学习和实践操作之间的无缝衔接，培养了适应产业发展需求的高素质技术技能型人才。

创新教育内容：现代产业学院通过与企业的深度合作，能够及时将企业的最新技术和管理经验引入到教学内容中，更新教学内容和教学方法。这有助于提升职业教育的适应性和前瞻性，推动教育创新。

第二节　核心概念与文献综述

一、核心概念

（一）产教融合

产教融合是指产业与教育的深度融合，通过校企合作、工学结合等方式，实现教育资源与产业需求的有效对接，培养适应产业发展需求的高素质技术技能型人才。产教融合的核心在于打破教育与产业之间的壁垒，实现教育与产业的协同发展。

（二）现代产业学院

现代产业学院是职业教育中一种新型的办学模式，学院通过与产业的深度合作，构建集人才培养、技术研发、社会服务等功能于一体的综合性教育平台。现代产业学院强调校企合作、工学结合、产教融合，以培养适应产业发展需求的高素质技术技能型人才为目标。

（三）育人模式

育人模式是指在特定的教育环境中，学校通过一定的教育方法和手段，培养符合社会需求的人才的模式。在现代产业学院中，育人模式主要包括以下几种：

1. 产教融合育人模式

产教融合育人模式是指通过产业与教育的深度融合，实现教育资源与产业需求的有效匹配，培养适应产业发展需求的高素质技术技能型人才。

产教融合育人模式强调校企合作、工学结合、实践教学等，通过理论与实践的紧密结合，提升学生的实际操作能力和就业竞争力。

2. 现代学徒制育人模式

现代学徒制育人模式是指学校通过与企业的深度合作，采用"双导师"制，让学生在学习过程中既接受学校的理论教育，又接受企业的实践指导，培养适应产业发展需求的高素质技术技能型人才。

现代学徒制育人模式强调对学生实践操作能力和职业素养的培养，通过"双导师"制实现学生在理论学习和实践操作之间的无缝衔接。

3. 多元协同育人模式

多元协同育人模式是指通过学校、企业、政府、行业协会等多元主体的协同合作，共同培养适应产业发展需求的高素质技术技能型人才。多元协同育人模式强调各方的协同合作，通过资源共享、优势互补，实现人才培养的高效性和适应性。

多元协同育人模式通过整合多方资源，可以为学生提供了更加多样化的教育支持，包括知识与技能的全面提升、实践能力的增强、职业规划与就业竞争力的提升、综合素质的提升、个性化发展支持与终身学习能力的培养等。

（1）多元治理结构的特点

协同合作：多元治理结构强调各方的协同合作，通过资源共享、优势互补，实现现代产业学院的高效运行和发展。

利益共享：多元治理结构强调各方的利益共享，通过共同参与治理，实现各方的利益最大化。

风险共担：多元治理结构强调各方的风险共担，通过共同参与治理，实现各方风险共担。

（2）多元治理结构的类型

校企合作治理模式：校企合作治理模式是指学校与企业共同参与治理的模式。这种模式强调学校与企业的深度合作，通过共同制定培养方案、共建实训基地、共同开展技术研发等方式，实现教育资源与产业需求的有效匹配。

政校企合作治理模式：政校企合作治理模式是指政府、学校、企业共同参与治理的模式。这种模式强调政府的引导作用，通过政府的政策支持和资源整合，实现学校与企业的深度合作。

行业协会主导治理模式：行业协会主导治理模式是指行业协会主导治理的模式。这种模式强调行业协会的协调作用，通过行业协会的组织和协调，实现学校与企业的深度合作。

二、文献综述

（一）产教融合的理论研究

国内外学者对产教融合的理论研究较为广泛。国外学者主要从经济学、社会学和教育学等角度对产教融合进行研究。例如，贝克尔（Becker）从人力资本理论出发，认为职业教育能够提高劳动者的生产效率，促进经济发展。国内学者则主要从职业教育与产业发展的关系、产教融合的模式与机制等方面进行研究。例如，石伟平从职业教育与产业发展的互动关系出发，提出了产教融合的"双元制"模式。

（二）现代产业学院的研究现状

1. 国内研究现状

国内学者对现代产业学院的定位与功能进行了广泛的研究。例如，张志军从现代产业学院的定位出发，提出了"产教融合、校企合作、工学结合"的办学理念。王建民从现代产业学院的功能出发，提出了"人才培养、技术研发、社会服务"三位一体的功能体系。

办学机制：国内学者对现代产业学院的办学机制进行了深入研究。例如，李明从多元主体参与的角度，提出了"协同治理"的办学模式。刘洋从利益契合的角度，提出了"利益共享、风险共担"的办学机制。

育人模式：国内学者对现代产业学院的育人模式进行了广泛的研究。例如，陈丽从产教融合的角度，提出了"双元制"育人模式。赵强从现代学徒制的角度，提出了"双导师"育人模式。

2. 国外研究现状

德国"双元制"模式：德国的"双元制"职业教育模式是现代产业学院的重要参考模式。该模式通过学校与企业的深度合作，实现了学生在理论学习和实践操作之间的无缝衔接，培养了大量高素质技术技能型人才。

澳大利亚 TAFE 模式：澳大利亚的 TAFE（Technical and Further Education）模式也是现代产业学院的重要参考模式。该模式通过学校与企业的紧密合作，实现了教育资源与产业需求的有效对接，培养了大量适应产业发展需求的高素质技术技能型人才。

美国社区学院模式：美国的社区学院模式通过学校与企业的深度合作，实现了教育资源与产业需求的有效对接，培养了大量适应产业发展需求的高素质技术技能型人才。

三、文献综述的进一步阐述

（一）研究不足

理论研究不足：尽管国内外学者对现代产业学院进行了广泛的研究，但在理论研究方面仍存在不足。例如，对现代产业学院的定位、功能、办学机制等理论问题的研究还不够深入，缺乏系统的理论框架。

实践研究不足：在实践研究方面，尽管各地进行了广泛的实践探索，但对实践案例的总结和分析还不够深入。例如，对校企合作的深度和广度、人才培养模式的优化、保障机制如何完善等方面的研究还不够系统。

治理结构研究不足：尽管国内外学者对现代产业学院的治理结构进行了广泛的研究，但在治理结构的研究方面仍存在不足。例如，对治理结构的理论研究还不够深入，缺乏系统的理论框架。对治理结构的实践研究还不够系统，缺乏对实践案例的深入分析。

（二）创新点

构建完整的理论框架：本研究通过系统分析现代产业学院的定位、办学机制、育人模式及其保障机制，构建一个完整的现代产业学院人才培养范式理论框架。这一框架不仅能够为职业教育的理论研究提供新的视角和方法，还能够丰富和完善职业教育理论体系。

提供实践案例与经验借鉴：本研究通过分析现代产业学院的典型案例，总结其成功经验和存在的问题，为各地现代产业学院的建设提供实践案例和经验借鉴。这不仅能够帮助现代产业学院更好地满足区域经济发展需求，还能够提升其办学质量和水平。

推动跨学科研究：本研究通过跨学科的研究方法，从教育学、经济学、管理学等多个学科的角度对现代产业学院进行研究，推动跨学科研究的发展。这不仅能够为现代产业学院的研究提供新的视角和方法，还能够为其他相关领域的研究提供借鉴。

第三节　研究思路与框架

一、研究思路

本研究旨在系统探讨产教融合视域下现代产业学院的人才培养范式，通过理论分析与实践案例相结合的方法，构建一个完整的理论框架，并提出相应的政策建议。研究思路如下：

（一）文献研究法

1. 国内外文献综述

系统梳理国内关于产教融合、现代产业学院、职业教育改革等方面的文献，总结已有研究的成果与不足。重点关注近年来国家政策文件对现代产业学院发展的指导作用，以及各地在实践中的探索与经验。

研究德国"双元制"、澳大利亚 TAFE 模式、美国社区学院模式等国际先进职业教育模式，分析其在产教融合、校企合作、人才培养等方面的经验与启示，为我国现代产业学院的发展提供借鉴。

2. 文献分析方法

内容分析：对收集到的文献进行内容分析，提取关键概念、理论框架和研究方法，总结国内外研究的共性与差异。

比较分析：通过比较不同国家和地区的职业教育模式，分析其在政策支持、校企合作、人才培养等方面的异同，为我国现代产业学院的发展提供参考。

（二）案例分析法

选取具有代表性的现代产业学院作为研究对象，包括地方政府主导的现代产业学院、学校与行业协会合作的现代产业学院、学校与龙头企业合作的现代产业学院等。例如，华为信息与网络技术学院、浙江建设职业技术学院建筑信息模型现代产业学院、常州大学阿里云学院等。

通过实地调研、访谈、问卷调查等方式，收集案例学院的详细资料，包括办学机制、育人模式、治理结构、保障机制等方面的数据。

在前期选取典型案例基础上，开展深度访谈、问卷调查与数据分析等具体案例分析方法。

深度访谈：与学院负责人、教师、学生、企业代表等进行深度访谈，了解其对现代产业学院建设与发展的看法和建议。

问卷调查：设计问卷，对学院的学生、教师、企业员工等进行调查，收集其对学院办学质量、育人模式、合作机制等方面的评价和反馈。

数据分析：运用统计分析软件，对收集到的数据进行分析，总结案例学院的成功经验和存在的问题。

（三）实地调研法

1. 调研对象

实地调研部分现代产业学院，了解其办学现状、合作模式、育人机制、治理结构等方面的情况。

相关利益主体：包括地方政府、行业协会、企业、学校等，了解其在现代产业学院建设中的角色和作用。

2. 调研方法

实地观察：通过实地观察，了解现代产业学院校园环境、实训基地、教学设施等方面的情况。

访谈与座谈：与学院负责人、教师、学生、企业代表等进行访谈和座谈，了解其对现代产业学院建设与发展的看法和建议。

资料收集：收集现代产业学院的相关资料，包括政策文件、合作协议、教学计划、课程设置等，为研究提供实证支持。

（四）理论构建与政策建议

1. 理论构建

理论框架：基于文献研究和案例分析，构建现代产业学院人才培养范式的理论框架，明确其定位、办学机制、育人模式、治理结构、保障机制等要素之间的关系。

理论创新：结合我国职业教育发展的实际情况，提出具有中国特色的现代产业学院人才培养范式理论，丰富和完善职业教育理论体系。

2. 政策建议

政策支持：提出完善现代产业学院政策支持体系的建议，包括财政支持、税收优惠、土地政策等，为现代产业学院的发展提供更好的政策环境。

机制优化：提出优化现代产业学院办学机制和育人模式的建议，包括深化校企合作、创新育人模式、完善治理结构等，提升现代产业学院的办学质量和水平。

保障措施：提出加强现代产业学院保障机制建设的建议，包括师资队伍建设、实训基地建设、质量保障体系建设等，为现代产业学院的发展提供有力保障。

二、研究框架

（一）绪论

1. 研究背景与意义

系统阐述现代产业学院发展的背景和意义，分析其在职业教育改革中的重要地位。

核心概念与文献综述：明确产教融合、现代产业学院、育人模式等核心概念，系统梳理国内外相关研究的现状和不足。

2. 研究思路与框架

介绍研究方法和研究框架，明确各章节之间的逻辑关系。

（二）产教融合视域下现代产业学院的定位与发展

1. 我国产教融合制度体系的构建

分析我国职业教育产教融合政策的演变和发展，总结其在制度建设方面的成就与不足。

2. 产教融合育人的国际经验与区域探索

借鉴国际先进经验，分析我国不同区域在产教融合育人方面的实践探索和创新举措。

3. 产教融合视域下粤港澳大湾区现代产业学院定位与发展

以粤港澳大湾区为例，探讨现代产业学院在区域经济发展中的定位和发展路径，分析其在服务区域产业升级和人才培养中的作用。

（三）现代产业学院办学机制与多元治理结构研究

1. 现代产业学院办学机制与多元治理结构的理论分析

从理论层面分析现代产业学院办学机制和多元治理结构的内涵、特点和作用，构建理论框架。

2. 多元主体参与下的现代产业学院内部运作机制研究

研究学校、企业、政府、行业协会等多元主体在现代产业学院内部运作中的角色和作用，分析其协同合作机制。

3. 依托智慧园区的现代产业学院多主体共同治理模式案例研究

选取依托智慧园区的现代产业学院作为案例，分析其多主体共同治理模式的运行机制和效果。

4. 基于利益契合的现代产业学院多元协同治理案例研究

选取基于利益契合的现代产业学院作为案例，分析其多元协同治理模式的运行机制和效果，总结其成功经验和存在的问题。

（四）地方政府主导下的现代产业学院育人研究与实践

1. 地方政府主导下的现代产业学院育人模式研究

分析地方政府在现代产业学院育人中的主导作用，研究其育人模式的特点和优势。

2. 镇政府主导下的现代产业学院育人实践

选取地方镇政府主导的现代产业学院作为案例，分析其育人实践的运行机制和效果。

3. 市政府主导下的现代产业学院育人实践

选取市政府主导的现代产业学院作为案例，分析其育人实践的运行机制和效果，总结其成功经验和存在的问题。

（五）学校与行业协会合作的现代产业学院育人研究与实践

1. 学校与行业协会合作的现代产业学院育人模式分析

分析学校与行业协会合作的育人模式的特点和优势，研究其在人才培养中的作用。

2. 行业协会牵头的现代产业学院育人实践

选取行业协会牵头的现代产业学院作为案例，分析其育人实践的运行机制和效果。

3. 政校企所协五元共育的现代产业学院育人实践

选取政校企所协五元共育的现代产业学院作为案例，分析其育人实践的运行机制和效果，总结其成功经验和存在的问题。

（六）学校与龙头企业合作的现代产业学院育人模式研究与实践

1. 学校与龙头企业合作的现代产业学院育人模式分析

分析学校与龙头企业合作的育人模式的特点和优势，研究其在人才培养中的作用。

2. 华为信息与网络技术学院育人实践

选取华为信息与网络技术学院作为案例，分析其育人实践的运行机制和效果。

3. 广东理工职业学院巨轮智能现代产业学院育人实践

选取广东理工职业学院巨轮智能现代产业学院作为案例，分析其育人实践的运行机制和效果。

4. 天健建工学院育人实践

选取天健建工学院作为案例，分析其育人实践的运行机制和效果，总结其成功经验和存在的问题。

（七）基于现代学徒制的现代产业学院育人模式研究与实践

1. 基于现代学徒制的现代产业学院育人模式分析

分析基于现代学徒制的育人模式的特点和优势，研究其在人才培养中的作用。

2. 基于现代学徒制的广建中天现代产业学院育人实践

选取广建中天现代产业学院作为案例，分析其育人实践的运行机制和效果。

3. 基于现代学徒制的开发区科学城现代产业学院育人实践

选取开发区科学城现代产业学院作为案例，分析其育人实践的运行机制和效果。

4. 基于现代学徒制的绿色建筑现代产业学院育人实践

选取绿色建筑现代产业学院作为案例，分析其育人实践的运行机制和效果，总结其成功经验和存在的问题。

（八）现代产业学院育人的保障机制研究

1. 现代产业学院育人的政策保障

（1）国家政策支持

国家政策支持是现代产业学院发展的重要保障。近年来，我国出台了一系列政策文件，推动职业教育与产业的深度融合，为现代产业学院的发展提供了有力的政策依据如《国家职业教育改革实施方案》。这些政策文件不仅为现代产业学院的发展提供了方向性指导，还为其建设和发展提供了具体的政策支持。

（2）地方政策支持

除了国家层面的政策支持，各地也纷纷出台了相应的政策文件，推动现代产业学院的建设和发展。例如《浙江省人民政府办公厅关于深化产教融合的实施意见》，提到"支持企业和职业学校开设订单班、联合班。积极推行现代学徒制和企业新型学徒制，开发学徒制省级管理服务平台，制定推广学徒制工作规范和教学标准。大力发展校企双制、工学一体的技工教育"这些政策为中小企业提供了多方面的支持，帮助其更好地参与产教融合，提升企业竞争力和人才培养质量。

（3）政策执行与评估

政策的执行与评估是确保政策有效落实的关键环节。在现代产业学院的建设过程中，政府需要建立完善的政策执行机制，确保各项政策能够落到实处；同时，还需要建立科学的政策评估体系，定期对政策的实施效果进行评估，及时发现问题并进行调整。例如，通过建立政策执行的监督机制，确保地方政府和相关部门能够按照政策要求落实各项支持措施；通过定期开展政策评估，了解政策实施的效果和存在的问题，为政策不断调整和完善提供依据。

2. 现代产业学院育人的机制保障

（1）校企合作机制

校企合作机制是现代产业学院育人的重要保障。通过建立紧密的校企合作关系，实现教育资源与产业需求的有效匹配，是现代产业学院成功的关键。具体措施包括：

共同制定培养方案：学校与企业共同制定人才培养方案，确保课程设置与市场需求相匹配，培养出满足产业发展需求的高素质技术技能型人才。

共建实训基地：学校与企业共建实训基地，为学生提供真实的实践环境，提升学生的实践操作能力。

共同开展技术研发：学校与企业共同开展技术研发项目，促进企业的技术创新和学校的技术服务能力提升。

（2）多元协同育人机制

多元协同育人机制是现代产业学院育人的重要保障。通过学校、企业、政府、行业协会等多元主体的协同合作，实现资源共享、优势互补，是现代产业学院成功的关键。具体措施包括：

建立协同治理结构：通过建立多元主体参与的治理结构，明确各方的权利和义务，实现协同治理。

建立利益共享机制：通过建立利益共享机制，实现利益最大化，促进各方的积极性和主动性。

建立风险共担机制：通过建立风险共担机制，实现风险共担，降低各方的风险。

（3）质量保障机制

质量保障机制是现代产业学院育人的重要保障。通过建立完善的质量保障体系，确保人才培养质量，是现代产业学院成功的关键。具体措施包括：

建立质量监控体系：通过建立质量监控体系，对人才培养的各个环节进行监控，确保人才培养质量。

建立质量评估体系：通过建立质量评估体系，定期对人才培养质量进行评估，及时发现问题并进行调整。

建立质量反馈机制：通过建立质量反馈机制，及时收集各方对人才培养质量的反馈意见，为质量改进提供依据。

3. 现代产业学院的组织保障

（1）组织架构

组织架构是现代产业学院育人的重要保障。通过建立科学合理的组织架构，明确各方的职责和分工，是现代产业学院成功的关键。具体措施包括：

建立管理委员会：通过建立管理委员会，明确各方的权利和义务，实现协同治理。

建立教学委员会：通过建立教学委员会，明确教学管理的职责和分工，确保教学质量。

建立学生管理委员会：通过建立学生管理委员会，明确学生管理的职责和分工，确保学生管理的有效性。

（2）人员保障

人员保障是现代产业学院育人的重要保障。通过建立完善的人员保障体系，确保高质量的人员投入，是现代产业学院成功的关键。具体措施包括：

建立教师队伍：通过建立教师队伍，确保教学质量。教师队伍应包括学校教师和企业导师，实现理论教学与实践教学的有机结合。

建立企业导师队伍：通过建立企业导师队伍，确保学生的实践操作能力。企业导师应具备丰富的实践经验和教学能力，能够指导学生进行实践操作。

建立管理人员队伍：通过建立管理人员队伍，确保学院的管理效率。

管理人员应具备丰富的管理经验和协调能力，能够有效管理学院的各项事务。

（3）资源配置

资源配置是现代产业学院育人的重要保障。通过建立完善的资源配置体系，确保各方的资源投入，是现代产业学院成功的关键。具体措施包括：

建立财政投入机制：通过建立财政投入机制，确保学院的经费投入。财政投入应包括政府财政投入、企业投入、社会捐赠等，确保学院的正常运转和发展。

建立实训基地建设机制：通过建立实训基地建设机制，确保学生的实践环境。实训基地建设应包括设备投入、场地建设、师资配备等，确保学生的实践操作能力。

建立信息化建设机制：通过建立信息化建设机制，确保学院的信息化水平。信息化建设应包括教学资源建设、管理信息化建设、学生信息化管理等，提升学院的信息化水平。

第二章　产教融合视域下
现代产业学院的定位与发展

第一节　我国产教融合制度体系的构建

一、产教融合制度体系的内涵与重要性

（一）内涵

产教融合制度体系是指通过对政策、法规、机制等多方面的设计与实施，促进产业与教育深度融合的一系列制度安排。这一制度体系的构建旨在打破教育与产业之间的壁垒，实现教育资源与产业需求的有效匹配，提升职业教育的质量，培养出满足市场需求的高素质技术技能型人才。

（二）重要性

提升职业教育质量：通过产教融合，职业教育能够更好地对接市场需求，优化课程设置，提升教学质量，增强学生的实践能力和就业竞争力。

促进产业升级：高素质的技术技能型人才是产业升级的关键。产教融合能够为产业提供精准的人才支持，推动产业向高端化、智能化、绿色化发展。

推动区域经济发展：职业教育与产业的深度融合能够促进区域人才链、产业链、创新链的衔接，提升区域经济的整体竞争力。

增强社会服务能力：职业教育通过与产业的紧密结合，能够更好地服务社会，开展职业培训、技能鉴定、技术研发等服务，提升社会劳动力的整体素质。

二、我国产教融合制度体系的演变

（一）早期探索阶段（20世纪80年代至90年代）

1. 背景与动因

20世纪80年代，我国经济体制改革逐步推进，产业结构调整加速，对技术技能型人才的需求日益增加。职业教育作为培养这类人才的重要途径，开始受到重视。然而，传统职业教育模式存在诸多问题，如课程设置与市场需求脱节、实践教学环节薄弱等，难以满足经济发展的需求。因此，职业教育改革的呼声日益高涨，产教融合作为一种重要的改革方向开始受到关注。

2. 主要举措与成果

在这一阶段，国家和地方开始进行一些初步的探索和尝试。例如，一些地方职业学校开始与当地企业合作，开展订单式人才培养。学生在企业实习期间获得实际工作经验，同时企业为学校提供部分教学设备和资金支持。这种初步的校企合作模式为后续的产教融合实践积累了宝贵经验。

1993年《中国教育改革和发展纲要》强调各级各类学校在政府领导下走产教结合的路子，利用贷款发展校办产业，增强自身发展能力，逐步做到以"厂（场）养校"。此阶段的产教结合从主体上丰富了教育与生产劳动相结合的范围和内涵，采取以工学结合、产教结合的方式跨部门、跨行业、跨地区等联合培养、委托培养，服务于我国的现代化建设。

3. 问题与挑战

尽管这一阶段的探索取得了一些成果，但也存在一些问题和挑战。首先，政策支持体系尚不完善，缺乏系统性和连贯性。其次，校企合作的深度和广度不足，多数合作停留在表面，未能真正实现教育资源与产业需求的有效匹配。此外，职业教育的社会认可度较低，学生和家长对职业教育的接受度不高，这也影响了产教融合的推进。

（二）政策推动阶段（20世纪90年代至21世纪初）

1. 背景与动因

20世纪90年代，我国经济体制改革进一步深化，市场经济体制逐步建立，产业结构调整加速。这一时期，国家对职业教育的重视程度不断提升，职业教育改革进入快车道。产教融合作为职业教育改革的重要方向，开始受到国家层面的高度重视，一系列政策文件相继出台，推动了职业教育与产业的深度融合。

2. 主要举措与成果

2004 年第五次全国职业教育工作会议提出要改变职业教育的办学模式，按照企业需求实行"订单培养"的模式定向育人，转变办学机制、运行机制，加深学校和企业之间的合作。

随后在 2006 年，江苏省在职业教育改革的相关文件中提出，要深化校企合作，推动职业学校与企业共同制定人才培养方案，共同建设实训基地，共同开展教育教学活动，促进职业教育与产业的深度融合；湖北省在职业教育改革的相关文件中强调，要深化校企合作，推动职业学校与企业共同制定人才培养方案，共同建设实训基地，共同开展教育教学活动，促进职业教育与产业的深度融合。

在政策推动下，各地积极探索产教融合的实践模式，取得了一些显著的成果。例如，一些地方职业学校与企业共建实训基地，共同制定培养方案，共同开展技术研发项目，实现了教育资源与产业需求的有效匹配。同时，一些地方还建立了职业教育集团，推动学校与企业深度合作，实现资源共享、优势互补。

3. 问题与挑战

尽管这一阶段的政策推动让产教融合取得了一些成果，但也存在一些问题和挑战。首先，政策落实不到位，部分政策文件在实际执行过程中存在困难，影响了政策效果。其次，校企合作的深度和广度还是不足。此外，职业教育的社会认可度依然较低，学生和家长对职业教育的接受度依据不高。

（三）全面深化阶段（2010 年至今）

1. 背景与动因

2010 年以来，我国经济进入高质量发展阶段，产业结构调整进一步加速，市场对高素质技术技能型人才的需求更加迫切。职业教育作为培养这类人才的重要途径，其重要性日益凸显。国家对职业教育的重视程度不断提升，出台了一系列重要政策文件，推动职业教育改革进入全面深化阶段。产教融合作为职业教育改革的重要方向，成为这一阶段的重点任务之一。

2. 主要举措与成果

在这一阶段，国家出台了一系列重要政策文件，为产教融合提供了系统性的政策支持。如《国家职业教育改革实施方案》（国发〔2019〕4号）。这些政策文件不仅为产教融合提供了明确的方向指引，还为具体实施提供了政策保障。

此外，各地也纷纷出台相应的政策文件，推动产教融合的落地实施，如广东省出台了《广东省职业教育"扩容、提质、强服务"三年行动计划（2019—2021年）》。这些地方政策文件为产教融合的实践提供了具体的实施路径和保障措施。

在政策推动下，各地积极探索产教融合的实践模式，取得了一些显著的成果。例如，一些地方职业学校与企业共建现代产业学院，共同制定培养方案，共同开展技术研发项目，实现了教育资源与产业需求的有效匹配。同时，一些地方还建立了职业教育集团，推动学校与企业深度合作，实现资源共享、优势互补。

3. 问题与挑战

首先，跨部门协同不足，在推动产教融合过程中，学校和企业仍在操作层面遇到一些体制机制障碍。其次，职业院校办学能力不足，职业院校专业及课程设置与产业需求有较大差距，师资队伍的科研及技术开发能力不足，毕业生就业竞争力不高，无法对企业发展提供有力支撑，影响了企业参与产教融合的积极性。最后，在产教融合组织形态方面的实体化运行受阻，产教融合实体组织如产业学院，存在定位不清、产权不明、法律地位模糊等问题，难以形成完整的人才供给链，阻碍了创新的科学发现与突破性制造技术的诞生发展。

三、我国产教融合制度体系的主要内容

（一）政策法规层面

1. 国家政策文件

近年来，国家出台了一系列政策文件，为产教融合提供了政策支持。例如，《国务院办公厅关于深化产教融合的若干意见》（国办发〔2017〕95号）提出要深化产教融合，促进教育链、人才链与产业链、创新链有机衔接。这些政策文件为产教融合的实践提供了明确的方向指引和政策支持。

2. 地方政策文件

各地也纷纷出台了相应的政策文件，推动产教融合的落地实施，如2021年海南省印发了《关于开展第二批产教融合型企业建设培育工作的通

知》，明确要充分发挥企业在技术技能人才培养和人力资源开发中的重要主体作用，推动重点产业领域深化产教融合，并且明确了培育条件、实施程序、支持政策等。这些地方政策文件为产教融合的实践提供了具体的实施路径和保障措施。

（二）机制建设层面

1. 校企合作机制

校企合作机制是产教融合的核心内容之一。政府通过建立校企合作的长效机制，实现教育资源与产业需求的有效匹配。例如，通过共同制定培养方案、共建实训基地、共同开展技术研发等方式，推动校企深度合作。这种合作模式不仅能够提高职业教育的质量和适应性，还能够促进产业的升级和发展。

2. 多元协同机制

多元协同机制是产教融合的重要保障。政府通过建立多元主体参与的协同机制，实现学校、企业、政府、行业协会等各方的协同合作。例如，通过建立协同治理结构、利益共享机制、风险共担机制等方式，提高各方的积极性和主动性。这种协同合作模式不仅能够提高职业教育的质量和适应性，还能够促进产业的升级和发展。

（三）保障措施层面

1. 财政支持

财政支持是产教融合的重要保障。国家和地方通过财政投入、税收优惠等方式，为产教融合提供资金支持。例如，设立产教融合专项资金，支持校企合作项目。这种财政支持不仅能够提升职业教育的质量和适应性，还能够促进产业的升级和发展。

2. 政策支持

政策支持是产教融合的重要保障。政府可以通过土地政策、人才政策等方式，为产教融合提供政策支持。例如，对参与产教融合的企业给予土地优惠、税收减免等政策支持。这种政策支持不仅能够提升职业教育的质量和适应性，还能够促进产业的升级和发展。

四、我国产教融合制度体系的现状与问题

（一）现状

政策支持力度不断加大：国家和地方出台了一系列政策文件，为产教融合提供了有力的政策支持。

校企合作模式不断创新：各地在产教融合实践中，探索出了多种校企合作模式，如订单培养、现代学徒制、现代产业学院等。

多元协同机制逐步完善：通过建立多元主体参与的协同机制，推动各方的积极性和主动性，实现资源共享、优势互补。

（二）问题

政策落实不到位：尽管国家和地方出台了多项政策文件，但在实际落实过程中，存在政策执行不到位、政策衔接不畅等问题。

校企合作深度不足：部分校企合作仍停留在表面，缺乏深度和广度，未能真正实现教育资源与产业需求的有效匹配。

多元协同机制不完善：多元协同机制在实际运行中，存在各方利益协调困难、责任分担不明确等问题，影响了协同合作的效果。

五、完善我国产教融合制度体系的建议

（一）加强政策落实与评估

建立政策执行监督机制：通过建立政策执行的监督机制，确保各项政策能够落到实处。

完善政策评估体系：定期对政策的实施效果进行评估，及时发现问题并进行调整。

（二）深化校企合作机制

建立校企合作长效机制：通过建立校企合作的长效机制，实现教育资源与产业需求的有效匹配。

创新校企合作模式：通过创新校企合作模式，推动校企深度合作，提升合作的深度和广度。

（三）完善多元协同机制

建立协同治理结构：通过建立多元主体参与的治理结构，明确各方的权利和义务，实现协同治理。

建立利益共享机制：通过建立利益共享机制，实现利益最大化，提高各方的积极性和主动性。

六、案例分析

本书选取了广东理工职业学院巨轮智能现代产业学院与华为信息与网

络学院为案例进行分析。

1. 案例背景

广东理工职业学院巨轮智能现代产业学院通过与巨轮智能装备股份有限公司合作，构建了集人才培养、技术研发、社会服务等功能于一体的综合性教育平台。该现代产业学院的建设旨在培养适应智能制造产业需求的高素质技术技能型人才，推动区域产业升级。

华为信息与网络技术学院通过与华为公司合作，构建了集人才培养、技术研发、社会服务等功能于一体的综合性教育平台。该现代产业学院的建设旨在培养适应信息与网络技术产业需求的高素质技术技能型人才，推动区域产业升级。

2. 成功经验

共同制定培养方案：现代产业学院与企业共同制定人才培养方案，确保课程设置与市场需求相匹配，提升学生的实践能力和就业竞争力。

共建实训基地：现代产业学院与企业合作共建实训基地，为学生提供真实的实践环境，提升学生的实践操作能力。

共同开展技术研发：现代产业学院与企业共同开展技术研发项目，促进企业的技术创新和学院的技术服务能力提升。

3. 面临的挑战

课程体系与产业需求匹配度待提升：尽管学院在课程设置上进行了诸多探索，但随着智能制造行业的快速发展，新技术、新工艺不断涌现，课程内容更新速度可能跟不上产业的最新需求，导致学生所学知识与实际工作岗位要求存在一定差距。

沟通协调机制不够顺畅：校企双方在组织架构、管理模式、文化理念等方面存在差异，可能导致在合作过程中沟通协调不够顺畅。例如，学校和企业在人才培养目标、课程设置、教学计划等方面的决策过程和时间节奏不同，容易出现信息不对称、决策不一致等问题，影响合作效率和效果。

七、我国产教融合制度体系的实施效果与影响

（一）实施效果

人才培养质量显著提升：产教融合使职业教育与产业的结合更加紧密，使职业教育的人才培养更加贴近市场需求。学生在学习过程中不仅获得了扎实的理论知识，还通过实践提升了实际操作能力和职业素养。例如，广东理工职业学院巨轮智能现代产业学院的学生在企业实习期间，参与了多个实际项目，毕业后迅速适应工作岗位，受到企业的高度评价。

产业竞争力增强：产教融合为产业提供了高素质的技术技能型人才，推动了产业的技术创新和转型升级。例如，华为信息与网络技术学院通过与华为公司的深度合作，培养了大量满足信息与网络技术产业需求的人才，为华为公司的技术创新和市场拓展提供了有力支持。

区域经济发展加速：职业教育与产业的深度融合，促进了区域人才链、产业链、创新链的有机衔接，提升了区域经济的整体竞争力。例如，粤港澳大湾区通过建设多个现代产业学院，培养了大量满足区域产业升级需求的人才，推动了区域经济的高质量发展。

（二）社会影响

提升职业教育的社会认可度：产教融合的成功实践，使得职业教育的质量和适应性得到了显著提升，社会对职业教育的认可度也逐渐提高。越来越多的学生和家长开始选择职业教育，职业教育的社会地位不断提升。

促进教育公平：产教融合通过吸引社会资源投入职业教育，改善了职业教育的办学条件，为更多学生提供了接受优质职业教育的机会，促进了教育公平。

推动教育创新：产教融合不仅提升了职业教育的质量，还推动了教育模式的创新。例如，现代学徒制、订单培养等模式的广泛应用，为职业教育的发展提供了新的思路和方法。

八、我国产教融合制度体系的国际比较

（一）与德国"双元制"的比较

政策支持体系：德国的"双元制"职业教育模式得到了政府的高度重视和制度保障。德国政府通过立法明确了企业、学校和行业协会在职业教育中的职责和权利，为"双元制"的实施提供了坚实的法律基础。相比之下，我国的产教融合政策支持体系虽然在不断完善，但在立法层面仍有待加强。

校企合作深度：德国的"双元制"模式强调企业与学校的深度合作，学生在企业实习的时间占总学习时间的一半以上，企业为学生提供了高质量的实践指导和培训。我国的产教融合虽然也在不断深化，但在企业参与度和合作深度上仍有提升空间。

质量保障体系：德国的"双元制"模式有一套严格的质量保障体系，包括职业资格认证、教学质量评估等，确保职业教育的质量。我国的产教融合在质量保障方面也在不断加强，但与德国相比，仍需进一步完善。

（二）与澳大利亚 TAFE 模式的比较

课程设置灵活性：澳大利亚的 TAFE 模式注重课程设置的灵活性，根据市场需求及时调整课程内容，确保学生所学知识与市场需求相匹配。我国的产教融合在课程设置方面也在不断优化，但在灵活性和市场响应速度上仍有提升空间。

多元化的教学方法：TAFE 模式采用多元化的教学方法，包括项目式学习、实践教学等，提升学生的实践能力和创新能力。我国的产教融合也在积极探索多元化的教学方法，但在实际应用中仍需进一步推广和深化。

企业参与度：TAFE 模式强调企业的广泛参与，企业不仅提供实习基地，还参与课程设计和教学过程。我国的产教融合在企业参与度方面也在不断提升，但在企业参与的深度和广度上仍有待加强。

（三）与美国社区学院模式的比较

灵活的教育体系：美国的社区学院模式注重教育的灵活性，提供多样化的课程和学习路径以满足不同学生的需求。我国的产教融合也在不断探索灵活的教育模式，但在课程多样性和学习路径设计上仍有提升空间。

广泛的企业合作：社区学院模式通过与企业的广泛合作，为学生提供丰富的实习机会和就业渠道。我国的产教融合在企业合作方面也在不断加强，但在合作的深度和广度上仍有待提升。

社会服务能力：社区学院模式注重社会服务，通过开展职业培训、技能鉴定等服务，提升社会劳动力的素质。我国的产教融合也在不断提升社会服务能力，但在服务的范围和质量上仍有提升空间。

九、我国产教融合制度体系的未来发展方向

（一）加强立法保障

完善法律法规：进一步完善产教融合相关的法律法规，明确企业、学校、政府、行业协会等各方的权利和义务，为产教融合的实施提供坚实的法律基础。

加强执法监督：建立完善的执法监督机制，确保法律法规的有效实

施，推动产教融合的健康发展。

（二）深化校企合作

创新合作模式：进一步创新校企合作模式，推动校企深度合作，提升合作的深度和广度。例如，通过建立现代产业学院，运用订单培养、现代学徒制等方式，实现教育资源与产业需求的有效对接。

加强企业参与：政府通过政策支持和激励措施，鼓励企业积极参与职业教育，提升企业的参与度和积极性。例如，对参与产教融合的企业给予税收优惠、财政补贴等。

（三）提升国际化水平

引入国际先进经验：进一步引入国际先进的职业教育理念和课程体系，提升职业教育的质量和国际化水平。例如，引入德国"双元制"、澳大利亚 TAFE 模式等国际先进的教育模式。

加强国际交流与合作：通过加强国际交流与合作，提升职业教育的国际影响力。例如，通过与国际知名企业和教育机构合作，开展国际交流项目，提升职业教育的国际声誉。

（四）完善质量保障体系

建立质量评估机制：建立完善的职业教育质量评估机制，定期对职业教育的质量进行评估，及时发现问题并进行调整。

加强质量监控：通过建立质量监控体系，对职业教育的各个环节进行监控，确保职业教育的质量。

十、经验总结

我国在产教融合体系构建过程中积累了丰富的经验，以下是一些主要的经验总结。

（一）政策引领与顶层设计

国家政策持续推动：国家层面出台了一系列政策文件，明确了产教融合的发展目标、重点任务和保障措施，为产教融合提供了政策指引和制度保障。

地方政策细化落实：各地根据自身实际情况，制定了具体的产教融合实施方案和配套政策，形成了上下联动、协同推进的政策体系。

（二）多元主体协同合作

校企合作深化：职业院校与企业通过共建产业学院、实习实训基地、技术研发中心等形式，实现了资源共享、优势互补。企业深度参与学校的专业设置、课程开发、教学实施等环节，提高了人才培养的针对性和适应性。

行业组织协调作用凸显：行业组织在产教融合中发挥了桥梁和纽带作用，通过制定行业标准、发布人才需求报告、组织校企对接活动等方式，促进了教育与产业的有效衔接。

政府统筹协调：地方政府通过建立产教融合联席会议制度、出台优惠政策、安排专项资金等方式，加强了对产教融合的统筹协调和政策支持。

（三）人才培养模式创新

工学结合、知行合一：普遍推行工学结合、校企合作、顶岗实习等人才培养模式，让学生在实践中学习，在学习中实践，提高了学生的实践能力和职业素养。

现代学徒制试点：开展现代学徒制试点，探索"招生即招工、入校即入厂、校企联合培养"的双元育人模式，实现了学校教育与企业培训的有机融合。

专业与产业对接：根据区域产业发展需求，动态调整专业设置，形成了紧密对接产业链、创新链的专业体系，提高了职业教育的适应性和竞争力。

（四）产教融合平台建设

产教融合型城市建设：遴选了一批国家产教融合试点城市，推动试点城市在政策创新、制度供给、项目建设等方面先行先试，形成了可复制、可推广的经验。

产业学院和实训基地建设：支持职业院校与企业共建产业学院、实习实训基地，打造了一批高水平、专业化、开放型的产教融合实训基地，为学生提供了良好的实践教学条件。

职教集团和联盟发展：鼓励组建职教集团（联盟），通过集团化办学、联盟化发展，实现了职业院校与企业、行业组织、科研机构等的深度合作，提升了职业教育的办学水平和服务能力。

（五）质量评价与持续改进

建立质量评价体系：构建了多元主体参与、多维度评价的质量评价体系，从职业道德、职业技能、创新能力等多个维度对人才培养质量进行全面评价。

加强监测评估：通过定期开展产教融合项目评估、职业院校人才培养质量监测等方式，及时发现问题，总结经验，推动产教融合持续改进。

第二节　产教融合育人的国际经验与区域探索

一、国际产教融合育人模式的经验

（一）德国"双元制"模式

1. 模式概述

德国的"双元制"职业教育模式是全球公认的成功案例之一。该模式强调理论与实践的结合，学生在学习过程中一半时间在学校学习理论知识，另一半时间在企业进行实习。这种模式不仅提高了学生的实践能力，还确保了所学知识与实际工作需求的紧密结合。

2. 政策支持

德国政府通过立法和政策支持，确保"双元制"教育的顺利实施。相关法律法规明确了企业、学校和政府在职业教育中的角色与责任，为校企合作提供了法律保障。此外，政府还设立了专门的机构，负责监督和评估"双元制"教育的实施效果。

3. 企业参与

在德国，企业不仅是职业教育的实施者，更是教育内容的设计者。企业参与课程设置、实习安排和评估标准的制定，确保教育内容符合市场需求。这种企业深度参与模式使得企业能够培养出符合自身需求的人才，同时也增强了学生的就业竞争力。

4. 成功案例

德国的汽车制造业通过"双元制"培养了大量高素质的技术工人，这些工人不仅具备扎实的理论基础，还拥有丰富的实践经验，能够迅速适应工作岗位。德国的"双元制"模式为全球职业教育提供了宝贵的经验。

（二）澳大利亚 TAFE 模式

1. 模式概述

澳大利亚的 TAFE（Technical and Further Education）模式是另一种成功的产教融合模式。TAFE 学院通过与企业紧密合作，开设与市场需求紧密相关的课程，确保学生毕业后能够迅速适应工作岗位。

2. 灵活的课程设置

TAFE 模式强调课程设置的灵活性，学院会根据市场需求及时调整课程内容，确保学生所学知识与市场需求相匹配。通过与企业的合作，TAFE 学院能够快速响应行业变化，培养出符合市场需求的人才。

3. 多元化的教学方法

TAFE 学院采用多元化的教学方法，包括项目式学习、实践教学等，提升学生的实践能力和创新能力。这种教学方法不仅提高了学生的学习兴趣，还增强了他们的实际操作能力。

4. 成功案例

TAFE 模式在信息技术、护理、工程等多个领域都取得了显著成效。例如，TAFE 学院与当地医疗机构合作，为学生提供实习机会，确保学生在毕业时具备足够的实践经验，能够快速满足医疗行业的需求。

（三）美国社区学院模式

1. 模式概述

美国的社区学院模式通过学校与企业的深度合作，实现了教育资源与产业需求的有效匹配。社区学院通过提供多样化的课程和学习路径，满足不同学生的需求。

2. 灵活的教育体系

美国社区学院模式注重教育的灵活性，学生可以根据自己的职业规划选择不同的课程和学习方式。这种灵活性使得学生能够根据市场需求和个人兴趣，选择最适合自己的学习路径。

3. 广泛的企业合作

美国社区学院通过与企业的广泛合作，为学生提供丰富的实习机会和就业渠道。企业参与课程设计和实习安排，确保学生所学知识与实际工作需求相符。

4. 成功案例

美国加州的社区学院与当地高科技企业合作，开设了与信息技术相关的课程，培养了大量可以满足市场需求的技术人才。这种合作不仅提升了学生的就业竞争力，也为企业提供了所需的人才支持。

二、我国区域产教融合育人的探索

（一）东部地区

1. 广东模式

广东省在产教融合育人方面进行了广泛探索，形成了以"校企合作、工学结合"为核心的育人模式。例如，广东理工职业学院的巨轮智能现代产业学院通过与巨轮智能装备股份有限公司合作，构建了集人才培养、技术研发、社会服务等功能于一体的综合性教育平台。

2. 江苏模式

江苏省在产教融合育人方面，形成了以"政校企合作、多元协同"为核心的育人模式。例如，江苏省通过建立职业教育集团，推动学校与企业深度合作，实现资源共享、优势互补。

（二）中部地区

1. 湖北模式

湖北省在产教融合育人方面进行了广泛探索，形成了以"校企合作、工学结合"为核心的育人模式。例如，武汉职业技术学院通过与企业合作，构建了集人才培养、技术研发、社会服务等功能于一体的综合性教育平台。

2. 湖南模式

湖南省在产教融合育人方面形成了以"政校企合作、多元协同"为核心的育人模式。例如，湖南省通过建立职业教育集团，推动学校与企业深度合作，实现资源共享、优势互补。

（三）西部地区

1. 四川模式

四川省在产教融合育人方面，形成了以"校企合作、工学结合"为核心的育人模式。例如，成都航空职业技术学院通过与企业合作，构建了集人才培养、技术研发、社会服务等功能于一体的综合性教育平台。

2. 重庆模式

重庆市在产教融合育人方面形成了以"政校企合作、多元协同"为核心的育人模式。例如，重庆市通过建立职业教育集团，推动学校与企业深度合作，实现资源共享、优势互补。

三、国际产教融合育人经验

政府层面：明确的政府角色定位，如德国以市场为主导，联邦政府推动、地方政府参与；日本政府则主导并深度参与。既要发挥行政力量的主导作用，推动机制形成，又要逐步引入市场规律，实现政府与市场的有机结合。同时加强政策支持引导，如税收优惠、财政补贴等，鼓励企业积极参与产教融合。

企业层面：增强企业参与动力，如德国的"双元制"职业教育，承担了大量人才培养任务，这得益于企业对自身利益的考量，如培养符合自身需求的人才、提升企业社会形象等；企业应根据自身发展需求和行业动态，及时向学校反馈人才需求信息，以便学校调整专业设置和课程体系，使人才培养更好地适应市场需求。

教育机构层面：优化课程体系与教学模式：学习借鉴国际上先进的课程设置和教学方法，将理论教学与实践教学紧密结合，提高学生的实践能力和职业素养。我国职业院校可结合自身专业特点，开发模块化课程、项目化课程等，增强课程的针对性和实用性。

四、区域探索的成功案例

（一）东部地区的成功案例

绍兴市积极响应国家关于深化产教融合的号召，结合当地经济发展需求，探索出了一条适合自身发展的产教融合新路径。通过"亲产业"办学、"融职业"育人、"联企业"用才的发展理念，推动校企共同发展。具体措施包括将教学搬入产业园、将研发嵌入产业群、将专业植入产业链等。通过这些措施，绍兴市的职业教育质量显著提升，学生的就业率和对口就业率持续提高，企业对职业教育的认可度和参与度也不断增强。

江苏省作为经济发达地区，职业教育与产业的结合一直以来都受到重视。江苏省通过建立职业教育集团，推动校企合作，形成了"政校企合作、多元协同"的育人模式。各地职业院校与企业共同制定人才培养方案，确保课程设置与市场需求相匹配。江苏省的职业教育与产业的深度融合，培养了大量满足市场需求的高素质技术技能型人才，为区域经济发展提供了有力支撑。

（二）中部地区的成功案例

湖北省通过与地方企业合作，建立实训基地，开展订单培养，确保学生在学习过程中能够获得丰富的实践经验。湖北省的职业教育质量不断提升，学生的就业率和对口就业率显著提高，企业对职业教育的认可度和参与度也不断增强。

湖南省通过建立职业教育集团，推动学校与企业深度合作，实现资源共享、优势互补。各地职业院校与企业共同制定人才培养方案，确保课程设置与市场需求相匹配。通过职业教育与产业的深度融合，培养了大量满足市场需求的高素质技术技能型人才，为区域经济发展提供了有力支撑。

（三）西部地区的成功案例

四川省在职业教育改革方面积极探索，形成了以"校企合作、工学结合"为核心的育人模式。通过与地方企业合作，建立实训基地，开展订单培养，确保学生在学习过程中能够获得丰富的实践经验。其职业教育质量不断提升，学生的就业率和对口就业率显著提高，企业对职业教育的认可度和参与度也不断增强。

重庆市通过政策引领、校企合作、师资建设、实践基地打造等多方面举措，积累了丰富的经验，具体的做法有，2018 年重庆市人民政府办公厅发布《重庆市人民政府办公厅 关于深化产教融合的实施意见》，明确深化产教融合人才培养改革、加强产教融合师资队伍建设等多方面内容，还积极实施市域产教联合体建设工程，分级分类组建多跨协同的市域产教联合体，建立"理事会、秘书处、运营平台"三级组织管理架构，推动实体化运行，推动产教融合育人，为区域产业发展和经济建设提供了有力的人才支撑和智力支持。

五、国际产教融合育人的具体实践与成效分析

（一）德国"双元制"模式的具体成效

德国"双元制"职业教育模式是其职业教育体系的核心，具有显著成效，集中表现在以下几方面。

1. 高就业率与职业适应性

德国"双元制"职业教育以企业需求为导向，毕业生就业率高达 95%以上，其中超过 70%的学员选择留在培训企业工作。这种模式有效解决了学生就业问题，降低了青年失业率；学生在企业接受实践技能培训，使用企业当前的设备和技术，培训内容与实际工作紧密结合。这种教育模式使学生在毕业后能够迅速适应工作岗位，无需额外的适应期。

2. 专业设置与市场需求紧密对接

政府每隔一定时间重新确定培训职业，剔除被淘汰的传统职业，设置新兴职业。这种动态更新的专业设置方法使德国双元制的专业设置与市场需求紧密对接。企业根据市场需求和自身发展实际制定实习生招生方案，经行业协会批准后发布招生信息。这种以市场需求为导向的专业设置和招生模式，确保了职业教育与产业发展的高度契合。

3. 法律保障与政策支持

德国通过一系列法律法规为职业教育提供保障与经费支持，如《职业教育法》《职业教育促进法》等。这些法律为学生自身价值和社会价值的实现提供了基本保障，为职业教育体系的完善提供了法制保障。如为中小型企业建立跨企业培训中心，为参与实训的学生提供大型设备和高科技设备。这些政策支持和经济扶持为双元制教育的发展提供了有力保障。

(二)澳大利亚 TAFE 模式的具体成效

1. 校企合作与行业协同

每所 TAFE 学院均设有行业咨询委员会，由企业高管、技术专家和教育工作者共同组成，负责定期审查课程内容并预测未来技能需求；过 70% 的 TAFE 学生在毕业前已通过学院推荐进入合作企业实习，其中约 85% 的实习岗位最终转化为正式工作机会。

2. 灵活的课程设置与学习方式

TAFE 提供多种课程选择，包括短期课程、证书课程、文凭课程和高级文凭课程，满足不同学生的需求。课程内容根据行业需求和市场变化及时调整，确保学生所学知识和技能与实际工作需求相匹配，同时 TAFE 体系也提供灵活的在线课程和夜间课程，以满足在职人员的学习需求。

3. 终身教育与社会公平

TAFE 建立了完善的终身教育体系，为不同年龄、不同背景的学生提供教育机会，也为弱势群体提供教育公平机会，原住民学生、残障人士和低收入家庭可通过政府补贴计划免费或低价入读 TAFE 课程。

六、我国产教融合育人的未来发展方向

加强政策支持与立法保障：进一步完善产教融合相关的法律法规，明确企业、学校、政府、行业协会等各方的权利和义务，为产教融合的实施提供坚实的法律基础。

深化校企合作与创新合作模式：通过创新校企合作模式，推动校企深度合作，提升合作的深度和广度。建立完善的职业教育质量评估机制，定期对职业教育的质量进行评估，及时发现问题并进行调整。

提升国际化水平与国际交流：引入国际先进的职业教育理念和课程体系，提升职业教育的质量和国际化水平。通过加强国际交流与合作，提升职业教育的国际影响力。

第三节　产教融合视域下粤港澳大湾区现代产业学院定位与发展

一、引言

粤港澳大湾区作为我国经济高度发达的地区之一，其产业结构的多元化和高端化对高素质技术技能型人才的需求日益迫切。产教融合作为一种重要的职业教育模式，通过产业与教育的深度融合，能够有效提升人才培养质量，满足粤港澳大湾区发展对高素质技术技能型人才的需求。现代产业学院作为产教融合的重要载体，近年来在粤港澳大湾区得到了快速发展，成为职业教育改革的重要方向之一。

二、粤港澳大湾区现代产业学院的定位

（一）人才培养定位

高素质技术技能型人才：粤港澳大湾区现代产业学院应以培养高素质技术技能型人才为目标，通过校企合作、工学结合等方式，不断提升学生的实践能力和创新能力。广州大学智能软件学院的培养目标是培养面向粤港澳大湾区软件和信息服务产业的人才，是依托计算机及相关学科优势，联合国内十多家软件行业创新型企业，培养具有创新精神和实践能力的高素质软件工程人才。

国际化人才：粤港澳大湾区作为国际经济合作的重要平台，对国际化人才的需求不断增加。现代产业学院应注重国际化人才培养，通过引入国际先进的教育理念和课程体系，培养具备国际视野和跨文化交流能力的人才。

（二）功能定位

人才培养：现代产业学院应以人才培养为核心，通过校企合作、工学结合等方式，提升学生的实践能力和创新能力。

技术研发：现代产业学院应注重技术研发，通过与企业合作，开展技术研发项目，提升企业的技术创新能力。

社会服务：现代产业学院应注重社会服务，通过开展职业培训、技能鉴定等服务，提升社会劳动力的素质。

三、粤港澳大湾区现代产业学院的发展策略

（一）政策支持

完善政策支持体系：粤港澳大湾区应进一步完善政策支持体系，为现代产业学院的发展提供有力的政策保障。例如，设立现代产业学院专项资金，支持校企合作项目。

加强政策落实与评估：通过建立政策执行监督机制，确保各项政策能够落到实处。定期对政策的实施效果进行评估，及时发现问题并进行调整。

（二）校企合作

深化校企合作机制：通过建立校企合作的长效机制，实现教育资源与产业需求的有效匹配。例如，学校与企业通过共同制定人才培养方案、共建实训基地、共同开展技术研发等方式，推动校企深度合作。

创新校企合作模式：通过创新校企合作模式，推动校企深度合作，提升合作的深度和广度。例如，通过建立现代产业学院运用订单培养、现代学徒制等方式，推动校企深度合作。

（三）国际化发展

引入国际先进的教育理念和课程体系：通过引入国际先进的教育理念和课程体系，提升现代产业学院的教育质量和国际化水平。例如，引入德国"双元制"、澳大利亚 TAFE 模式等国际先进的教育模式。

加强国际交流与合作：通过加强国际交流与合作，提升现代产业学院的国际影响力。例如，通过与国际知名企业和教育机构合作，开展国际交流项目，提升现代产业学院的国际声誉。

四、粤港澳大湾区现代产业学院的典型案例

（一）广东理工职业学院巨轮智能现代产业学院

广东理工职业学院巨轮智能现代产业学院通过与巨轮智能装备股份有限公司合作，构建了集人才培养、技术研发、社会服务等功能于一体的综合性教育平台。其通过校企合作，共同制定培养方案、共建实训基地、共同开展技术研发等方式，实现了教育资源与产业需求的有效匹配；通过引入国际先进的教育理念和课程体系，提升了现代产业学院的教育质量和国际化水平。

（二）华为信息与网络技术学院

华为信息与网络技术学院通过与华为公司合作，构建了集人才培养、技术研发、社会服务等功能于一体的综合性教育平台。该学院通过校企合作，共同制定高端计算机人才培养方案、共建计算机软件实训基地、共同开展关键技术研发等方式，实现了教育资源与产业需求的有效匹配；通过引入华为的认证体系和课程资源，培养了大量适应市场需求的高素质技术技能型人才。

（三）广州工商学院

广州工商学院通过与企业合作，打造了集人才培养、技术研发、社会服务等功能于一体的综合性教育平台。该学院通过密切的校企合作，邀请企业专家共同制定专业人才培养方案、共建新形态的实训基地、共同开展技术研发等方式，实现了教育资源与产业需求的有效匹配。该学院通过引入国际先进的教育理念和课程体系，提升了现代产业学院的教育质量和国际化水平。

五、粤港澳大湾区现代产业学院的发展挑战与对策

（一）发展挑战

政策落实不到位：尽管国家和地方出台了多项政策文件，但在实际落实过程中，存在政策执行不到位、政策衔接不畅等问题。

校企合作深度不足：部分校企合作仍停留在表面，缺乏深度和广度，未能真正实现教育资源与产业需求的有效匹配。

国际化水平有待提升：部分现代产业学院在国际化发展方面存在不足，未能充分引入国际先进的教育理念和课程体系，影响了现代产业学院

的国际化水平。

（二）对策建议

加强政策落实与评估：通过建立政策执行监督机制，确保各项政策能够落到实处。定期对政策的实施效果进行评估，及时发现问题并进行调整。

深化校企合作机制：通过建立校企合作的长效机制，实现教育资源与产业需求的有效对接。通过创新校企合作模式，推动校企深度合作，提升合作的深度和广度。

提升国际化水平：通过引入国际先进的教育理念和课程体系，提升现代产业学院的教育质量和国际化水平。通过加强国际交流与合作，提升现代产业学院的国际影响力。

在产教融合视域下，粤港澳大湾区现代产业学院的发展，不仅需要配套政策的支持和校企合作的深化，还需要在国际化水平上不断提升，通过引进国际先进的教育理念和课程体系，加强国际交流与合作，提升现代产业学院的国际影响力，从而为区域经济发展提供更有力的人才支持和智力保障。

第三章　现代产业学院办学机制与多元治理结构研究

第一节　现代产业学院办学机制与多元治理结构的理论分析

一、现代产业学院的概念与发展背景

（一）现代产业学院的概念

现代产业学院是一种新型的教育组织形式，旨在通过整合高等教育资源和产业需求，培养适应市场变化和行业发展的高素质应用型人才。现代产业学院不仅强调学术研究和教学，更注重对学生实践技能的培养和社会服务能力的提升。其核心理念在于解决传统教育模式中学科界限分明、理论与实践脱节的问题，通过构建校企合作、产学研结合的平台，实现资源共享、优势互补。

（二）现代产业学院的发展背景

现代产业学院的出现主要源于全球化背景下经济结构调整和技术进步的需求。随着信息技术、人工智能等新兴技术的迅猛发展，传统产业形态发生了深刻变革，对劳动力素质提出了更高要求。而传统高等教育体系无法及时应对这些变化，尤其是在职业教育和技能培训方面存在明显的短板。因此，建立现代产业学院成为解决这一问题的重要途径之一。

从历史演进来看，现代产业学院经历了多个阶段的发展。最初，现代产业学院主要是作为高校内部的一个部门或项目存在，侧重于对学生进行特定行业的技能训练。随着时间推移，现代产业学院逐渐形成了较为独立

的机构，具备了完整的组织架构和运行机制。近年来，随着国家政策的支持和社会资本的参与，现代产业学院进入了快速发展的新阶段，开始探索更加多元、灵活的办学模式。

现代产业学院的主要特征包括以下几个方面：第一，它强调以市场需求为导向，动态调整专业设置和课程内容，确保人才培养与行业发展同步；第二，采用多元化的办学主体，不仅有高校参与，还广泛吸纳企业、行业协会等社会力量共同建设；第三，注重实践教学环节，通过建立实训基地、实习项目等方式增强学生的实际操作能力；第四，推动产学研深度融合，促进科研成果转化和技术服务创新。综上所述，现代产业学院是高等教育改革与产业升级相结合的产物，对于提高我国职业教育质量和水平具有重要意义。

二、现代产业学院办学机制的理论基础

现代产业学院作为一种新型的教育组织形式，其办学机制的构建需要综合考虑教育、经济、社会等因素。其理论基础主要来源于以下几个方面。

（一）产教融合理论

定义与内涵：产教融合理论强调教育与产业的深度融合，通过校企合作、工学结合等方式，实现教育资源与产业需求的有效匹配。

政策支持：教育部、工业和信息化部发布的《现代产业学院建设指南（试行）》明确提出，现代产业学院应以立德树人为根本任务，以提高人才培养能力为核心，推动学校人才培养供给侧与产业需求侧紧密对接，培养符合产业高质量发展要求的高素质人才。

实践意义：产教融合通过校企合作，使学生在学习过程中能够获得实际工作经验，增强就业竞争力。例如：上海工程技术大学与上海申通地铁集团有限公司共建企业学院，已初步建成学科链、专业链对接创新链、产业链，校企深度共享融合的轨道交通智慧运维技术与管理人才培养基地与行业技术服务高地，学院与企业共同设计实施"一学年三学期五学段"教学计划，优化"课堂—实验室—实践基地—工程现场"四位一体的工学交融模式。这种实践教学模式使学生在毕业前就积累了丰富的工作经验，毕业后能够迅速适应企业的工作环境和岗位要求。

（二）协同创新理论

定义与内涵：协同创新理论认为，不同主体之间的合作与协同能够产

生创新的合力，推动知识的创造和应用。现代产业学院的建设需要高校、政府、企业、行业协会等多主体的协同参与，通过资源共享、优势互补，实现人才培养、技术研发、社会服务等多方面的协同发展。

实践意义：通过协同创新，现代产业学院能够更好地满足区域产业发展的需求，提升教育与产业的协同效应。

（三）应用型人才培养理论

定义与内涵：应用型人才培养理论强调人才培养应以市场需求为导向，注重对学生实践能力和创新能力的培养。现代产业学院应围绕区域产业发展需求，优化专业结构，创新人才培养模式，打造适应产业发展的高素质应用型人才队伍。

实践意义：应用型人才培养理论指导现代产业学院在课程设置、教学方法、实践教学等方面进行创新，确保学生具备实际工作所需的专业技能和综合素质。例如，攀枝花学院通过优化专业设置，创新人才培养模式，培养了大量满足区域产业发展需求的高素质人才。

三、现代产业学院的办学机制

现代产业学院的办学机制是其运行和发展的核心，主要包括以下几个方面。

（一）人才培养机制

目标与策略：现代产业学院应以培养高素质应用型人才为目标，通过校企合作、工学结合等方式，创新人才培养模式。

实践案例：华为信息与网络技术学院通过与华为公司合作，引入华为的认证体系和课程资源，培养了大量满足市场需求的高素质技术技能型人才。华为信息与网络技术学院通过校企合作，学校和企业共同制定培养方案、共建实训基地、共同开展技术研发等方式，实现了教育资源与产业需求的有效对接。

（二）专业建设机制

目标与策略：现代产业学院应紧密对接产业链，优化专业设置，打造特色优势专业。

实践案例：广东理工职业学院巨轮智能现代产业学院通过与巨轮智能装备股份有限公司合作，优化专业设置，打造智能制造专业群；通过与企业合作成立专业建设指导委员会，引入行业标准和企业资源，开展专业认证，提高专业建设的标准化、国际化水平。

（三）课程开发机制

目标与策略：现代产业学院应引导企业深度参与课程编制和建设，设计课程体系、优化课程结构。

实践案例：华为信息与网络技术学院通过与华为合作，引入华为的课程体系，优化课程结构，加快课程教学内容迭代，关注行业的动态发展，推动课程内容与行业标准、生产流程、项目开发等产业需求相匹配。

（四）师资队伍建设机制

目标与策略：现代产业学院应依托高校和企业资源，探索校企人才双向流动机制，设置灵活的人事制度。

实践案例：天津中德应用技术大学以"双元制"教育模式为核心，与企业共同制定人才培养方案和教学计划，共同承担教学任务和实习实训工作。这种合作模式使学校的教师能够深入了解企业的实际需求和技术发展动态，提升了教师的实践能力和教学水平，同时也为企业提供了高素质的技术人才支持。

（五）实践教学机制

目标与策略：现代产业学院应基于行业企业的产品、技术和生产流程，创新多主体间的合作模式，构建基于产业发展和创新需求的实践教学和实训实习环境。

实践案例：广东理工职业学院巨轮智能现代产业学院通过与巨轮智能装备股份有限公司合作，建设了多个实训基地；通过引进企业研发平台、生产基地，建设了兼具生产、教学、研发、创新创业等多功能的校企一体、产学研用协同的大型实验、实训实习基地。

（六）产学研合作机制

目标与策略：现代产业学院应鼓励高校和企业整合双方资源，建设联合实验室（研发中心），围绕产业技术创新关键问题开展协同创新。

实践案例：华为信息与网络技术学院通过与华为公司合作，建设了多个联合实验室；强化校企联合开展技术攻关、产品研发、成果转化、项目孵化等工作，共同完成教学科研任务，共享研究成果。

四、现代产业学院办学机制的构成要素及其作用

现代产业学院的办学机制由多个关键要素构成，这些要素相互作用，

共同支撑起学院的运作和发展，主要有以下几个方面。

一是理事会制度。作为现代产业学院的核心管理架构之一，理事会通常由政府、企业和高校代表组成，负责制定学院的整体发展战略和重大决策。理事会成员来自不同领域，能够提供多角度的专业意见，确保学院发展方向符合各方利益需求。在一些成功的案例中，理事会通过定期会议和专题研讨，及时调整学院的办学方向，使其始终与市场需求保持高度一致。

二是专家指导委员会。该委员会由行业内资深专家和技术骨干组成，主要职责是对学院的教学计划、课程设计及科研活动进行专业指导。通过引入外部智力资源，专家指导委员会可以为学院带来最新的行业动态和技术前沿信息，帮助教师及时更新知识体系，优化课程内容。此外，他们还可以参与评估学生的学习成果，提出改进建议，从而提升教学质量。

三是秘书处。秘书处则是执行层面的关键部门，承担着日常管理和协调工作。秘书处在院长领导下具体实施理事会的各项决议，并负责处理日常事务，如组织各类会议、发布通知公告、收集反馈意见等。一个高效运作的秘书处能够确保学院各项工作有序开展，避免因沟通不畅导致的工作延误或失误。

除此之外，现代产业学院还普遍实行院长责任制。院长作为学院最高行政负责人，全面负责学院的运营管理和教育教学质量。院长不仅要具备较高的学术水平，还需拥有丰富的管理经验和社会资源，以便更好地协调各方关系，推进学院各项工作的顺利进行。院长责任制有助于明确责任分工，提高决策效率，同时也增强了管理层的责任感和执行力。

上述各要素之间存在着紧密联系和协同效应。例如，理事会制定的战略规划需要通过秘书处的具体执行来落地，而专家指导委员会提供的专业建议则为理事会决策提供了科学依据。同时，院长责任制下的高效领导能够有效调动各部门的积极性，形成合力。总体而言，现代产业学院的办学机制通过合理配置和利用这些要素，实现了多方共赢，促进了学院的持续健康发展。

五、现代产业学院多元治理结构的理论分析与重要性

（一）现代产业学院的多元治理结构是其办学机制的重要组成部分，也是实现其办学目标的重要保障

多元治理结构是指在一个组织或系统内，不同类型的主体（如政府、

企业、高校、行业协会等）共同参与治理的过程，各主体通过对话、协商、合作等方式达成共识，最终实现共同目标的一种治理模式。多元治理结构的理论基础主要来源于以下几个方面。

1. 多中心治理理论

定义与内涵：多中心治理理论认为，治理是一个多中心的过程，涉及多个主体的参与和互动。现代产业学院的治理结构应包括高校、政府、企业、行业协会等多元主体，多主体间通过协商、合作等方式共同参与治理。

2. 协同治理理论

定义与内涵：协同治理理论强调不同主体之间的协同合作，通过资源共享、优势互补，实现共同目标。现代产业学院的治理应建立在协同治理的基础上，通过建立协同治理机制，促进各方的积极参与和有效合作。

3. 社会共治理论

定义与内涵：社会共治理论认为，社会治理是一个多元主体共同参与的过程，需要政府、市场、社会组织等多方面的共同努力。现代产业学院的治理应借鉴社会共治的理念，构建一个开放、包容、合作的治理环境。

（二）多元治理结构在现代产业学院中的重要性

在现代产业学院中，多元治理结构的重要性体现在多个方面：

1. 多元治理结构能够有效整合各方资源

由于现代产业学院的建设涉及教育、科技、经济等多个领域，单一主体难以满足所有需求，但是多元共治可以将政府的资金支持、企业的技术资源、高校的科研能力和行业协会的信息网络有机结合，形成强大的资源优势。例如，中山职业技术学院通过"政府介入、多元共建、共治共管"的机制，成功地将政府、行业企业和学校的力量汇聚起来，提升了学院的整体办学效能。

2. 多元治理结构有利于推动产教融合

现代产业学院的核心使命是培养符合市场需求的应用型人才，这就要求其教学必须紧密结合产业发展。多元治理结构使得企业能够在人才培养方案制定、课程设置、实习实训等方面发挥重要作用，确保学生所学知识与实际工作无缝对接。例如，某些现代产业学院邀请企业高管担任兼职教授，直接参与到教学过程中，使学生在学习期间就能接触到真实的商业环境和项目。

3. 多元治理结构有助于激发创新活力

不同的治理主体带来了多样化的思维模式和实践经验，这为学院的创新发展提供了源源不断的动力。比如，在一些现代产业学院中，企业与高校联合设立研发中心，共同开展技术研发和产品创新，既解决了企业在技术创新方面的难题，又为学生提供了宝贵的实践机会，实现了双赢。

4. 多元治理结构还有助于提升学院的社会影响力

现代产业学院通过与社会各界广泛合作，不仅可以获得更多的外部认可和支持，还能建立起良好的品牌形象。现代产业学院可以通过举办国际学术论坛、技术交流会等活动，吸引国内外众多专家学者的关注，提升自身的知名度。

多元治理结构为现代产业学院提供了坚实的组织保障和发展基础。它不仅促进了资源的优化配置和高效利用，还加强了产教融合，激发了创新潜力，并提升了学院的社会声誉。未来，随着治理结构的不断完善，现代产业学院将在服务地方经济发展、推动产业升级等方面发挥更加重要的作用。

六、现代产业学院的多元治理结构

现代产业学院的多元治理结构主要包括以下几个方面：

（一）治理主体

高校：高校作为现代产业学院的主要建设主体，负责提供教育资源和师资力量。

政府：政府通过政策支持和资金投入，为现代产业学院的发展提供保障。

企业：企业通过提供实践基地和技术支持，参与现代产业学院的建设。

行业协会：行业协会通过提供行业标准和资源，促进现代产业学院与产业的对接。

（二）治理机制

协商机制：通过建立协商机制，促进各方在重大问题上进行沟通与协调。

合作机制：通过建立合作机制，推动各方在人才培养、技术研发、社会服务等诸多方面开展合作。

监督机制：通过建立监督机制，确保各方的职责履行和资源投入。

（三）治理模式

理事会模式：通过建立理事会，实现多元主体的共同治理。

管委会模式：通过建立管委会，赋予现代产业学院改革所需的人权、事权、财权。

七、现代产业学院治理结构的主要类型及特点

现代产业学院的治理结构主要包括单中心治理和多中心治理两种主要类型，每种类型都有其特点和适用场景。

（一）单中心治理

单中心治理是以政府为主要决策中心，形成一种等级分明的官僚体系，主张以政府为主导处理相关事务，较少强调其他主体的参与和协作。这种治理结构的优势在于决策集中、执行力强，能够迅速响应紧急情况和政策变化。然而其缺点也十分明显，即容易导致决策缺乏灵活性和透明度，忽视了市场和社会的实际需求，可能导致资源配置效率低下和服务供给不足。

（二）多中心治理

相比之下，多中心治理则更为复杂和灵活，它强调政府、企业、高校、行业协会等多个主体之间的平等合作与互动。多中心治理理论认为，在集权和分权的传统单中心治理方式之外，存在一种自主组织、自主治理的解决方案。每个主体都能够在一定范围内独立行使权力并承担责任，同时通过有效的沟通与协作实现公共事务的持续发展。这种治理模式不仅能够充分发挥各个主体的优势，还能有效弥补单一治理主体的局限性。

在实践中，多中心治理结构往往表现出以下几个显著特点：首先，它是基于法治原则建立的，强调规则意识和契约精神，确保各主体行为的合法性和规范性；其次，它重视开放性和包容性，鼓励各种利益相关方积极参与到治理过程中，通过对话、竞争、妥协、合作等机制达成共识；再次，它强调共同利益导向，追求的是长期稳定的合作关系而非短期利益最大化；最后，多中心治理结构还注重多层次、多维度的资源整合，通过跨部门、跨层级的合作，实现资源的优化配置和利用。

多中心治理结构在中国的一些现代产业学院中得到了广泛应用。例如，西南交通大学中东时代微电子学院采用了由党政界、知识界、行业界

和媒体界等不同身份人员共同参与的复合主体治理模式，实现了多方力量的有效整合和良性互动。而东莞理工学院现代产业学院通过建立"政府主导、多元共建、共治共管"的办学体制，成功实现了教育质量的显著提升和社会影响力的扩大。

总之，单中心和多中心治理结构各有优劣，适用于不同类型的情境。现代产业学院在选择治理结构时，需要综合考虑学院的具体发展目标、内外部环境以及利益相关者的期望等因素。就当前趋势来说，越来越多的现代产业学院倾向于采用多中心治理模式，因为它更能适应复杂多变的社会经济环境，促进学院的可持续发展。

（三）多中心治理理论与现代产业学院的契合点

多中心治理理论强调治理过程应包含多个主体，各主体通过相互间的合作与协调来实现共同的目标。这一理论与现代产业学院的办学理念高度契合，具体体现在以下几个方面：

首先，多中心治理理论倡导多元主体的平等参与和互动，这与现代产业学院的办学模式相吻合。现代产业学院不仅要依靠高校自身的教育资源，还需要政府部门的支持、企业的深度参与以及行业协会的专业指导。通过这种方式，不同主体可以在各自擅长的领域发挥作用，形成合力。例如，中山职业技术学院建立了"政府主导、多元共建、共治共管"的多元办学体制机制，深化了教育评价制度改革，提高了整体办学效能。

其次，多中心治理理论强调治理过程的公开透明和法治原则，这也正是现代产业学院所追求的目标。为了确保学院运行的公正性和有效性，必须建立健全的规章制度和监督机制。例如，一些现代产业学院通过开发移动互联网技术平台，实现了治理过程的公开透明化，增强了公信力和执行力。这样的做法不仅促进了内部管理的规范化，也为外界监督提供了便利条件。

再次，多中心治理理论注重跨部门、跨层级的合作，这一点同样适用于现代产业学院。现代产业学院需要整合多种资源，包括资金、技术、师资等，才能有效地培养符合市场需求的应用型人才。为此，许多现代产业学院积极搭建校企合作平台，开展联合研发项目，甚至设立专门的研究中心。例如，常州大学石化产业学院与多家知名企业合作设立了研发中心，共同致力于新技术的研发和新产品开发，既为企业解决了技术难题，也为学生提供了宝贵的实践机会。

此外，多中心治理理论还强调治理机制中的竞争与合作。在现代产业学院中，不同主体之间的合作关系并非一成不变，而是根据实际情况不断调整优化。一方面，企业与高校之间可以通过竞争激励彼此提升竞争力；另一方面，双方又能在资源共享、人才培训等方面展开深入合作。这种竞争与合作并存的关系有助于激发各方的积极性和创造性，推动学院持续健康发展。

最后，多中心治理理论提倡以共同利益为导向，这也是现代产业学院努力的方向。无论是政府希望推动区域经济发展，企业寻求优质人力资源，还是高校致力于提升教育质量，最终目的都是实现社会整体利益的最大化。因此，现代产业学院在办学过程中始终关注各方利益诉求，力求找到最佳平衡点。例如，某现代产业学院通过举办国际学术论坛和技术交流会等活动，不仅提升了自身的知名度和影响力，也为当地经济社会发展做出了积极贡献。

综上所述，多中心治理理论为现代产业学院提供了坚实的理论基础和实践指导。它不仅明确了多元主体的角色定位和功能划分，还指出了如何通过有效的合作机制实现资源的优化配置和共同目标的达成。未来，随着多中心治理理论的进一步完善和发展，现代产业学院将在更多领域展现出其独特价值和强大生命力。

八、现代产业学院办学机制与多元治理结构的实践探索

现代产业学院的办学机制与多元治理结构的实践探索是其发展的重要环节。通过实践探索，现代产业学院可以不断完善其办学机制和治理结构，提高其办学质量和治理水平。

（一）实践案例

广州工商学院：广州工商学院通过与企业合作，构建了集人才培养、技术研发、社会服务等功能于一体的综合性教育平台。

广东理工职业学院巨轮智能现代产业学院：巨轮智能现代产业学院通过与巨轮智能装备股份有限公司合作，构建了集人才培养、技术研发、社会服务等功能于一体的综合性教育平台。

（二）成功经验

校企合作：通过校企合作，学校和企业共同制定培养方案、共建实训基地、共同开展技术研发等方式，实现了教育资源与产业需求的有效匹配。

国际化发展：通过引入国际先进的教育理念和课程体系，提升了现代产业学院的教育质量和国际化水平。

九、现代产业学院办学机制与多元治理结构的挑战与对策

尽管多元治理结构为现代产业学院带来了诸多优势，但其在实际操作过程中仍面临一系列挑战，需要采取针对性的策略加以应对。

（一）利益冲突与协调难度大

不同主体的利益诉求往往存在差异，政府关注公共服务均等化，企业追求经济效益最大化，高校则侧重于学术研究和提升教学质量。在这种情况下，如何协调各方利益，避免出现利益冲突成为一大难题。对此，现代产业学院可以建立利益共享机制，通过签订合作协议明确各方权利义务，确保每一方都能从中获益。例如，中山职业技术学院通过创新多元办学机制，强化了"四链"对接，即产业链、教育链、人才链和创新链，实现了多方共赢。

（二）信息不对称与信任缺失

多元治理结构下，各主体间的信息流通至关重要，但由于各自立场和信息渠道的不同，信息不对称现象普遍存在。为解决这一问题，现代产业学院需加强信息公开与透明度，构建统一的信息共享平台，使各方能够及时获取相关信息。例如，某些现代产业学院利用大数据技术和云计算平台，实现了数据的实时更新和共享，大大提升了工作效率和决策准确性。

（三）治理能力与管理水平参差不齐

不同主体在治理能力和管理水平上存在较大差距，这可能影响到学院的整体治理效果。为此，现代产业学院应加强对各主体的能力培训和技术支持，提升其治理水平。例如，大连交通大学中东学院定期举办管理培训班，邀请知名专家授课，帮助管理人员掌握最新治理理念和方法。

（四）法律法规不健全与政策支持不足

现行法律法规和政策环境有时不能完全满足多元治理结构的需求，制约了其发展。针对此问题，政府应积极推动相关政策法规的修订和完善，为多元治理结构创造良好的法律政策环境。例如，部分地方政府出台了一系列支持现代产业学院发展的政策措施，包括财政补贴、税收优惠等，有效促进了现代产业学院的成长壮大。

（五）文化差异与价值观分歧

不同主体的文化背景和价值观可能存在较大差异，这对合作治理提出

了更高要求。为减少文化摩擦，各主体需加强文化交流与融合，增进相互理解和认同。例如，一些现代产业学院组织了丰富多彩的文化交流活动，如文化节、体育赛事等，增进了师生员工之间的感情纽带，营造了和谐的工作氛围。

针对未来的挑战，现代产业学院可通过以下方式来进行应对：持续深化校企合作，通过创新校企合作模式，推动校企深度合作，提升合作的深度和广度；创新治理模式，通过建立政策执行监督机制，确保各项政策能够落到实处；完善政策支持，通过完善政策支持体系，为现代产业学院的发展提供有力的政策保障。

因此，面对多元治理结构带来的挑战，现代产业学院应采取灵活多样的对策措施，既要注重制度建设和能力建设，也要关注文化建设和社会环境营造，从而实现多元治理结构的有效运行和长远发展。

综上所述，现代产业学院作为一种创新型的教育组织形式，其办学机制与多元治理结构对于推动职业教育改革和产业升级具有重要意义。通过构建理事会、专家指导委员会、秘书处等多重管理架构，并实行院长责任制，现代产业学院能够有效整合各方资源，提升决策效率和执行力。同时，多元治理结构的引入，不仅促进了产教融合，还激发了创新活力，增强了学院的社会影响力。

展望未来，现代产业学院应在以下几个方面继续发力：一是深化产教融合，进一步加强与企业的合作，确保人才培养与市场需求紧密结合；二是优化治理结构，借鉴国内外先进经验，不断提升治理水平和效能；三是加大政策支持力度，争取更多来自政府和社会各界的资源投入；四是加强国际交流与合作，吸收国外优秀办学经验，借鉴其管理模式，提升国际化水平。只有这样，现代产业学院才能在未来的发展中保持领先地位，为我国经济社会发展做出更大贡献。

现代产业学院的办学机制与多元治理结构是其发展的重要保障。其通过构建科学合理的办学机制和多元治理结构，可以提高其办学质量和治理水平，为区域经济发展提供有力的人才支持和智力保障。未来，现代产业学院应进一步深化产教融合，创新办学机制和治理模式，推动学院的可持续发展。

第二节　多元主体参与下的现代产业学院内部运作机制研究

现代产业学院作为一种新型的教育组织形式，其内部运作机制的构建需要综合考虑教育、经济、社会等多方面的因素。多元主体参与下的现代产业学院内部运作机制研究，旨在探索如何通过高校、政府、企业、行业协会等多主体的协同合作，实现教育资源与产业需求的有效匹配，提升现代产业学院的办学质量和治理水平。现代产业学院通过构建科学合理的内部运作机制，可以有效提升其运行效率和教育质量，为区域经济发展提供有力的人才支持和智力保障。

一、多元主体参与的必要性与现状分析

在现代产业学院中，多元主体参与办学是其核心特征之一。这种模式不仅能够有效整合政府、企业、高校及行业协会等多方资源，还能通过多方合作实现优势互补，共同推动教育质量提升和产业发展。首先，从必要性角度来看，单一主体难以满足复杂多变的社会需求。政府虽然能提供政策支持和资金保障，但在具体实施层面可能缺乏灵活性；高校虽然拥有丰富的学术资源和科研能力，但往往与实际市场需求脱节；企业虽然具备最新的技术和市场信息，却缺少系统的教育资源和人才培养体系。因此，各主体只有通过协同合作，才能形成一个有机的整体，弥补不足，实现共赢。

当前，我国许多地区已经开始了多元主体参与现代产业学院建设的实践探索，并取得了一定成效。例如，中山职业技术学院通过"政校行企"协同理念，探索出了一条产教融合高质量发展的路径。该学院建立了由地方政府、行业协会、企业和学校共同组成的理事会，该理事会负责制定总体发展规划和重大决策。同时，设立了专家指导委员会，聘请业内资深人士为顾问，确保教学内容紧跟行业发展步伐。此外，还成立了秘书处作为日常管理机构，负责执行理事会的各项决议并协调各方关系。这种治理结构不仅提高了学院的运营效率，也增强了其适应市场变化的能力。

然而，多元主体参与现代产业学院建设在实践中也暴露出一些问题。

一是各主体之间的沟通协作机制尚不完善，导致信息不对称现象时有发生。二是由于各主体的利益诉求不同，容易出现利益冲突，影响合作效果。三是部分主体参与积极性不高，未能充分发挥自身优势。针对这些问题，现代产业学院需要进一步优化内部运作机制，强化制度建设和文化认同，以促进多元主体间的深度融合和良性互动。

二、多元主体参与下的现代产业学院内部运作机制

（一）决策机制

1. 构建"互利共赢"的决策机制

多方参与：在多元主体参与的现代产业学院中，决策机制的构建至关重要。决策机制，需要确保各方在决策过程中能够充分表达意见，实现互利共赢。例如，现代产业学院通过建立理事会或董事会，吸纳高校、企业、政府等各方代表，共同参与现代产业学院的重大决策，确保决策的科学性和民主性。

利益平衡：在决策过程中，各方的利益诉求需要得到充分考虑和平衡。高校关注教育质量和人才培养，企业关注技术应用和市场效益，政府关注政策支持和区域发展。多元主体参与下的现代产业学院可以通过建立有效的沟通机制，确保各方利益在决策过程中得到充分考虑，实现互利共赢。

2. 明确各方职责与权利

高校职责：高校作为教育主体，负责提供教育资源和师资力量，确保教学质量。高校在决策过程中应重点关注课程设置、教学方法、师资培训等方面，确保教育质量符合行业标准。

企业职责：企业作为产业主体，负责提供实践基地和技术支持，确保学生能够获得实际工作经验。企业在决策过程中应重点关注实践教学、技术研发、项目合作等方面，确保产业需求得到满足。

政府职责：政府作为政策主体，负责提供政策支持和资金投入，确保现代产业学院的可持续发展。政府在决策过程中应重点关注政策制定、资金分配、项目审批等方面，确保政策支持到位。

（二）组织机制

1. 完善"多元协同"的组织机制

协同育人：现代产业学院的组织架构应体现多元主体的协同合作；通

过建立协同育人机制，实现高校、企业、政府、行业协会等多元主体参与的协同育人。例如，设立专业建设指导委员会、实践教学指导委员会等，负责具体业务的指导和监督。

多主体共建：通过建立多主体共建机制，实现各方资源的整合和共享。

2. 建立灵活的组织架构

动态调整：现代产业学院应根据实际需求，建立灵活的组织架构，确保各方能够高效协作。例如，设立动态调整机制，根据产业需求和教育目标的变化，及时调整自身组织架构和业务流程。

项目驱动：通过项目驱动的方式，推动各方的积极参与和有效合作。例如，设立专项项目，如技术研发项目、实践教学项目、社会服务项目等，通过项目合作，实现各方资源的整合和共享。

（三）控制机制

1. 优化"社会评价"的控制机制

多维度评价：通过建立科学的评价体系，对现代产业学院的运行效果进行评估。评价体系应包括教学质量、学生满意度、企业满意度等多个维度，确保现代产业学院的运行能够满足各方需求。

第三方评估：引入第三方评估机构，对现代产业学院的运行效果进行独立评估。第三方评估机构可以提供客观、公正的评估报告，帮助现代产业学院及时发现问题并进行改进。

2. 建立反馈机制

定期反馈：通过建立反馈机制，及时收集各方的意见和建议，对现代产业学院的运行进行调整和优化。例如，定期召开现代产业学院理事会，听取各方代表的意见和建议，及时解决运行过程中出现的问题。

持续改进：通过持续改进机制，确保现代产业学院的运行能够不断优化。例如，设立改进计划，根据反馈意见和评估结果，制定具体的改进措施，确保现代产业学院的持续发展。

3. 加强法律法规保障

健全的法律框架是确保多元主体合作关系合法合规的基础。例如，《中华人民共和国高等教育法》明确规定了高校与其他社会组织合作办学的权利和义务，为现代产业学院的发展提供了坚实的法律依据。此外，各地政府也相继出台了一系列支持政策和管理办法，进一步细化了合作细则，明确了各方责任。

4. 内部管理制度

除了外部法律环境外，内部管理制度同样不可或缺。长春大学旅游学院现代产业学院制定了详尽的合作协议范本，明确各方在项目执行过程中的权利义务关系，并设立严格的监督考核机制。一旦发现违规行为，将按照规定予以处罚，确保合作项目的顺利推进。此外，现代产业学院还可以通过建立诚信档案系统，记录各主体的行为表现，作为后续合作的重要参考依据。

（四）激励机制

1. 创新"利益驱动"的激励机制

物质激励，这是最直观的一种激励方式，通常表现为经济补偿或其他形式的利益分配，现代产业学院可以设立专项基金，对积极参与产学研合作的企业和个人给予现金奖励或项目资助。此外，其还可以通过提供优惠的办公场地、减免租金等方式吸引企业入驻校园，促进资源共享。这类措施能够直接提升参与者的获得感和成就感，激发其持续投入的动力。

设立专项奖励基金，对在现代产业学院建设中表现突出的个人和团队进行奖励。物质激励可以通过奖金、津贴等形式体现，激发各方的积极性。

重视精神激励。相比物质奖励，精神激励更侧重于荣誉感和社会认可度的提升。例如，某现代产业学院定期评选优秀合作伙伴，并颁发荣誉证书或荣誉称号。这种表彰不仅能增强获奖者的自豪感，还能起到示范效应，吸引更多主体加入合作行列。此外，现代产业学院还可以通过媒体宣传、举办成果发布会等形式，扩大合作项目的影响力，进一步提升参与者的社会声誉。

现代产业学院应通过荣誉证书、表彰等形式，对在学院建设中表现突出的个人和团队进行精神激励。这种精神激励可以提升个人和团队的荣誉感和归属感，增强其参与现代产业学院建设的积极性。

2. 建立多元激励体系

多维度激励：激励机制应多元化，包括物质激励和精神激励。现代产业学院通过多维度激励，确保各方在参与现代产业学院建设过程中能够获得多方面的回报。

个性化激励：根据个人和团队的贡献，提供个性化的激励措施。例如，对于在技术研发方面表现突出的团队，提供更多的科研经费支持；对于在教学方面表现突出的教师，提供更多的培训机会。

以昆明学院现代产业学院为例，该校与当地政府、企业及行业协会共同建立了现代产业学院。为保证合作顺利进行，学校制定了全面的激励与约束机制。一方面，设立专项资金，对表现突出的企业和教师给予奖励；另一方面，严格执行合作协议中的条款，定期评估合作效果，并根据实际情况进行调整。经过几年的努力，该现代产业学院不仅培养了大批高素质应用型人才，还在技术创新和服务地方经济发展方面取得了显著成效。

另一个典型案例是吉林交通职业技术学院现代产业学院与知名企业合作成立的联合研发中心。为了确保双方长期稳定的合作关系，该联合研发中心不仅签订了详细的合同文本，明确了知识产权归属、利润分配等关键问题，还建立了年度评估报告制度，及时反馈合作进展和存在的问题。同时，该联合研发中心还设置了绩效考核指标，对贡献较大的研究人员给予额外奖励，极大地提升了团队的工作热情和创造力。

三、实践案例分析

（一）常熟理工学院现代产业学院

常熟理工学院 2009 年率先探索行业学院人才培养模式，与行业企业搭建了以校企合作教育项目为载体的合作机制。2017 年，学校启动了集人才培养、科技研发、社会服务"三位一体"的现代产业学院建设。现代产业学院与企业共同制定人才培养方案，确保课程设置与市场需求相匹配，提升学生的实践能力和就业竞争力；共建实训基地，为学生提供真实的实践环境，提升学生的实践操作能力；共同开展技术研发项目，促进企业的技术创新和学院的技术服务能力提升。

（二）榆林学院人工智能现代产业学院

榆林学院通过与龙头企业合作，开设订单班，实现专业教育与职业需求的无缝对接，强化产教融合，打造高质量的人才培养体系。榆林学院人工智能现代产业学院通过多类别订单班，打造多模式、多类别、多层次培养模式，实现小切口、微改革、新变化。学生在校期间接受职业生涯规划、专业认证课程、大二的微专业、大三的订单班岗位培训、大四带薪实习与企业直签等多方面培训，实现了高质量就业。榆林学院通过与行业、区域龙头企业共建共管共享共用的 1+N+M+G 模式（1 家牵头企业+N 家合作企业+M 个专业+G 个政府部门），实现了"产业—专业—课程集群"的对接，打造具有核心竞争力的人才培养体系，以实现学生的高质量就业。

（三）成都工业学院天然气现代产业学院

成都工业学院通过与中国石油天然气股份有限公司西南油气田分公司共建天然气现代产业学院，构建了"立足行业、服务国家、面向国际"的高质量人才培养模式。该学院依托校企融合，构建了"共谋发展、共建专业、共育师资、共享平台、共订标准"及"学科融合、通专融合、理实融合、科教融合、产教融合"的"五共五融"校企协同人才培养模式，实现了校企合作共建共管共享。

四、面临的挑战与对策建议

（一）面临的挑战

1. 校企合作深度不足

目前部分校企合作仍停留在表面，缺乏深度和广度，未能真正实现教育资源与产业需求的有效匹配。例如，一些合作项目仅限于短期实习或简单的课程合作，未能深入到技术研发、项目合作等深层次领域。

2. 行业作用发挥不够

在多元主体参与的现代产业学院中，行业的作用发挥不够，未能充分发挥其导向作用。行业协会在现代产业学院的决策过程中参与度较低，未能在人才培养中有效提供行业标准和资源支持。

3. 学院治理水平不足

部分现代产业学院的治理水平有待提高，治理机制不够完善，影响了现代产业学院的健康发展。例如，一些现代产业学院在决策、组织、控制和激励机制方面存在不足，导致运行效率低下。

（二）对策建议

通过对现代产业学院多元主体参与下的内部运作机制进行全面剖析，我们可以看到，这种新型办学模式在资源整合、人才培养和社会服务等方面展现出了巨大潜力。具体来说，我们可以从以下方面开展有关工作：

1. 深化校企合作

通过创新校企合作模式，推动校企深度合作，提升合作的深度和广度。例如，建立长期稳定的合作关系，共同开展技术研发、项目合作、人才培养等多方面的合作。

2. 强化行业引领

通过建立行业指导委员会，充分发挥行业在现代产业学院建设中的引领作用，确保现代产业学院的发展方向与产业发展需求相匹配。行业指导委员会应参与现代产业学院的决策过程，提供行业标准和资源支持。

3. 提升治理水平

通过完善治理机制，提升现代产业学院的治理水平。建立科学的决策机制、组织机制、控制机制和激励机制，确保现代产业学院的高效运行。

多元主体参与下的现代产业学院内部运作机制是实现现代产业学院可持续发展的关键。现代产业学院通过构建科学合理的决策机制、组织机制、控制机制和激励机制，可以有效提升办学质量和治理水平，为区域经济发展提供有力的人才支持和智力保障。未来，现代产业学院应进一步深化产教融合，创新办学机制和治理模式，推动现代产业学院的可持续发展。随着实践经验的不断积累和完善，现代产业学院将在推动职业教育改革、服务地方经济发展等方面发挥越来越重要的作用。

第三节　依托智慧园区的现代产业学院多主体共同治理模式案例研究

随着信息技术的发展和社会需求的变化，现代产业学院作为一种新型办学模式，逐渐成为高校与企业、政府等多方合作培养高端人才的重要平台。智慧园区作为产教融合的重要载体，不仅提供了实践教学和科研创新的空间，还通过先进的信息技术手段促进了多方主体资源共享和协同创新。本节将深入探讨依托智慧园区的现代产业学院在多主体共同治理方面的实践经验，并分析其成功因素及面临的挑战。

一、智慧园区概述

智慧园区是指运用物联网、大数据、云计算等新一代信息技术，对园区内的各类资源进行智能化管理和服务优化的空间。智慧园区不仅仅是物理空间的集合，更是信息交流、资源整合、创新驱动的综合体。它通过构建统一的信息平台，实现了园区内各类数据的互联互通，提升了园区的整体运营效率和服务质量。同时，智慧园区还能够根据园区内外部环境变化，灵活调整资源配置和服务内容，为入驻企业提供更加精准的支持。

在教育领域，智慧园区的应用使得现代产业学院的教学活动不再局限于传统的课堂和实验室，而是延伸到了整个园区的各个角落。学生可以通过虚拟仿真技术参与实际项目的设计和实施，教师则可以利用园区内的丰富资源开展跨学科的研究工作。此外，智慧园区还为校企合作提供了更加便捷的途径，使企业和学校之间的互动更加频繁，合作更加紧密。

二、治理模式

现阶段，在智慧园区内的现代产业学院多数采取的是多主体共同治理模式，结合目前发展态势，在多主体治理模式下具体又分为以下几种：

（一）校政企合作模式

校政企合作是现代产业学院最常见的治理模式之一。在这种模式下，高校与地方政府以及相关企业共同出资建设现代产业学院，并根据各自的优势承担相应的责任。例如，沈阳化工大学菱镁产业学院就是由该校与辽宁省鞍山市海城市人民政府、腾鳌经济开发区合作共建的。该学院不仅在当地建立了资源化工与材料产业技术研究院，还致力于培养适应菱镁产业需求的专业人才，推动了地方产业的高质量发展。

校政企合作模式的成功在于三方能够在人才培养、技术创新、社会服务等方面形成合力。高校负责提供优质的教育资源和技术支持，政府则发挥政策引导和资金扶持的作用，而企业则以其丰富的行业经验和市场需求为导向，为学院提供实习岗位和就业机会。这种合作方式不仅可以提高学生的实践能力和就业竞争力，还能促进科技成果的转化和应用，实现经济效益和社会效益的双赢。

（二）融合式现代产业学院

融合式现代产业学院是一种以企业为主体，以学院为依托的发展模式。在这种模式下，企业的角色不仅是投资者和支持者，更是治理结构中的核心成员。企业管理层通常会参与到学院的重大决策中，确保人才培养的方向和方式符合产业发展需求。例如，辽宁机电职业技术学院与辽宁曙光汽车集团合作建立了黄海汽车工程学院，专门服务于汽车产业的人才培养和技术研发。

融合式现代产业学院的优势在于其高度契合行业需求。由于企业直接参与学院的管理和运营，因此该类型的现代产业学院可以根据市场变化及时调整课程设置和教学内容，确保毕业生具备较强的实际操作能力和职业素养。然而这种模式也面临着一些挑战。例如，如何平衡企业利益与公共教育目标之间的关系，以及如何在保障教学质量的同时满足企业的短期业绩要求等问题。

（三）多元投资校企混合共建模式

多元投资校企混合共建模式是指由学校、政府、企业等多个主体共同投入资源，联合建设现代产业学院的一种形式。中山职业技术学院就是一个典型的例子，该校依据中山市产业集群的人才需求，不断调整专业方向，建立了古镇灯饰学院、沙溪服装学院等多个特色鲜明的现代产业学院。这些学院通过与当地企业深度合作，实现了教育资源与产业资本的有效对接，提高了学生的就业率和创业成功率。

多元投资校企混合共建模式的关键在于对各方资源的有效整合。学校需要充分发挥自身的学术优势，为企业提供技术支持和智力支持；政府则应制定相关政策，营造良好的外部环境；而企业则要积极投入资金和设备，为学院提供实习实训基地。只有当各方都能从合作中获得切实的利益时，这种模式才能持续健康发展。

（四）华为在东北"三省一区"的首家现代产业学院实践案例

华为在东北"三省一区"的首家现代产业学院落户吉林建筑科技学院，这标志着华为正式开启了与地方高校的深度合作之旅。该合作旨在通过引入华为先进的技术和管理经验，助力吉林建筑科技学院培养一批既懂信息技术又熟悉建筑工程的专业复合型人才。同时，双方还共同推进数字园区和智慧园区的建设，打造一个集教学、科研、创新创业于一体的综合性服务平台。

该现代产业学院采用了多元投资校企混合共建模式，在组织架构上实行理事会领导下的院长负责制。理事会成员包括来自吉林建筑科技学院、华为公司以及吉林省相关部门的代表，他们共同参与学院的重大决策和发展规划。此外，学院还设立了专家指导委员会和秘书处等机构，负责具体的执行工作，形成了科学合理的治理机制。

在具体运作过程中，吉林建筑科技学院负责提供基础教学设施和师资力量，华为公司则派遣资深工程师担任兼职教师，并开放部分实验室供师生使用。该学院为了更好地满足市场需求，该学院还定期邀请业内专家举办讲座和技术培训，帮助学生了解最新的行业动态和技术趋势。与此同时，该学院鼓励学生积极参与华为举办的各类竞赛和实践活动，提升他们的动手能力和创新能力。

该现代产业学院的治理主体包括高校、企业、政府和行业协会等多元主体，各主体在现代产业学院的办学过程中发挥了各自的优势和作用，形成了多元主体协同治理的良好局面。该现代产业学院通过建立资源共享平台和协同创新机制，实现了教学资源、科研资源和人才资源的共享和协同创新。高校和企业共同开展教育教学、科研项目和产业合作，促进了现代产业学院的可持续发展。政府在该现代产业学院的办学过程中发挥了政策支持和制度保障作用，提供了资金扶持、税收优惠和政策引导，促进了现代产业学院与智慧园区的协同发展。

通过上述措施，华为在东北"三省一区"的首家现代产业学院不仅实现了人才培养质量的显著提升，还在一定程度上缓解了区域内高端人才短缺的问题。更重要的是，这种合作模式为其他地区探索产教融合发展路径提供了宝贵的经验借鉴。

（五）多主体治理模式下的智慧园区现代产业学院实践成效与经验总结

1. 实践成效

人才培养成效显著。依托智慧园区的现代产业学院多主体共同治理模式，学校培养了一批适应产业发展的高素质人才。学生在企业实习实训过程中，积累了丰富的实践经验，就业率和就业质量显著提高。

科研水平不断提升。高校和企业共同开展科研项目，取得了一批科研成果。科研项目紧密结合智慧园区的产业发展需求，具有较高的应用价值，促进了智慧园区的产业升级和发展。

产业合作成效显著。高校和企业共同开展产业合作，推动了智慧园区的产业发展；通过产学研合作项目，实现了技术转移和成果转化，促进了产业孵化和企业创新。

2. 经验总结

依托智慧园区的现代产业学院多主体共同治理模式，充分发挥了高校、企业、政府和行业协会等多元主体的优势，实现了资源共享、优势互补和协同创新。多元主体协同治理是现代产业学院可持续发展的关键。

现代产业学院采用项目驱动和实践导向的教育教学模式，将教育教学、科研项目和产业合作紧密结合，培养学生的实践能力和创新能力。项目驱动和实践导向是现代产业学院人才培养的重要途径。

政府在现代产业学院的办学过程中发挥了政策支持和制度保障作用，提供了资金扶持、税收优惠和政策引导，促进了现代产业学院与智慧园区的协同发展。政策支持与制度保障是现代产业学院发展的重要保障。

三、面临的挑战与应对策略

（一）面临的挑战

尽管依托智慧园区的现代产业学院在多主体共同治理方面取得了不少成果，但仍存在一些亟待解决的问题。

1. 目标一致性问题

由于各参与方背景不同，其关注点和期望值也有所差异，因此在实际操作中容易出现目标不一致的情况。对此，建议建立明确的合作协议，明确规定各方的权利义务，并设立专门的沟通协调机制，以便及时解决分歧。

2. 师资队伍建设难题

虽然许多现代产业学院都强调"双师型"教师的重要性，但在实际招聘和培养过程中却面临诸多困难。一方面，"双师型"教师的标准不够清晰，难以量化考核；另一方面，现有教师队伍的知识结构单一，缺乏实践经验。针对这些问题，现代产业学院可以考虑采取内部培训与外部引进相结合的方式，逐步完善师资队伍。

3. 评价体系不健全

当前多数现代产业学院仍沿用传统院校的评价标准，忽视了对学生实践能力的考察。为此，现代产业学院有必要构建一套科学合理的多元化评价体系，既要注重学业成绩，也要考量项目成果和个人表现等因素。

4. 知识产权保护意识淡薄

在校企合作过程中，知识产权纠纷时有发生，影响了双方合作的积极性。为避免此类问题的发生，各方应在合作协议中明确界定知识产权归属，并加强对相关人员的法律知识培训。

（二）应对策略

现代产业学院的建设需要强化教学资源共享，高校和企业应共同建设教学资源库，包括课程资源、教材资源、教学案例和教学软件等。高校提供基础课程和专业理论课程资源，企业提供实践课程和项目案例资源，实现教学资源的共享和互补。高校和企业共同建设科研平台，共享科研设备和实验室资源。高校的科研团队和企业的研发团队可以共同开展科研项目，共享科研成果，促进科研水平的提升；共同建设人才资源库，共享师资和人才资源。高校的教师可以到企业挂职锻炼，企业的产业导师可以到高校授课，实现人才双向流动和资源共享。

高校和企业共同制定人才培养方案，根据市场需求和企业需求，调整专业设置和课程体系，培养适应产业发展的高素质人才；共同开展教育教学活动，实行"双导师制"，学生在高校学习理论知识，在企业进行实践实习，实现人才培养的协同创新；共同开展科研项目，围绕智慧园区的产业发展需求，开展关键技术研究和应用开发；高校和企业共同开展产业合作，围绕智慧园区的产业布局，开展产学研合作项目；共同组建产业联盟，开展技术转移、成果转化和产业孵化，实现产业合作的协同创新。高校的科研团队和企业的研发团队共同组建项目团队，开展科研合作，实现科研项目的协同创新。

四、未来展望

依托智慧园区的现代产业学院多主体共同治理模式具有广阔的发展前景。未来，该模式可以在以下几个方面进行进一步的探索和发展。

（一）积极推动数字化转型

随着信息技术的快速发展，现代产业学院应积极推动数字化转型，建设智慧校园和数字化教学平台；并通过数字化技术，实现教学资源的数字化管理和共享，开展在线教学和远程教育，提升教育教学的质量和效率。

（二）重视国际化发展

加强现代产业学院的国际化发展，与国外高校、企业和科研机构开展广泛的合作与交流。引进国外先进的教育理念和教学方法，开展国际合作项目和人才培养，提升现代产业学院的国际化水平和竞争力。

（三）大力产业孵化与创新创业

进一步加强现代产业学院的产业孵化和创新创业功能，建设创新创业基地和孵化器。为企业提供技术研发和成果转化的平台，为学生提供创新创业实践的机会，推动智慧园区的产业升级和创新发展。

（四）积极开展社会服务与社区参与

拓展现代产业学院的社会服务和社区参与功能，与智慧园区内的社区和企业开展广泛的合作。开展社会培训和社区教育，为企业和社区居民提供技术服务和咨询，提升现代产业学院的社会影响力和服务能力。

依托智慧园区的现代产业学院多主体共同治理模式具有重要的理论和实践意义。该模式通过多元主体协同治理，实现了多元主体的资源共享、优势互补和协同创新，促进了现代产业学院的可持续发展。该模式为现代产业学院的办学机制创新和多元治理结构完善提供了有益的借鉴。然而，该模式在实践中也面临一些挑战，如治理主体之间的利益难以协调、资源共享的机制不完善、协同创新的深度和广度不足等。对该模式的未来的研究可以进一步探讨这些问题的解决方法和策略，为现代产业学院的发展提供更加科学的理论支持和实践指导。

总之，依托智慧园区的现代产业学院要想实现可持续发展，必须不断创新和完善现有的治理模式，充分调动各方积极性，努力克服各种障碍，最终实现互利共赢的目标。

第四节　基于利益契合的现代产业学院多元协同治理案例研究

随着全球经济一体化进程的加快和社会经济结构的深刻变革，传统的高等教育模式已难以满足社会对高素质技术技能型人才的需求。在此背景下，现代产业学院作为一种新型办学模式应运而生。它通过校企合作、产教融合的方式，不仅为学生提供了更加贴近实际工作环境的学习机会，也为行业企业输送了符合市场需求的专业人才。然而，要实现这一目标，多方主体应共同参与并形成有效的协同治理机制。在现代产业学院的办学实践中，多元协同治理已成为提升办学质量和效益的重要途径。然而，多元主体之间的利益契合是实现有效协同治理的关键。本节通过案例研究方法，深入探讨基于利益契合的现代产业学院多元协同治理模式的实践经验和理论意义，以期为现代产业学院的发展提供有益的借鉴。

本节将围绕"基于利益契合的现代产业学院多元协同治理"展开探讨，通过具体案例分析其运作模式及成功经验。

一、利益契合的概念与重要性

1. 利益契合的概念

利益契合是指在多主体参与的合作关系中，各参与方能够找到共同的利益点，并在此基础上形成合力，推动合作项目向前发展。在现代产业学院的建设过程中，高校、企业和政府等不同主体往往有着各自的目标和需求。例如，高校希望提升教学质量和科研水平，企业则追求经济效益和技术进步，而政府则关注区域经济发展和社会稳定。只有这些不同的利益诉求在一定程度上相互契合时，各方主体才能建立起稳固的合作关系，实现共赢。

2. 利益契合的重要性

利益契合的重要性体现在以下几个方面。

（1）促进资源共享。各方可以在资源利用上达成共识，避免重复投资，提高资源使用效率。

（2）增强协同。通过整合各方的优势资源，可以产生"1+1>2"的效果，更好地解决复杂问题。

（3）保障长期合作。当各参与方都能从中受益时，他们更愿意投入时间和精力来维持合作关系，从而确保项目的可持续发展。

二、多元协同治理的理论基础

多元协同治理理论源于系统论，主张通过主体间的协同作用实现系统的有序运行和发展。根据该理论，任何复杂的系统都是由多个子系统构成的，每个子系统都有其独特的功能和价值。为了使整个系统保持高效运转，各子系统之间必须加强联系与协作。具体到现代产业学院的治理中，这意味着高校、企业、政府等不同主体应当明确自身定位，在尊重彼此利益的基础上寻求共同发展的路径。

此外，多元协同治理还强调动态性和适应性。即随着外部环境的变化，各参与方应及时调整策略，以应对新的挑战和机遇。例如，在当前数字化转型的大趋势下，现代产业学院需要不断更新教学内容和技术手段，以培养适应未来市场需求的人才。

三、基于利益契合的现代产业学院实践

（一）南京高等职业技术学校轨道交通学院实践

1. 背景介绍

南京高等职业技术学校轨道交通学院是南京市重点打造的一所现代产业学院，旨在为当地快速发展的轨道交通行业培养专业人才。该学院由南京高等职业技术学校与南京地铁集团有限公司共同组建，得到了南京市政府的大力支持。

2. 运作模式

（1）课程设置

根据轨道交通行业的岗位需求，轨道交通学院设置了涵盖车辆维修、信号控制、运营管理等多个方向的专业课程。同时，轨道交通学院还注重实践教学环节的设计，确保学生在校期间能够获得充足的实习机会。

（2）师资队伍建设

一方面，南京高等职业技术学校从国内外聘请了一批具有丰富行业经验的专家担任兼职教师；另一方面，鼓励现有教师参加企业挂职锻炼，提升他们的实践能力。

（3）实训基地建设

依托南京地铁集团的资源优势，轨道交通学院建立了先进的实训基地，包括模拟驾驶室、检修车间等设施。这些基地不仅用于日常教学，也为企业的员工培训提供了便利条件。

3. 成功经验

（1）利益契合

轨道交通学院的成功在于找到了高校与企业在人才培养方面的契合点。对于学校而言，现代产业学院通过与企业的深度合作，能够及时了解市场需求，调整教学计划；而对于企业来说，则可以获得源源不断的高质量人才支持，降低招聘成本。

（2）多方参与

除了高校和企业外，政府也在其中发挥了重要作用。南京市政府不仅提供了资金支持，还在政策层面给予倾斜，如减免税收、提供土地等优惠政策，营造了良好的外部环境。

（二）浙江机电职业技术学院区块集中、企业定点顶岗实习管理模式

1. 背景介绍

浙江机电职业技术学院是一所致力于培养高端制造业技术技能人才的职业院校。为了更好地对接地方产业发展需求，该校与多家知名企业合作成立了若干个现代产业学院，并创新性地提出了"区块集中、企业定点"顶岗实习管理模式。

2. 运作模式

（1）区块集中管理

将相近专业的学生集中安排在同一区域内进行实习，便于统一管理和调度。同时，学校通过建立信息化平台，实时监控学生的实习进度和表现情况。

（2）企业定点实习

浙江机电职业技术学院根据学生的专业特长和个人意愿，将其分配至相应的合作企业进行顶岗实习。企业为每位实习生配备专门的指导老师，负责日常工作指导和技术培训。

（3）评价反馈机制

建立科学合理的评价体系，定期对学生的表现进行考核，并将结果反馈给学校和企业。这有助于及时发现存在的问题并加以改进。

3. 成功经验

（1）利益契合

该模式之所以能够取得成功，关键在于实现了学校、企业和学生三者利益的最大化。学校借此提高了教学质量，增强了社会影响力；企业获得了稳定的劳动力来源，降低了用人成本；学生则积累了宝贵的工作经验，提升了就业竞争力。

（2）制度保障

为了确保顶岗实习工作的顺利开展，学校制定了详细的管理制度，明确了各方的责任和义务。此外，学校还设立了专门的监督机构，负责处理实习过程中出现的各种问题。

（三）深圳市第二职业技术学校共享平台式建设模式

1. 背景介绍

深圳市第二职业技术学校位于深圳，近年来积极与本地高科技企业合作，探索出了一条具有特色的产教融合发展之路。该校特别重视平台建设

和精细化管理，在提升教学质量的同时，也为企业输送了大量的优质人才。

2. 运作模式

（1）搭建共享平台

深圳市第二职业技术学校与多家知名企业共建了一系列高水平的实训平台，包括智能制造中心、软件开发实验室等。这些平台不仅服务于日常教学活动，也成为企业技术研发的重要支撑力量。

（2）实施精细管理

针对实习过程中的各个环节，深圳市第二职业技术学校制定了一系列细致的操作规范和标准流程，确保每一步都做到位。例如，在学生入职前，会组织专门的岗前培训，帮助他们尽快适应新环境；在实习期间，会安排专人跟踪指导，及时解决学生遇到的问题。

（3）强化质量监控

建立完善的质量监控体系，定期对实习效果进行评估。评估结果不仅作为衡量学生表现的重要依据，也是学校调整教学计划、优化管理措施的关键参考。

3. 成功经验

（1）利益契合

学校与企业之间形成了紧密的合作关系，双方在资源共享、技术创新等方面达成了广泛共识。特别是学校通过搭建共享平台，为企业的技术研发提供了有力支持，同时也为自身赢得了更多的发展机遇。

（2）创新驱动

面对日益激烈的市场竞争，学校始终保持敏锐的市场洞察力，积极探索新技术、新模式。例如，借助大数据分析技术对学生的学习行为进行追踪，以便提供个性化的教学服务；利用虚拟现实技术开展沉浸式教学体验，激发学生的学习兴趣。

四、面临的挑战及应对策略

尽管上述案例说明基于利益契合的现代产业学院多元协同治理模式在实践中取得了一定成效，但从全国总体上看，其仍面临诸多挑战。

（一）目标一致性问题

由于各参与方背景不同，其关注点和期望值也有所差异，在实际操作中容易出现目标不一致的情况。因此，建议建立明确的合作协议，明确规定各方的权利义务，并设立专门的沟通协调机制，以便及时解决分歧。

（二）师资队伍建设难题

如前所述，"双师型"教师在招聘和培养过程中存在很多困难。比如考核标准不清晰，教师知识结构单一等。

（三）评价体系不健全

目前多数现代产业学院仍沿用传统院校的评价标准，忽视了对学生实践能力和创新能力的考察。为此，学校应构建一套科学合理的多元化评价体系，既注重考核学生的学业成绩，也要考量学生的项目成果和个人表现等因素。

（四）知识产权保护意识淡薄

在校企合作过程中，知识产权纠纷是一个常见的问题。为了避免此类纠纷的发生，学校必须加强多方主体的知识产权保护意识：一方面，在合作协议中明确规定知识产权归属；另一方面，对参与项目的师生进行相关法律法规培训，使其了解如何合法合规地使用和保护知识产权。此外，学校还可以设立专门的知识产权管理部门，负责处理相关事务。

通过对上述基于利益契合的现代产业学院实践进行的分析可以发现，这类现代产业学院具有以下特点。

1. 治理主体多元化

上述现代产业学院的治理主体包括高校、企业、政府和行业协会等多元主体，各主体在现代产业学院的办学过程中发挥了各自的优势和作用，形成了多元主体协同治理的良好局面。

2. 利益契合机制完善

现代产业学院通过建立利益契合机制，实现了各主体之间的利益平衡和协调。高校和企业通过共同制定人才培养方案、开展科研项目和产业合作，实现了资源共享和协同创新，提升了现代产业学院的办学质量和效益。

3. 治理结构完善

现代产业学院建立了理事会、院长办公会、学术委员会和监事会等完善的治理结构，各治理机构之间职责明确、分工协作，形成了科学合理的治理机制。

4. 重视资源共享与协同创新

现代产业学院通过建立资源共享平台和协同创新机制，实现了教学资源、科研资源和人才资源的共享和协同创新。高校和企业共同开展教育教学、科研项目和产业合作，促进了现代产业学院的可持续发展。

5. 政策支持与制度保障

政府在现代产业学院的办学过程中发挥了政策支持和制度保障作用，提供了资金扶持、税收优惠和政策引导，促进了现代产业学院与区域经济的协同发展。

五、未来发展方向与展望

随着信息技术的不断发展和社会需求的变化，基于利益契合的现代产业学院多元协同治理模式将迎来更多的发展机遇和挑战。在未来可尝试从以下几个方面来进一步优化校企合作和加快学院建设：

（一）政策支持与制度保障体系的完善

1. 政策支持体系的完善

（1）加大财政支持政策力度

政府应加大对现代产业学院的财政支持力度，设立专项财政资金，用于现代产业学院的建设和发展。财政资金可以用于支持教学设施设备的购置、科研项目的开展、人才培养的奖励等方面。同时，政府可以制定税收优惠政策，对参与现代产业学院办学的企业给予税收减免和优惠，鼓励企业加大对现代产业学院的投入。

（2）加大人才政策支持力度

政府应制定完善的人才政策，支持现代产业学院的人才队伍建设。例如，制定高校教师到企业挂职锻炼的政策，鼓励高校教师到企业开展实践锻炼和科研合作；制定企业产业导师到高校授课的政策，鼓励企业产业导师到高校开展教学活动和人才培养；制定人才引进政策，吸引国内外优秀人才到现代产业学院工作，提升现代产业学院的人才水平。

（3）加大产业政策支持力度

政府应制定产业政策，支持区域经济的产业发展。例如，制定产业规划和产业政策，引导区域经济内的企业与现代产业学院开展产学研合作；制定科技成果转化政策，鼓励高校和企业的科研成果在区域经济内转化和应用；制定产业孵化政策，支持现代产业学院开展产业孵化和创新创业活动，推动区域经济的产业升级和发展。

2. 制度保障体系的完善

（1）强化治理制度保障

完善现代产业学院的治理制度，明确各治理主体的职责和权利，建立健全理事会、院长办公会、学术委员会和监事会等治理机构的运行机制。制定现代产业学院的章程和管理制度，规范现代产业学院的办学行为和治理过程，确保现代产业学院的稳定运行和可持续发展。

（2）强化资源共享制度保障

建立资源共享的制度保障机制，制定资源共享的管理办法和操作流程。明确资源共享的范围、方式和条件，规范资源共享的评估、定价和激励机制。建立资源共享的监督和评估机制，定期对资源共享的效果进行评估和监督，确保资源共享的公平性和有效性。

（3）强化协同创新制度保障

完善协同创新的制度保障体系，制定协同创新的管理办法和操作流程。明确协同创新的项目申报、立项、实施和验收等环节的管理要求，规范协同创新的经费使用和成果分配机制。建立协同创新的监督和评估机制，定期对协同创新的效果进行评估和监督，确保协同创新的高效运行和可持续发展。

（二）重视协同创新的深度与广度拓展

1. 重视协同创新的深度拓展

（1）加大人才培养深度协同

进一步深化高校与企业的人才培养协同创新，建立"订单式"人才培养模式。企业根据自身的人才需求，向高校提出人才培养订单，高校按照订单要求制定个性化的人才培养方案，为企业培养符合需求的高素质人才。同时，高校和企业可以共同开展学生的职业规划指导和就业培训，提高学生的就业竞争力。

（2）加大科研项目深度协同

加强高校与企业的科研项目深度协同创新，建立联合实验室和科研团队。联合实验室可以共享科研设备和实验室资源，科研团队可以共同开展关键技术研究和应用开发。高校和企业可以联合申报国家和地方的科研项目，争取更多的科研经费和政策支持。同时，高校和企业可以共同开展科研成果转化和产业化应用，将科研成果转化为实际生产力。

（3）加大产业合作深度协同

深化高校与企业的产业合作深度协同创新，建立产业联盟和产学研合作基地。产业联盟可以整合高校、企业、政府和行业协会的资源，共同开展产业规划和项目合作。产学研合作基地可以为企业提供技术研发和成果转化的平台，为高校提供实践教学和科研合作的基地。高校和企业可以共同开展产业孵化和创新创业活动，推动区域经济的产业升级和发展。

2. 重视协同创新的广度拓展

（1）推动跨学科协同创新

拓展高校内部的跨学科协同创新，打破学科壁垒，建立跨学科研究团队。跨学科研究团队可以结合区域经济的产业发展需求，开展跨学科的科研项目和人才培养。例如，计算机科学与技术、电子信息工程、自动化控制等学科可以联合开展人工智能、大数据、物联网等领域的研究和应用开发，培养跨学科的复合型人才。

（2）推动跨区域协同创新

加强与国内外其他高校、企业和科研机构的跨区域协同创新，建立国际化的产学研合作网络。通过国际化的协同创新，引进国外先进的技术和管理经验，提升现代产业学院的国际化水平和竞争力。例如，现代产业学院可以与国外高校和企业联合开展科研项目和人才培养，引进国外的优质教学资源和科研成果，促进现代产业学院的国际化发展。

（3）推动跨产业协同创新

拓展现代产业学院的跨产业协同创新，与区域经济内的其他产业领域开展合作。例如，现代产业学院与智能制造、生物医药、文化创意等产业领域开展产学研合作，共同开展跨产业的科研项目和人才培养。通过跨产业协同创新，促进产业之间的融合发展，推动区域经济的产业多元化发展。

本节通过对基于利益契合的现代产业学院多元协同治理模式的案例研究，揭示了该模式的运行机制和特点，总结了实践经验和成效。结果表明，基于利益契合的现代产业学院多元协同治理模式是一种有效的办学模式，其能够充分发挥多元主体的优势，实现资源共享、优势互补和协同创新，促进现代产业学院的可持续发展。该模式为现代产业学院的办学机制创新和多元治理结构完善提供了有益的借鉴，具有重要的理论和实践意义。

第四章 地方政府主导下的现代产业学院育人模式研究与实践

第一节 地方政府主导下的现代产业学院育人模式研究

在全球化、信息化和数字化快速发展的背景下，传统教育体系面临着前所未有的挑战。为了更好地适应经济社会的发展需求，培养符合市场需求的高素质技术技能人才，各地纷纷探索新型办学模式——现代产业学院。在这一过程中，地方政府作为重要的推动者和参与者，发挥了不可替代的作用。本节将重点探讨地方政府如何通过政策引导和支持，在现代产业学院建设中发挥主导作用，并结合具体案例分析现代产业学院育人模式的成功经验和面临的挑战。

一、地方政府的角色定位

（一）政策制定者

地方政府是政策制定的核心力量，它可以根据区域经济发展需求和产业结构特点，出台一系列支持产教融合、校企合作的政策文件。《国务院办公厅关于深化产教融合的若干意见》（国办发〔2017〕95 号）发布后，各地纷纷响应，制订了符合本地实际情况的具体实施方案。这些政策不仅为高校和企业之间的合作提供了制度保障，也为现代产业学院的发展指明了方向。

（二）资源整合者

除了制定政策外，地方政府还承担着资源整合的重要职责。一方面，它可以通过财政补贴、税收优惠等方式吸引企业参与职业教育；另一方面，它还可以协调各类社会资源，如科研机构、行业协会等，共同参与到现代产业学院的建设和运营中来。例如，南京市人民政府为南京高等职业技术学校轨道交通学院提供了资金支持，并在土地使用等方面给予优惠政策，确保了该项目的顺利推进。

（三）监督评估者

为了保证现代产业学院的健康发展，地方政府需要建立一套完善的监督评估机制，通过对项目进展情况进行定期检查，及时发现问题并加以解决；同时，还要对现代产业学院的育人效果进行科学评价，以确保其能够真正满足市场需求和社会期望。

二、地方政府主导下的现代产业学院育人模式的理论基础

（一）区域经济理论

区域经济理论强调区域内的资源优化配置和产业集聚效应，地方政府通过政策引导和资源整合，能够促进区域内教育与产业的协同发展。现代产业学院作为区域经济与教育融合的重要平台，其育人模式的创新能够为区域经济发展提供高素质的人才支持，促进区域经济的可持续发展。

（二）利益相关者理论

利益相关者理论认为，企业的生存和发展依赖于与利益相关者的合作。在现代产业学院的育人模式中，高校、企业、政府和学生等都是重要的利益相关者。地方政府通过协调各方利益，能够实现资源共享和优势互补，推动现代产业学院的育人模式创新。

（三）协同创新理论

协同创新理论强调多方通过合作实现创新目标。地方政府主导下的现代产业学院育人模式，通过整合高校的教育资源、企业的产业资源和政府的政策资源，能够实现教育与产业的协同创新，提升现代产业学院的育人质量和效益。

三、地方政府主导下的现代产业学院育人模式构建

（一）科学顶层设计，明确目标与路径

在构建现代产业学院育人模式时，地方政府首先要做好顶层设计工作。这包括确定发展目标、制定战略规划以及选择合适的实施路径。例如，温州医科大学眼视光产业学院就是由温州市政府牵头组建，通过实地

调研、协会座谈等多种途径，收集梳理企业需求，协助起草政策，并在政策分段奖补、政策普惠性和激励性、政策横向对比等方面提供了专业的指导意见。并且由政府助力学院建成了 70 万平方米的孵化产业园区，为眼视光产业的发展提供了物理空间和基础设施支持。

（二）进行制度保障，完善法律法规体系

为了确保现代产业学院育人模式的有效运行，必须建立健全相应的法律法规体系。地方政府应根据国家有关政策精神并结合本地实际，出台具体的管理办法和实施细则。例如前所述温州医科大学眼光产业学院就是依据政府出台的《温州市促进眼健康产业集聚发展若干政策》组建，该政策明确规定了企业和学校在有关合作中的权利与义务关系，并且从科技、人才、金融、产业等多方面给予支持，为产业学院建设和发展提供有力的政策保障。

（三）多主体协同，形成合力共育人才

地方政府在推动现代产业学院发展过程中，不仅要充分发挥自身职能作用，还要积极调动其他主体的积极性，形成多方协同育人的良好局面。这包括加强政府与高校、企业的沟通协作，鼓励行业组织、科研机构等积极参与进来。例如，沈阳化工大学菱镁现代产业学院就是由当地政府、企业和高校三方共建而成的。这种多主体协同的方式，可以实现资源共享、优势互补，提高人才培养质量。

（四）实践导向，强化实训基地建设

实践教学是职业教育的重要组成部分，也是现代产业学院育人模式的关键环节之一。地方政府应加大对实训基地建设的支持力度，提供必要的场地、设备和技术支持。例如，浙江机电职业技术学院与多家知名企业合作建立了高水平的实训平台，为学生提供了良好的实习环境。此外，还可以通过引入企业真实项目，让学生在实践中积累经验，提升动手能力。

（五）进行评价反馈，建立科学合理的考核体系

为了确保现代产业学院育人模式取得预期成效，地方政府必须建立科学合理的考核评价体系。地方政府要加强对学生学业成绩、实践能力等方面的综合评价，同时也要关注毕业生就业情况及用人单位满意度等指标；对于表现优异的学生和教师给予表彰奖励，对于存在问题的地方则要及时整改。例如，深圳市第二职业技术学校就建立了完善的质量监控体系，定期对实习效果进行评估，并将结果反馈给学校和企业双方。

四、地方政府主导下的现代产业学院育人模式的实践路径

（一）政策引导与支持

1. 制定现代产业学院发展规划

地方政府应根据区域经济发展的需求，制定现代产业学院的发展规划，明确现代产业学院的建设目标、发展重点和实施路径；通过规划引导，促进现代产业学院与区域产业的协同发展。

2. 出台优惠政策

地方政府应出台一系列优惠政策，包括税收优惠、财政补贴、土地政策等，鼓励企业参与现代产业学院的建设和发展；通过政策支持，降低企业的参与成本，提高企业的积极性。

3. 建立协调机制

地方政府应建立高校、企业、政府之间的协调机制，定期召开联席会议，解决现代产业学院建设和发展过程中遇到的问题；通过协调机制，促进各方之间的沟通与合作。

4. 资源整合与共享

（1）整合教育资源

地方政府应整合区域内的教育资源，支持高校与企业共建现代产业学院；通过整合教育资源，实现教学资源的优化配置，提升现代产业学院的办学水平。

（2）整合产业资源

地方政府应整合区域内的产业资源，支持企业参与现代产业学院的建设和发展；通过整合产业资源，实现产业资源的优化配置，提升现代产业学院的育人质量。

（3）建立资源共享平台

地方政府应支持建立资源共享平台，实现教学资源、科研资源和人才资源的共享；通过资源共享平台，促进高校与企业之间的协同创新，提升现代产业学院的育人效益。

（二）把人才培养与产业需求对接

1. 制订人才培养方案

地方政府应支持高校与企业共同制订人才培养方案，根据产业需求调整专业设置和课程体系；通过高校与企业共同制订人才培养方案，实现人

才培养与产业需求的精准匹配。

2. 开展实践教学

地方政府应支持高校与企业共建实习实训基地，开展实践教学活动。通过实践教学，提升学生的实践能力和创新能力，增强学生的就业竞争力。

3. 推动产学研合作

地方政府应支持高校与企业开展产学研合作，共同开展科研项目进行技术创新；通过产学研合作，提升高校的科研水平和企业的创新能力，促进区域经济的发展。

4. 质量保障与评估

地方政府应支持现代产业学院建立质量保障体系，制定教学质量标准和评估指标；通过质量保障体系，确保现代产业学院的育人质量。地方政府应支持对现代产业学院开展第三方评估，邀请专业机构对现代产业学院的育人质量进行评估；通过第三方评估，发现问题，改进工作，提升现代产业学院的育人水平。地方政府应加强对现代产业学院的监督与管理，定期对现代产业学院的办学情况进行检查和评估；通过监督与管理，确保现代产业学院的健康发展。

五、地方政府主导下的现代产业学院实践

（一）沈阳化工大学菱镁现代产业学院

沈阳化工大学菱镁现代产业学院是由沈阳市政府、海城市人民政府、腾鳌经济开发区和辽宁科技大学四方联合创办的一所特色现代产业学院。该学院依托当地丰富的菱镁矿资源，致力于培养从事菱镁材料研发、生产和销售的专业人才。

1. 运作模式

在课程设置上，该学院根据菱镁行业的岗位需求，开设了矿物加工、化学工程等多个专业方向，并注重实践教学环节的设计。

师资队伍建设方面，该学院从国内外聘请了一批具有丰富行业经验的专家担任兼职教师，同时鼓励现有教师参加企业挂职锻炼，提升他们的实践能力。

实训基地建设方面，该学院利用海城市人民政府提供的资金支持，建成了多个现代化的实验室和生产车间，为学生提供了充足的实习机会。

2. 成功经验

地方政府的大力支持是该学院得以快速发展的重要保障。无论是资金投入还是政策扶持，都为学院的建设提供了坚实基础。

校企合作紧密，形成了利益共同体。该学院通过与多家菱镁企业建立合作关系，不仅能够及时了解市场需求，调整教学计划，还能为企业输送高质量的人才。

注重产学研结合，推动技术创新。学院与企业共同开展科研项目，既解决了企业发展中的技术难题，也提升了自身的科研水平。

（二）南京高等职业技术学校轨道交通学院

南京高等职业技术学校轨道交通学院是南京市重点打造的一所特色现代产业学院，旨在为当地快速发展的轨道交通行业培养专业人才。该学院由南京高等职业技术学校与南京地铁集团有限公司共同组建，得到了南京市政府的大力支持。

1. 运作模式

在课程设置上，轨道交通学院根据轨道交通行业的岗位需求，开设了车辆维修、信号控制、运营管理等多个方向的专业课程。同时，该学院还注重实践教学环节的设计，确保学生在校期间能够获得充足的实习机会。

师资队伍建设方面，一方面，南京高等职业技术学校从国内外聘请了一批具有丰富行业经验的专家担任兼职教师；另一方面，鼓励现有教师参加企业挂职锻炼，提升他们的实践能力。

实训基地建设方面，轨道交通学院依托南京地铁集团的资源优势，建立了先进的实训基地，包括模拟驾驶室、检修车间等设施。这些基地不仅用于日常教学，也为企业的员工培训提供了便利条件。

2. 成功经验

地方政府的大力支持是该学院能快速发展的重要保障。无论是资金投入还是政策扶持，都为学院的建设打下了坚实基础。

校企合作紧密，形成了利益共同体。轨道交通学院通过与南京地铁集团的深度合作，不仅能够及时了解市场需求，调整教学计划，还能为企业输送高质量的人才。

注重产学研结合，推动技术创新。轨道交通学院与企业共同开展科研项目，既解决了企业发展中的技术难题，也提升了自身的科研水平。

（三）常州大学阿里云大数据学院

1. 运作模式

常州大学阿里云大数据学院是由常州大学、常州市人民政府、阿里云计算有限公司、中软国际有限公司、慧科教育科技集团有限公司和昆仑数智科技有限责任公司共同创建的现代产业学院。这种多方合作的方式确保了学院能够充分利用各方资源，形成一个集教学、科研和社会服务于一体的综合性平台。

阿里云大数据学院围绕"产、学、研、创"核心要素，构建了行业认证和学历教育一体融合的教学体系。该学院基于实际应用场景，创新人才培养方案，促进人才培养与产业需求的深度融合。课程设置不仅涵盖了计算机科学与技术、软件工程等基础学科，还包括了云计算、大数据开发、云安全等前沿领域的专业课程。

阿里云大数据学院建立了多个高水平的实训基地，包括实验室和数字化学习空间云平台。这些设施为学生提供了实践操作的机会，并且通过阿里云沙箱及慧科高校邦在线学习平台为学生提供了很多实战案例实验资源，使学生能够在真实的企业级环境中进行训练。

为了保证教学质量，阿里云大数据学院特别注重教师队伍的建设和提升。其中不少专任教师是从阿里云大学云计算学院、慧科大数据学院等处引进的技术认证专家和高级工程师。此外，该学院还实施了一系列措施激励教师参与企业的实际项目，从而不断提升实践能力和教学水平。

2. 成功经验

（1）政府支持与政策保障

地方政府在常州大学阿里云大数据学院的发展过程中扮演了关键角色。常州市政府不仅在资金上给予大力支持，还在土地使用等方面提供了便利条件，这为学院的建设和发展奠定了坚实的基础。同时，政府出台的相关政策也为校企合作提供了制度保障。

（2）深度校企合作

阿里云大数据学院与阿里云等企业的深度合作是其成功的重要因素之一。通过联合举办各类培训营、邀请企业专家授课等方式，学院不仅能够及时了解市场需求，调整教学计划，还能为企业输送高质量的人才。例如，组织学生参加行业峰会——阿里云栖大会，以及开展新生入学教育等活动，都极大地增强了学生的行业认知和职业规划能力。

（3）注重实践能力培养

学院强调实践教学的重要性，通过引入企业的真实项目，让学生在解决实际问题的过程中积累经验。这种以项目驱动的学习方式，使得学生在校期间就能获得丰富的实践经验，提高了他们的动手能力和创新能力。例如，在课程学习期间，同学们运用互联网思维和创新思维，结合自己学习生活中遇到的需求和痛点，设计了自己的互联网应用解决方案。

（4）科研成果转化为生产力

学院积极推动科研成果转化，助力区域经济发展。例如，与中石油共建的"中国石油天然气集团有限公司-常州大学创新联合体"，针对非常规油气资源开发等重大技术难题进行了研究攻关，并取得了显著成效。这样的科研成果不仅提升了学院的学术地位，也为地方经济的发展作出了贡献。

六、面临的挑战及应对策略

尽管上述案例展示了地方政府主导下现代产业学院育人模式在实践中取得了一定成效，但在实际操作过程中仍面临诸多挑战。比如，目标一致性问题，师资队伍建设难题，评价体系不健全问题。

此外，还有社会认可度不高的问题。尽管现代产业学院在培养应用型人才方面具有明显优势，但由于起步较晚，社会对其认可度较低，部分家长和学生仍然倾向于选择传统的本科院校。因此，学院需要加大宣传力度，通过举办开放日、成果展示等活动，让社会各界更加全面地了解现代产业学院的特点和优势。

七、未来发展方向与展望

随着信息技术的不断发展和社会需求的变化，基于地方政府主导的现代产业学院育人模式将迎来更多的发展机遇。以下几点是现代产业学院未来发展的重点方向。

（一）深化校企合作，强化育人实效

为了进一步提升现代产业学院的育人效果，地方政府应致力于深化校企合作模式。这不仅需要政府在政策层面给予支持，还需要高校与企业在实际操作中建立更加紧密的合作关系。具体措施包括以下几个方面。

1. 共同制订人才培养方案

高校与企业应联合成立专门的工作小组，根据市场需求和行业发展趋势共同制定人才培养方案。这样可以确保教学内容紧跟行业发展步伐，使学生所学知识更加贴近实际工作要求。

2. 实施"双导师制"

推行"双导师制"，即每位学生配备一名学校导师和一名企业导师。学校导师负责理论知识的教学指导，而企业导师则侧重于实践技能的传授。这种方式可以使学生在校期间就能获得丰富的实践经验，并为未来的职业发展打下坚实基础。

3. 共建实训基地

企业和学校应加强合作，共同建设高水平的实训基地。这些基地不仅可以用于学生的实习培训，还能为企业员工提供继续教育的机会。例如，常州工学院婴幼儿托育产业学院就建立了功能齐全的实训中心及设备设施，满足了托育服务人才培训的需求。

4. 引入真实项目

将企业的实际项目引入课堂，让学生在解决实际问题的过程中积累经验。这种方法不仅能提高学生的动手能力和创新思维，还能增强他们对行业的了解和适应能力。

（二）强调德育教育，培养全面发展的人才

在注重专业技能培养的同时，地方政府主导下的现代产业学院还应强调德育教育，促进学生的全面发展。具体做法包括：

学院在课程体系中应融入职业道德、社会责任感等方面的教育内容。例如，广东财经大学创新创业学院特别强调德育教育，要求每位学生都要参加一定数量的社会实践活动；定期举办各类文化活动和社会公益活动，如志愿服务、公益讲座等，帮助学生树立正确的价值观和人生观。此外，学院还可以通过设立奖学金、荣誉称号等方式激励学生积极参与。榜样引领，邀请优秀企业家、校友代表等走进校园，分享他们的成功经验和心得体会，为学生树立学习的榜样。

（三）创新评价机制，科学评估育人成果

为了确保现代产业学院育人模式的有效性，地方政府必须建立一套科学合理的评价机制。该机制应涵盖以下几个方面。

1. 多维度评价

除了传统的考试成绩外，学校还应综合考量学生的实践能力、团队协作能力、创新能力等多个维度。例如，深圳市第二职业技术学校便建立了完善的质量监控体系，定期对学生的实习效果进行评估，并将结果反馈给学校和企业双方。

2. 动态调整

随着社会需求的变化和技术的进步，学校应及时更新评价标准，确保其能够准确反映当前的人才培养目标；同时，还要注意收集各方意见，不断完善评价体系。

3. 持续跟踪

学校不仅要关注学生在校期间的表现，还要对其毕业后的发展情况进行长期跟踪调查；通过对毕业生就业情况及用人单位满意度等指标的分析，可以更好地了解育人模式的实际效果，并据此做出相应调整。

（四）推动国际化进程，拓宽学生视野

在全球化背景下，地方政府主导下的现代产业学院应积极推动国际化进程，为学生提供更广阔的国际视野和发展空间。具体措施包括以下几个方面。

1. 国际合作办学

与国外知名院校开展合作办学项目，引进先进的教育资源和管理经验。例如，南京高等职业技术学校轨道交通学院就曾与德国相关院校合作，借鉴其成熟的育人模式。

2. 海外实习交流

鼓励学生到国外知名企业或研究机构进行实习交流，亲身体验不同国家的文化氛围和工作环境。这不仅有助于提升学生的语言水平和跨文化交流能力，还能为学生今后的职业发展提供更多选择。

3. 引进外籍教师

聘请具有丰富国际经验的外籍教师担任兼职教师，为学生带来全新的教学理念和方法。同时，也可以选派本校教师出国进修学习，提升师资队伍的整体素质。

（五）加强科研创新，提升核心竞争力

科研创新能力是衡量一个现代产业学院综合实力的重要标志之一。为此，地方政府应在以下几个方面给予大力支持：

1. 搭建科研平台

投入专项资金建设一批高水平的科研实验室和研发中心，为师生开展科研活动提供必要的硬件设施。例如，浙江机电职业技术学院与多家知名企业合作建立了现代化的实训平台，为科研工作奠定了良好基础。

2. 鼓励产学研结合

积极引导和支持高校与企业联合申报各类科研项目，推动产学研深度融合。对于取得重大突破或具有良好应用前景的研究成果，政府可给予一定的奖励扶持。

3. 举办学术交流活动

定期举办国内外学术会议、论坛等活动，邀请专家学者前来交流研讨，营造浓厚的学术氛围。同时，也鼓励本校师生积极参与各类学术交流活动，不断提升自身的科研水平。

（六）优化资源配置，实现资源共享

为了最大限度地发挥资源效益，地方政府应努力优化资源配置，实现多方共享。具体措施包括以下几个方面。

1. 加大信息共享平台建设力度

建立统一的信息共享平台，整合高校、企业、行业协会等各方面的资源信息，方便各方查询使用。例如，沈阳化工大学菱镁现代产业学院利用信息化手段实现了校企之间的无缝对接。

2. 完善设备共享机制

探索建立设备共享机制，允许不同单位之间相互借用实验设备、仪器仪表等。这样既可以节省重复购置的成本，又能提高设备利用率。

3. 重视人力资源共享

鼓励企业技术人员到高校兼职任教，同时也支持高校教师到企业挂职锻炼。这种双向流动的方式有助于促进知识传播和技术转化，形成互利共赢的局面。

本节通过对地方政府主导下的现代产业学院育人模式的理论基础、实践路径、实践案例、挑战与对策以及未来展望的深入研究，揭示了该模式的运行机制和特点，总结了实践经验和成效。研究结果表明，地方政府主导下的现代产业学院育人模式是一种有效的育人模式，能够充分发挥地方政府的政策优势、资源整合优势和资金支持优势，实现人才培养与产业需求的精准匹配，提升现代产业学院的育人质量和效益。该模式为现代产业学院的育人机制创新提供了有益的借鉴，具有重要的理论和实践意义。未来的研究可以进一步探讨这些问题的解决方法和策略，为现代产业学院的发展提供更加科学的理论支持和实践指导。

第二节　镇政府主导下的现代产业学院育人实践

随着我国经济社会的快速发展，产教融合逐渐成为高等教育改革与发展的重要趋势。地方政府在这一过程中扮演着关键角色，其通过主导现代产业学院建设，能够有效整合区域资源，促进教育链、人才链与产业链、创新链的有机衔接。这种模式不仅有助于提高当地人力资源素质，增强区域经济竞争力，还能推动应用型人才教育的创新发展。

一、镇政府主导现代产业学院育人的政策背景与角色定位

（一）国家政策导向与地方实践创新

1. 国家政策支持

2017 年《国务院办公厅关于深化产教融合的若干意见》提出"鼓励地方政府因地制宜推进产教融合"，明确镇级政府可通过整合资源支持职业教育。

2020 年教育部等九部门印发的《职业教育提质培优行动计划（2020—2023 年）》强调"基层政府应结合乡村振兴战略，推动职业教育与区域经济协同发展"。

2. 地方政策创新

中山市古镇镇政府积极推动学院与企业建立紧密的合作关系，通过校企合作，实现资源共享、优势互补，共同培养适应产业需求的专业人才。镇政府投资 2 600 万元用于学院的建设，有力地推动了学院的基础设施建设和教学设备购置。

（二）地方镇政府的角色定位

1. 统筹协调者

东莞长安镇政府积极推动东莞职业技术学院与东莞理工学院与 OPPO 公司展开深度的校企合作，在政策、资源、场地、经费等方面给予大力支持，协调各方资源，为产业学院的建设和发展提供良好的政策环境和基础条件。

2. 需求对接者

地方政府通过调研本地企业用工需求，动态调整现代产业学院专业设置。如中山市小榄镇针对五金产业集群，推动建设"精密制造现代产业学院"。

3. 监督评价者

制定现代产业学院考核指标，如毕业生本地就业率、企业满意度等，确保育人成效与产业需求匹配。

二、镇政府主导现代产业学院育人的实践模式

（一）"政校企"三方协同机制

1. 合作框架

镇政府牵头成立"产教融合领导小组"，成员包括教育、经济、人社等部门负责人。本地龙头企业提供技术标准、实训岗位及师资支持，如佛山北滘镇美的集团参与了"智能家电现代产业学院"课程开发。职业院校负责教学管理，如慈溪周巷职业高中与方太集团共建"双师型"教学团队。

2. 资金投入模式

镇政府设立产教融合基金，按年度拨付至现代产业学院。例如，昆山市张浦镇政府每年投入 500 万元支持"模具设计与制造现代产业学院"。企业通过捐赠设备或资金可获得地方税收减免，如东莞虎门镇对参与服装现代产业学院的企业减免 20% 增值税。

（二）构建"产业—专业—就业"闭环培养体系

1. 专业设置与产业需求对接

镇政府通过"镇经济办+行业协会+学校"三方调研，确定当下市场紧缺人才方向。例如，中山市古镇镇针对灯饰产业开设"LED 照明设计专业"。

2. 课程体系动态更新

引入企业真实项目作为教学案例，如佛山市顺德区陈村镇"花卉现代产业学院"将本地花卉电商运营项目纳入课程。

3. 就业保障机制

镇政府与本地企业签订"人才定向输送协议"，优先录用本地高校毕业生至本地企业工作。如宁波余姚市泗门镇"小家电现代产业学院"毕业

生 80% 进入本地企业。

（三）"双师型"师资队伍建设

1. 企业工程师兼职授课

镇政府协调企业技术骨干担任现代产业学院兼职教师，如嘉兴市王店镇集成吊顶现代产业学院聘请行业工程师每周授课 8 课时。

2. 教师企业实践制度

职业院校教师每年需在合作企业实践不少于 2 个月，实践成果纳入职称评定。

三、镇政府主导的现代产业学院实践

（一）中山职业技术学院"镇校企"合作模式

中山职业技术学院自 2006 年成立以来，积极探索与地方镇政府和企业合作的办学模式，形成了"镇校企"合作办学体制机制。该学校通过与各镇政府合作，在其产业园区合办现代产业学院，实现了"一镇一品一专业"的专业布局。

1. 成立古镇灯饰学院

古镇镇政府在现代产业学院建设中发挥了重要的主导作用，推动了古镇灯饰学院的快速发展，为当地灯饰产业的转型升级提供了坚实的人才和技术支持。

2. 成立南区电梯学院

中山职业技术学院与"国家火炬计划中山电梯特色产业基地"南区电梯产业合作成立"南区电梯学院"，首创全国高职高专电梯工程技术专业。

3. 沙溪纺织服装学院

中山职业技术学院与沙溪镇合作在"中国休闲服装生产基地"共建"沙溪纺织服装学院"，培养适应当地产业需求的专业人才。

4. 小榄学院

中山职业技术学院与小榄镇政府在商贸物流园区共建"小榄学院"，探索"政府+商会"模式，由政府和商会主导组建董事会，筹集资金作为现代产业学院运营经费。

5. 红木家居学院

中山职业技术学院与大涌镇合作在"中国红木产业之都"共建"红木家居学院"，为当地红木产业培养专业人才。

中山职业技术学院各现代产业学院通过"镇政府主导""政府+商会""政府+研究院所"等多种模式创建，形成了政校企"人才共育、专业共建、师资共培、实习就业校企共推、共同创新、资源共享"的协同育人体制机制。各现代产业学院主要通过工作室制、现代学徒制等培养模式，实现学生"双身份"、教学"双主体"。例如，南区电梯学院实施"多学段、多循环"的现代学徒教学模式，沙溪纺织服装学院形成"教师、企业、学生"三位一体工作室人才培养模式。各现代产业学院应根据地方产业发展需求，动态调整专业设置，确保专业建设与产业发展同步更新。例如，灯饰学院牵头制定灯具设计、装配和制造国家职业标准，电梯学院开发自动扶梯安装专项职业能力考核规范及题库。学院通过教师、工程师"双转双换"，"双师型"教师和"双能型"培训师"共培共育"，探索"校企双制"的人事制度，提升教师的实践能力和企业的教学能力。

各现代产业学院在镇区设立知识产权交易中心，鼓励师生与行业企业联合进行技术研发、工艺改造和产品改良，承担各级科技攻关等创新项目。中山职业技术学院通过校企深度合作，学生的实践能力和职业素养显著提升，就业竞争力增强。例如，古镇灯饰学院的学生在灯具设计领域取得了显著成绩，获得了多项国家级和省级设计奖项。现代产业学院的建设不仅提升了人才培养质量，还推动了地方产业的发展。例如，南区电梯学院通过技术研发和人才培养，为当地电梯产业的升级提供了有力支持。

（二）广东省佛山市顺德区北滘镇——智能制造学院

北滘镇是佛山市顺德区的一个重要制造业基地，近年来，该镇积极推动智能制造现代产业学院的建设，旨在为当地制造业转型升级提供强有力的人才支撑。该现代产业学院由北滘镇政府牵头，联合佛山职业技术学院、美的集团等企业和机构共同创办。

1. 校企合作模式

北滘镇政府通过设立专项基金，吸引企业和高校共同参与现代产业学院的建设。政府负责协调各方资源，提供政策支持；高校则根据企业需求调整教学内容和方法；企业则为学生提供实习岗位和技术指导。这种三方合作的模式，确保了人才培养的质量和针对性。

2. 课程体系建设

该学院的课程体系紧密结合本地制造业的需求，开设了智能制造技术、工业机器人应用、自动化生产线调试等专业课程。此外，还增加了大量的实践环节，如企业参观、现场实训等，让学生在真实的企业环境中接受培训，积累实践经验。

3. 师资队伍建设

该学院拥有一支高水平的师资队伍，其中既有来自高校的专业教师，也有来自企业的技术专家。该学院通过定期组织教师参加培训和进修，不断提升他们的教学水平和专业能力。此外，还设立了"双师型"教师岗位，鼓励教师既能在课堂上传授知识，又能到企业中指导学生实习，实现理论与实践的有机结合。

4. 学生实习管理

该学院高度重视学生实习管理工作，建立了完善的实习管理制度。通过开发专门的实习管理软件和手机客户端，实现了对学生实习过程的全程跟踪和动态管理。同时，该学院还建立了严格的考核评价体系，激励学生积极参与实习活动，不断提升自身能力。

（三）江苏省常州市武进区湖塘镇人民政府与常州纺织服装职业技术学院合作

湖塘镇人民政府与常州纺织服装职业技术学院是合作的主要主体。学院依托自身在纺织服装领域的专业优势，为湖塘镇的纺织企业提供技术支持和人才培养服务；湖塘镇则为企业合作提供政策支持和产业资源。

1. 校企合作模式

双方通过共建湖塘纺织产业科技创新中心，开展产学研合作。学院组建专业科技服务团队，深入湖塘镇纺织企业，了解企业技术需求，共同开展技术研发和创新项目。同时，学院与企业建立人才双岗互聘机制，企业专家到学院担任兼职教师，学院教师到企业担任科技顾问，实现人才资源的共享和优化配置。

2. 课程体系建设

学院根据湖塘镇纺织产业的实际需求，优化专业课程设置。在保留传统纺织服装专业核心课程的基础上，增加与现代纺织技术、智能制造、时尚设计、品牌营销等相关的课程模块，如"智能制造技术在纺织中的应用""高端面料研发与设计""纺织品数字化设计"等，使课程内容更加贴近产业前沿。

3. 师资队伍建设

学院实施"双师型"教师培养计划，选派专业教师到湖塘镇的纺织企业进行挂职锻炼，参与企业的实际生产和技术研发项目，提升教师的实践能力和产业认知水平。同时，邀请企业的技术专家和高级管理人员到学院担任兼职教师，参与课程教学、实践指导和项目合作，为学生带来最新的产业知识和实践经验。

4. 学生实习管理

学院与湖塘镇的纺织企业共建一批高质量的校外实习基地，为学生提供稳定的实习岗位和实践机会。学院与企业签订实习合作协议，明确双方的权利和义务，确保学生的实习安全和实习质量。同时制定科学合理的实习考核评价体系，对学生实习进行全面、客观、公正的考核评价，并根据实习考核结果和企业反馈意见，不断优化实习教学内容和管理方式，提高实习教学质量。

（四）浙江省宁波市鄞州区东吴镇——宁波职业技术学院中德智能制造学院

东吴镇是宁波市鄞州区的一个重要制造业基地，近年来，该镇积极推动智能制造现代产业学院的建设，旨在为当地制造业转型升级提供强有力的人才支撑。该现代产业学院由东吴镇政府牵头，联合宁波职业技术学院、宁波海天集团等企业和机构共同创办。校企合作模式、课程体系建设、学生实习管理与广东省佛山市顺德区北滘镇的智能制造现代产业学院大致相同，在此就不赘述了。

（五）佛山市狮山镇"智能制造现代产业学院"

狮山镇作为全国百强镇之首，制造业占 GDP 比重超 70%，但高端技能人才缺口达年均 5 000 人。为此，镇政府通过联合佛山职业技术学院、一汽大众佛山分公司共建学院。开设有工业机器人编程、智能物流管理等专业，课程内容由企业技术团队主导设计，并且由镇政府出资 3 000 万元建设智能制造实训中心及企业捐赠价值 2 000 万元设备。该现代产业学院三年内培养技术人才 1 200 人，本地就业率 95%，企业满意度达 90%。

（六）浙江省桐乡市濮院镇"毛衫现代产业学院"

濮院镇是全球最大的羊毛衫集散中心，但面临数字化转型压力，急需电商运营与设计人才。围绕"时尚+科技"招商方向，镇政府积极推动该院与宁波慈星集团共建数字针织研究院，推动毛衫产业的数字化改造。学院在实际教学中推行"课堂+直播间+工厂"三位一体教学，学生直接参与抖音直播带货与智能设计软件操作，同时本地龙头企业"浅秋服饰"为学生提供实习岗位与设计案例，并设立"浅秋奖学金"。在此模式下，该现代产业学院两年内培养电商人才 800 人，助力镇内企业线上销售额增长 40%。

三、镇政府主导下的现代产业学院在实践中的主要问题与优化对策

（一）主要问题

资源分配不均，优质企业与职业院校集中于经济强镇，欠发达乡镇难以吸引资源。合作企业参与动力不足，部分中小企业因成本压力不愿深度参与，合作多停留于表面。评价体系不健全，现有考核侧重就业率，忽视人才长期职业发展与企业技术升级贡献。

（二）优化对策

差异化政策支持，政府应对经济薄弱镇加大财政倾斜，如设立"乡村振兴产教融合专项基金"。强化中小企业激励机制，对参与现代产业学院的中小企业提供更高比例税收减免或贷款贴息。构建多维评价体系，引入"毕业生五年职业追踪""企业技术升级贡献度"等指标，全面评估育人成效。

四、镇政府主导的现代产业学院建设的未来发展方向

加大以数字经济赋能现代产业学院升级的力度，全方位开展虚拟仿真实训，建设 AR/VR 实训室，如东莞长安镇计划为"电子信息现代产业学院"引入 5G 虚拟工厂系统。利用大数据精准服务企业与教学，如镇政府可尝试搭建"区域内的产教融合数据平台"，实时分析企业用工需求与学校培养动态。

此外，镇政府还可将现代产业学院建设与乡村振兴战略紧密结合，形成学院新发展的特色路径，如聚焦农业现代化，在农业大镇建设"智慧农业现代产业学院"，诸如，山东省寿光市稻田镇大力推动学校开展蔬菜种植数字化管理专业；适时推进文旅融合育人，结合地方文旅资源，如丽水市古堰画乡镇建设"乡村旅游策划与运营学院"等。

尽管在镇政府主导下的现代产业学院通过政策创新、资源整合与模式探索，在推动区域经济发展、提升应用型人才培养质量方面发挥了重要作用，但其仍面临资源整合难度大、管理体制不完善、资金短缺、校企合作深度不足以及师资队伍建设薄弱等诸多问题。要解决这些问题，镇政府必

须采取科学合理的应对策略，在未来进一步强化政策协同、激发中小企业活力，并借助数字技术提升育人精准度，为乡村振兴与产业升级提供可持续人才支撑；同时不断完善相关政策法规，优化资源配置，强化校企合作，提升师资队伍水平，从而推动现代产业学院健康持续发展。

第三节　市政府主导下的现代产业学院育人实践

当前全球数字经济的快速发展，为各行各业的发展都带来了不同程度的机遇。在新的业态要求下，市场对于行业人才的培养标准与要求也在不断提高，这种情况对于应用型高校的人才和培养提出了更高的要求。本节以佛山职业技术学院智能制造现代产业学院与常州大学阿里云大数据学院的建设实践为例，详细论述市政府与高校联合建立的现代产业学院通过整合政、校、企、研等多方资源，构建了以产业需求为导向的人才培养模式，并且在育人实践中取得了一定的建设经验与建设成效。

一、佛山职业技术学院智能制造现代产业学院建设实践

（一）智能制造现代产业学院建设背景与意义

1. 产业升级需求

智能制造作为工业化与信息化深度融合的产物，已成为全球先进制造业的发展趋势。随着云计算、大数据、物联网等新兴技术的兴起，各国纷纷提出了利用信息技术提升传统制造业发展的国家级战略和规划，如美国的"先进制造业国家战略计划"、德国"工业4.0"、中国的"中国制造2025"等。在这一背景下，我国智能制造产业对高素质复合型技术技能人才的需求日益迫切，传统的人才培养模式已无法满足产业发展的需求。

2. 教育改革需求

职业教育发展到以促进"教育链、人才链与产业链、创新链"有机衔接为主要形态特征的"产教融合"新阶段，这对高校专业建设范式提出了新的标准和更高的要求。教育部在《教育部　财政部关于实施中国特色高水平高职学校和专业建设计划的意见》中提出了"吸引企业联合建设现代产业学院，推动专业建设与产业发展相适应，实质推进协同育人"的产教融合建设途径。现代产业学院作为一种教育组织形态和运行机制，是产教

融合的具体形式，为专业及专业群依托地方产业，服务产业升级与经济结构调整，提供了更为完善的组织与机制保障。

3. 地方经济发展需求

佛山市政府在推动智能制造现代产业学院的建设中，通过培养高素质技术技能型人才，为地方制造业的智能化转型提供智力支持和人才保障。佛山职业技术学院智能制造现代产业学院的建设，不仅满足了粤港澳大湾区先进制造业快速发展对人才的需求，也为传统制造业的转型升级提供了有力支撑。

（二）智能制造现代产业学院建设基础

1. 专业基础

智能制造现代产业学院经过多年发展，已具备良好的专业基础。学院设有机械设计与制造、机械制造及自动化、模具设计与制造、数控技术、增材制造技术、电气自动化技术、工业机器人技术、机电设备技术、工业互联网应用、智能机器人 10 个专业。其中，机械设计与制造、数控技术专业是广东省重点专业，电气自动化技术专业是广东省一类品牌专业、国家骨干专业，工业机器人技术是广东省二类品牌专业、国家骨干专业。

2. 师资力量

该学院拥有一支高水平的师资队伍，包括电气自动化技术专业国家级职业教育创新团队 1 个、国家职业教育教学资源库 2 个、省级精品课程 3 门。此外，学院还与一汽大众汽车有限公司佛山公司、海尔集团佛山基地等 50 余家企业建立了长期稳固的校企合作关系，为现代产业学院的建设提供了坚实的人才保障。

3. 实训基地

该学院拥有机械设计与制造、电气自动化技术两个国家职业教育技术实训基地、机电设备维修与管理省级实训基地。此外，其还拥有快速制造国家工程中心佛山新技术推广基地、佛山市工业产品精密检测基础科研平台等 60 多个实训室，设备总值 8 000 多万元，为学生提供了良好的实践教学条件。

（三）智能制造现代产业学院建设目标与思路

1. 建设目标

智能制造现代产业学院以培养智能制造领域的高素质应用型、复合型、创新型人才为目标，通过构建"政校产研资"相融的人才培养校企命运共同体，共同建设新一代智能制造专业群。

具体目标包括：构建基于 1+X 证书制度试点的人才培养模式合作创新机制；共建高水平产教研融合实训基地；共同打造"双师型"教师培训基地；共同开发校企合作课程及教学资源；共同建设协同创新平台。

2. 建设思路

（1）创新人才培养模式

以"运动控制系统开发与应用"职业技能等级证书的考核内容、考核标准、考核流程为载体，重构 1+X 证书制度试点背景下机电一体化技术专业课程体系方案。

（2）深化产教融合

通过校企建立紧密型战略联盟，学校将企业资源充分融入教学，引入企业参与学生培养的全过程，形成"企业支持办学建设、企业参与办学过程、企业检验办学成效"的办学模式。

（3）强化实践教学

建设校内固高科技 1+X 证书制度试点核心实训基地，包括运动控制系统开发与应用职业技能等级证书省级培训与考核中心、智能控制模块化单元等。同时，企业为学生提供校外实习和产学研结合的教学环境。

（4）提升师资水平

高校与企业共建校企"双师型"教师培训基地，合作开展基于智能制造技术、工业机器人、运动控制、工业互联网、虚拟仿真等方向的应用型技术改造和技术研究。

（四）智能制造学院建设内容与实施

1. 构建基于 1+X 证书制度试点的人才培养模式合作创新机制

智能制造现代产业学院以"运动控制系统开发与应用"职业技能等级证书的考核内容、考核标准、考核流程为载体，重构 1+X 证书制度试点背景下机电一体化技术专业课程体系方案。该学院通过这一机制，推动"教师、教材、教法"改革与创新实践，建立适应现代职业教育的人才培养新模式。

2. 构建"政校产研资"相融合的人才培养校企命运共同体

佛山职业技术学院联合国内运动控制器龙头制造企业共同成立了"智能制造现代产业学院"，通过与省内龙头装备制造企业、地方政府、行业协会等合作，提高行业企业参与办学程度，健全多元化办学体制，全面推行校企协同育人。校企合作具体措施包括：成立理事会，由行业协会领导、企业家、高校代表等协同参与，从行业、政界、企业界、学术界等多视角对现代产业学院合作方式、人才培养目标和实施方案等开展组织、研讨和修订工作。

以服务智能制造产业发展，培养产业急需人才为导向，依托企业资源优势，将专业设置与产业需求对接、课程内容与从业人员职业岗位要求对接，共同开展智能制造专业群建设。

3. 共建高水平产教研融合实训基地

智能制造现代产业学院建设了校内固高科技 1+X 证书制度试点核心实训基地，包括运动控制系统开发与应用职业技能等级证书省级培训与考核中心、智能控制模块化单元、机器人视觉系统应用单元、虚拟仿真"鲁班工匠坊"等。此外，企业为学生提供校外实习和产学研结合的教学环境，使学生在企业接受企业化教育，缩短学生与行业就业企业的距离。

4. 共同打造"双师型"教师培训基地

智能制造现代产业学院联合企业共建校企双师型教师培训基地，合作开展基于智能制造技术、工业机器人、运动控制、工业互联网、虚拟仿真等方向的应用型技术改造和技术研究。具体措施包括：学校根据需要，选派教师参与企业组织的各类项目开发、师资培训、顶岗实训、跟岗实践、参观交流等。企业帮助学校进行双师型教师队伍的建设，对学校参加技能大赛的师生提供技术支持和培训，根据学校的需求安排技术工程师到学校承担某些专业课程教学或实训指导。

5. 共同开发校企合作课程及教学资源

智能制造现代产业学院结合智能制造技能学生职业素养培养需求和国家新技术行业发展需求，根据校企合作项目的需要，共同开发校企合作数字化课程资源及精品课程。具体措施包括：共同开发基于职业标准的课证赛创融通的专业课程，优化专业群课程体系。共同开发建设运动控制、工业机器人、智能制造、工业互联网、虚拟仿真课程。

6. 智能制造现代产业学院建设成效

（1）专业建设效益

智能制造现代产业学院建设方案顺利实施后，建成了拥有一流设备和创新设计能力的专业级实训室，成为可为高等院校提供教学研究、实验、测试、培训的创新平台；极大促进了工业互联网学科建设，显著提升了学校教研及工程应用水平，增强了学校机电一体化技术、电气自动化技术、工业机器人技术、智能控制技术等专业的综合实力与竞争力。

（2）改革创新效益

智能制造现代产业学院加强了"双师"团队建设，学校通过与合作企业签订互聘共用的"双师素质"人才培养的长期协议，让学校的专业教师定期到合作企业进行挂职锻炼、科技攻关、产品开发，企业的技术骨干定期到学校进行实践教学、学术交流、技术讲座等；通过"双师"团队建设，提高了教师的实践能力和教学水平，促进了学校的教育教学改革。

（3）社会服务效益

智能制造现代产业学院建设方案顺利实施后，通过与企业合作，共同开展技术研发、产品开发、技术培训等服务，提高了企业的技术水平和创新能力，促进了地方经济的发展。同时，该学院也为学生提供了更多的实习和就业机会，提高了学生的就业率和就业质量。

7. 智能制造现代产业学院建设经验总结

（1）政府主导与多方协同

地方政府在现代产业学院建设中发挥了重要的主导作用，通过整合政、校、企、研等多方资源，构建了以产业需求为导向的人才培养模式。政府的政策支持和资金投入为现代产业学院的建设提供了有力保障，同时，企业的深度参与也为现代产业学院的建设提供了丰富的实践资源。

（2）创新人才培养模式

智能制造现代产业学院通过构建基于1+X证书制度试点的人才培养模式合作创新机制，推动了"教师、教材、教法"改革与创新实践，建立了适应现代职业教育的人才培养新模式。这一模式不仅提高了学生的实践能力和就业竞争力，也为企业的技术升级和创新发展提供了有力支持。

（3）强化实践教学

智能制造现代产业学院通过建设高水平产教研融合实训基地，为学生提供了良好的实践教学条件。同时，企业也为学生提供了校外实习和产学研结合的教学环境，使学生在企业接受企业化教育，缩短了学生与行业就业企业的距离。

（4）提升师资水平

智能制造现代产业学院通过联合企业共建校企"双师型"教师培训基地，合作开展基于智能制造技术、工业机器人、运动控制、工业互联网、虚拟仿真等方向的应用型技术改造和技术研究，提高了教师的实践能力和教学水平。这一措施不仅提升了教师的专业素养，也为学校的教育教学改革提供了有力支持。

佛山职业技术学院智能制造现代产业学院的建设实践表明，地方政府在推动现代产业学院建设中发挥了重要的主导作用，政府可以通过整合政、校、企、研等多方资源，构建以产业需求为导向的人才培养模式。这一模式不仅提高了学生的实践能力和就业竞争力，也为企业的技术升级和创新发展提供了有力支持。在未来，现代产业学院应进一步深化产教融合，创新人才培养模式，强化实践教学，提升师资水平，为地方经济的发展和产业升级提供更多的高素质技术技能人才。

二、常州大学阿里云大数据学院建设实践

（一）建设背景与意义

1. 建设背景

在当前全球数字化转型加速的背景下，大数据技术已经成为推动各行业创新和发展的重要引擎。然而，传统教育体系已经难以满足快速变化的市场需求，尤其是在大数据领域，企业对于具有实战经验和创新能力的人才需求尤为迫切。因此，常州大学与阿里云计算有限公司、中软国际有限公司等多家知名企业合作共建阿里云大数据学院，正是为了填补这一市场空白，为地方乃至全国输送高素质的专业人才。

2. 建设意义

常州大学阿里云大数据学院（以下简称"大数据学院"）作为江苏省内首家本科高校中的大数据学院，其成立标志着常州市在推动高等教育改革和促进地方经济高质量发展方面迈出了重要一步。该学院不仅致力于培养满足现代产业需求的大数据专业人才，还通过产教融合的方式，积极探索并实践了一套全新的教育模式。

此外，常州市政府的积极参与也为大数据学院的发展提供了强有力的支持。常州市政府通过政策引导、资金扶持等多种方式，促进了校企之间的深度合作，形成了一个多方共赢的良好局面。这种由政府主导的现代产业学院模式不仅有助于解决当地企业的技术人才短缺问题，还能促进区域经济的转型升级，提升城市的综合竞争力。

（二）现代产业学院建设内容与实施

1. 多方协同共建

（1）政府支持

常州市政府在大数据学院的建设过程中扮演了至关重要的角色。首先，政府通过出台一系列优惠政策，鼓励企业和高校开展产学研合作。例如，常州市政府设立了专项资金，用于支持大数据学院的教学设施建设、科研项目开发以及学生创新创业活动。其次，常州市政府还积极协调各方资源，确保大数据学院能够顺利运行。比如，常州在学院筹备阶段，就帮助解决了土地使用、基础设施建设等问题，为学院的落地打下了坚实的基础。

（2）高水平的校企合作

大数据学院的成功离不开常州大学与阿里云等企业的紧密合作。一方面，常州大学凭借其深厚的学术积淀和丰富的教育资源，为大数据学院提供了坚实的理论基础和技术支撑；另一方面，阿里云等企业则凭借其在大数据领域的前沿技术和丰富实践经验，为学院带来了最新的行业动态和实战经验。双方通过资源共享、优势互补，共同构建了一个集教学、科研、实训于一体的综合性平台。

大数据学院采用理事会领导下的院长负责制，建立了多主体协同、稳定有序的管理架构。这种管理模式不仅提高了决策效率，也增强了各方的合作意愿。同时，学院还制定了"阿里云大数据学院理事会章程"，明确了各参与方的权利和义务，确保合作过程中的公平性和透明度。

（3）国际化视野指导建设

除了国内资源的整合外，大数据学院还注重引入国际化元素。学院定期邀请国内外知名专家来校讲学，并组织师生参加国际学术会议和技术交流活动。这些举措不仅拓宽了师生的国际视野，也提升了学院的整体学术水平。学院曾多次派代表参加阿里云云栖大会，与全球顶尖科学家和行业领袖进行面对面交流，获取了大量宝贵的前沿信息。

2. 创新人才培养模式

（1）精准定位

为了更好地满足市场需求，大数据学院在人才培养方案设计上进行了精心策划。大数据学院对江苏省及周边地区的大数据分析岗位需求进行了广泛调研，明确了大数据工程创新人才的培养目标。在此基础上，大数学院结合中国工程教育认证标准以及美国 ABET 认证、德国 ASIIN 认证等国际标准，制订了一套科学合理的人才培养方案。

（2）基于行业需求的课程体系建设

大数据学院的课程体系以行业需求为导向，注重理论与实践相结合。大数据学院根据大数据产业链的需求，设置了计算机科学与技术、软件工程、数学与应用数学、数据科学与大数据技术等多个招生专业，并围绕这些专业构建了一系列特色课程群。例如，在云计算、大数据等前沿技术课程中，该学院邀请了阿里云等行业领先企业参与课程设计与授课，使学生能够在第一时间接触到最新的技术和理念。

此外，大数据学院还推行项目驱动的学习方式，鼓励学生参与企业真实应用场景中的复杂问题解决过程。通过这种方式，学生们不仅掌握了扎实的专业知识，还积累了丰富的实践经验，为将来进入职场打下了坚实的基础。

（3）基于实际情境开展的实践教学环节

实践教学是大数据学院人才培养模式的重要组成部分。该学院充分利用阿里云等企业的资源优势，建立了多个校外实习基地和实训中心。例如，大数据学院与阿里云合作建立了"阿里云大数据实验室"，为学生提供了一个真实的实验环境，让他们可以在实践中不断提升自己的技能水平。同时，该学院还组织学生参加了多项国家级和省级的创新创业大赛，并取得了优异的成绩。这些实践活动不仅锻炼了学生的动手能力和团队协作精神，也激发了他们的创新意识和创业热情。

3. 搭建科研创新平台

（1）科研项目合作

大数据学院不仅专注于人才培养，还致力于打造高水平的科研创新平台。近年来，大数据学院与多家知名企业建立了紧密的合作关系，共同开展了多个重大科研项目和技术攻关任务。例如，2021 年，该学院与中国石油天然气集团有限公司共建了"中国石油天然气集团有限公司——常州大学创新联合体"聚焦非常规油气资源开发、新能源等关键技术难题；2023年，大数据学院又与南宁化工集团、中国石化扬子石油化工有限公司共建创新联合体，服务石化行业的智能升级和绿色可持续发展。

这些项目的顺利实施不仅促进了知识成果转化，也为学生提供了宝贵的科研锻炼机会。据统计，近几年，大数据学院就成功申请到了中石化、中石油等的多个科技计划项目。

（2）高水平地开展学术交流与合作

除了科研项目合作外，大数据学院还积极开展学术交流活动。学院定期举办各类学术讲座、研讨会和论坛，邀请国内外知名学者和行业专家前来分享最新研究成果和前沿技术。例如，大数据学院曾多次举办"阿里第一课"，邀请阿里技术专家为新生进行入学教育，帮助他们了解行业发展动态和未来职业规划。此外，大数据学院还积极组织师生参加国际学术会议和技术交流活动，如阿里云栖大会等。这些活动不仅拓宽了师生的国际视野，也提升了学院的整体学术水平。

（三）合作机制构建与实施

1. 需求导向

大数据学院始终坚持以市场需求为导向，密切跟踪行业发展动态，及时调整和完善人才培养计划。为此，大数据学院定期开展市场调研，了解企业对各类专业技术人才的具体要求，并据此制定相应的招生规模和专业设置方案。

例如，在大数据产业发展初期，企业对于数据挖掘、数据分析等方面的人才需求较大。针对这一情况，大数据学院迅速调整了课程设置，增加了相关课程的比例，并加强了实践教学环节的设计。随着大数据技术的不断演进，学院又适时推出了人工智能、区块链等相关课程，以满足市场的新需求。

2. 资源共享

为了实现最大化的资源利用效率，大数据学院采取了开放共享的策略，允许所有成员单位无偿或有条件地使用彼此的教学设施、实验设备、图书资料等资源。这种做法不仅降低了运营成本，也提高了整体资源配置的合理性。例如，大数据学院与阿里云合作建立了"阿里云大数据实验室"，为学生提供了一个真实的实验环境。同时，大数据学院还与其他高校和研究机构建立了资源共享机制，实现了优势互补。通过这种方式，大数据学院不仅提高了自身的教学质量和科研水平，也为其他单位提供了便利条件。

3. 项目合作

除了日常教学活动之外，大数据学院还积极鼓励和支持师生参与各类科研项目合作。据统计，仅在过去三年内，学院就成功申请到了中石化、中石油等的多个科技计划项目。这些项目的顺利实施不仅促进了知识成果转化，也为学生提供了宝贵的科研锻炼机会。例如，大数据学院曾与某大型企业合作开展了一项关于智能制造的数据分析项目。在这个项目中，学生们在导师的带领下，深入企业生产一线，收集了大量的实际数据，并运用所学知识进行分析处理。最终，该项目不仅为企业解决了实际问题，也为学生们积累了丰富的实践经验。

（四）面临的挑战与对策建议

尽管取得了显著成效，但在实际操作过程中，大数据学院仍然面临一些挑战：

1. 利益分配不均

由于涉及多个利益相关者，如何合理分配收益成为一个亟待解决的问题。特别是在资源有限的情况下，不同主体之间的竞争可能会加剧矛盾。

未来可尝试建立公平透明的利益分配机制，各主体可以通过签订合作协议明确各方的权利和责任；设立专门基金用于奖励表现突出的参与者，激励大家积极投入合作。

2. 管理协调难度大

多主体参与意味着管理链条较长，信息传递容易出现滞后或失真现象，影响决策效率和执行效果。在后期的建设中，大数据学院可以加强信息化建设，利用现代信息技术手段优化管理流程，提高沟通效率，建立统一的信息管理系统，实时更新项目进展和资源使用情况。

3. 法律法规保障不足

目前我国对于现代产业学院的相关立法尚处于起步阶段，缺乏明确的产权结构和权利义务规范，这也导致一些关键性问题难以得到有效解决。针对该问题，政府可以加快出台相关法律法规，明确现代产业学院的法律地位及其运作规则，为各参与方提供坚实的法律保障。

本章结合具体的案例探究市政府主导下的现代产业学院育人模式的一个典型案例，充分展示了地方政府、高校与企业在共建共管共享方面取得的巨大成就。它不仅为解决当前教育领域存在的突出问题提供了有效路径，也为地方经济社会发展贡献了重要力量。未来，学校可以继续深化与企业的合作，探索更加灵活多样的合作模式，如联合创办研究中心、共同研发新技术等；同时，还可以进一步拓展国际合作渠道，引进更多优质的海外教育资源，提升自身的国际化水平。

第五章 学校与行业协会合作的现代产业学院育人模式研究与实践

第一节 学校与行业协会合作的现代产业学院育人模式分析

在当前全球化和信息化迅速发展的背景下，传统的人才培养模式面临着前所未有的挑战。为了更好地对接市场需求，提升人才培养质量，许多高校开始探索与行业协会等外部机构的合作模式，共同设立现代产业学院。这种模式不仅有助于解决教育与行业需求脱节的问题，还能够促进技术创新和产业升级。以下是对这一模式的详细分析。

一、背景与意义

随着经济全球化的加深和技术革命的加速，现代企业对高素质应用型人才的需求日益增长。然而，传统的高等教育体系往往难以及时响应这些变化，导致毕业生的技能与实际工作需求之间存在差距。为此，教育部等六个部门联合发布了《职业学校校企合作促进办法》，强调深化产教融合、校企合作的重要性。

在这种背景下，学校与行业协会合作建立现代产业学院成为一种创新性的解决方案。通过这种方式，学校可以借助行业协会的专业资源和技术优势，为学生提供更为贴近实际工作的学习环境和实践机会。同时，行业协会也能够获得稳定的高质量人才供应，推动行业的持续发展。例如，南京财经大学在其现代产业学院建设与管理办法中明确规定，现代产业学院应由二级学院牵头，联合政府机关、行业协会、产业园区、企业等多方共同商议发起。这表明，在推动产教融合的过程中，行业协会作为连接教育界与工业界的桥梁，扮演着重要的角色。通过与行业协会的合作，学校能够及时了解产业的最新需求，调整和优化人才培养方案，确保学生所学知识与行业需求无缝对接。行业协会还能够组织企业与学校开展合作项目，推动校企协同创新，为学生提供更多的实践机会和就业渠道。

二、学校与行业协会合作的理论基础

学校与行业协会合作共建现代产业学院的理念主要基于以下理论基础。

协同创新理论：该理论认为不同主体之间的协作可以产生新的知识和创新能力。在学校与行业协会合作中，双方可以通过资源共享、信息交流等方式实现互利共赢。

社会网络理论：该理论指出，个体或组织之间的关系网是获取资源和支持的关键渠道。学校与行业协会的合作正是利用了各自在网络中的独特位置，形成了一个强大的支持系统。

生态系统理论：该理论借鉴生态学的概念，认为教育体系是一个复杂的生态系统，需要各个组成部分之间的互动来维持其动态平衡。学校与行业协会的合作有助于形成一个健康、可持续发展的教育生态系统。

能力本位教育（CBE）理论：CBE强调以能力为核心设计课程内容和评估标准，确保毕业生具备进入职场所需的实际技能。学校与行业协会的合作能够更精准地根据市场需求调整课程设置，提高学生的就业能力。

以上理论为学校与行业协会合作提供了坚实的理论支撑，使得双方能够在合作过程中找到共同点，实现资源共享和优势互补。

三、行业协会在现代产业学院建设中的角色定位

行业协会在现代产业学院建设中扮演的角色是多元且关键的，它们不仅作为行业与教育之间的桥梁，还在促进产教融合、提升人才培养质量等方面发挥着重要作用。

（一）行业需求的传递者

行业协会通常对行业内最新的技术发展、市场动态以及人才需求有着深入的了解。因此，它们可以有效地将这些信息传递给教育机构，帮助学校调整课程设置和教学内容，确保学生所学知识能够满足行业实际需求。

（二）资源整合与共享平台

行业协会能够协调企业资源，包括实习基地、实训设备、专家讲座等，并将其引入到现代产业学院的教学活动中。这有助于提高教育资源的利用率，同时也为学生提供了更多实践机会。

（三）标准制定与认证

行业协会往往参与或主导行业标准的制定工作，通过与教育机构的合作，可以将这些标准融入教学大纲和评估体系中，保证毕业生的专业技能符合行业要求。此外，部分行业协会还提供职业资格认证服务，增强学生的就业竞争力。

（四）教育模式创新推动者

行业协会可以通过组织研讨会、培训等活动，促进教育理念和技术手段的更新换代。例如，鼓励采用项目驱动式学习、案例分析等方式，使教学更加贴近真实工作环境。

（五）校企合作的中介

行业协会作为第三方，可以帮助校企之间建立起信任关系，减少沟通成本，促进双方更深层次的合作。比如，共同开发课程、联合研究项目等，都是基于行业协会的协调得以实现的。

（六）就业指导与支持

除了对学生在校期间的支持外，行业协会还可以为即将毕业的学生提供就业指导，如简历撰写、面试技巧培训等，并通过举办招聘会等形式直接帮助企业招聘到合适的人才。

（七）政策倡导与影响

行业协会有时也会参与到相关政策的讨论和制定过程中，代表行业的利益发声，争取有利于应用型人才培育与发展的政策环境和支持措施。

四、学校与行业协会合作的实施路径

学校与行业协会合作建立现代产业学院的具体实施路径主要包括以下几个方面。

（一）需求调研与规划制定

首先，学校需开展详细的市场调研，了解当地及全国范围内相关行业的最新发展动态以及对各类专业技术人才的具体需求。

在此基础上，学校与行业协会共同制定详细的现代产业学院发展规划，明确办学目标、专业设置、课程体系等内容。例如，沈阳化工大学菱镁现代产业学院在制定发展规划时，特别关注菱镁深加工领域的技术发展趋势，并据此设置了相应的课程模块。

（二）资源整合与平台搭建

学校与行业协会应充分利用各自的优势资源，如师资力量、实训设备、实习基地等，搭建一个高效的教学与科研平台。

学校与行业协会双方还应积极探索建立联合实验室、研发中心等新型合作载体，促进产学研深度融合。例如，广东金融学院现代产业学院与多家金融机构建立了合作关系，共同设立了多个实训基地和研究中心。

（三）课程开发与教学改革

根据行业需求，学校与行业协会双方共同开发具有针对性的专业课程，注重理论与实践相结合，引入最新的行业技术和案例分析；推行项目驱动式教学法，让学生在参与实际项目的过程中提升解决问题的能力。例如，南京财经大学现代产业学院通过与行业协会合作，开设了一系列特色课程，涵盖了从经济学科到信息技术等多个领域。

（四）师资队伍建设

为了保证教学质量，学校需聘请行业内知名专家担任兼职教师或客座教授，并定期组织在职教师参加行业培训，更新知识结构；同时，鼓励教师参与企业的技术研发工作，增强他们的实践经验。例如，沈阳化工大学菱镁现代产业学院特别重视师资队伍建设，邀请了多位行业内的资深专家担任导师，指导学生进行实践操作。

（五）学生管理与就业指导

建立健全学生管理制度，加强对学生的职业生涯规划指导，帮助他们树立正确的就业观念；组织学生参加各类职业技能竞赛和社会实践活动，提升综合素质。例如，广东金融学院现代产业学院设立了专门的创业孵化中心，为有志于自主创业的学生提供资金支持和技术指导。

（六）评价机制与持续改进

构建科学合理的评价体系，包括教学质量评估、学生满意度调查等方面，及时反馈并调整教学策略。定期召开联席会议，总结经验教训，不断优化合作模式。例如，桂林理工大学现代产业学院通过定期的质量监控和评估，不断改进教学方法，提升教育质量。

五、学校与行业协会合作的育人模式

（一）合作机制与组织架构

学校与行业协会合作的现代产业学院育人模式强调多方协同。学校通过建立"政校行企"多元主体参与的合作机制，成立现代产业学院理事会，共同制定人才培养方案和课程设置，协调各方资源，推动合作项目的实施。这种合作机制不仅确保了教学过程的可控性和教学目标的明确性，还通过协议的协商及签署，保障了学生的利益。

1. 理事会的职能

理事会负责制定现代产业学院的发展战略和规划；审议人才培养方案和课程设置；协调各方资源，推动合作项目的实施；评估合作效果，提出改进建议。

2. 合作机制的运行

定期召开理事会会议，讨论现代产业学院的重大决策和发展方向；设立专门的工作小组，负责具体合作项目的实施和管理；建立信息共享平台，及时沟通产业需求和教育教学进展。

（二）人才培养方案的制定

高校与行业协会合作共建的现代产业学院的人才培养方案以产业需求为导向，强调"底层共享、中层分立、高层互选"的课程体系。底层共享课程包括素养课程和平台课程，为学生提供专业基础知识和技能；中层分立课程培养专业核心能力，根据各专业所涉及的核心岗位来设置；高层互选课程则注重培养跨界、交叉技术人才，涵盖相关学科的基本工作方法和核心技术。这种课程体系不仅提升了学生的人文素养、职业素养和技术技能，还培养了满足智能制造企业发展需求的高素质复合型人才。

1. 底层共享课程

人文素养课程：涵盖思想政治、语文、数学、英语等基础课程，为学生提供必要的文化知识。

通用技术课程：包括机械制图、电工电子技术、机械设计基础、自动控制原理等，为学生打下坚实的专业基础。

2. 中层分立课程

专业核心课程：如工业机器人技术、智能制造装备技术、工业互联网应用、智能控制技术等，培养学生的核心专业能力。

专业拓展课程：包括虚拟仿真技术、智能制造系统集成、工业大数据分析等，拓宽学生的知识面和技能范围。

3. 高层互选课程

跨界技术课程：涵盖相关学科的基本工作方法和核心技术，培养学生的跨界思维和综合应用能力。

创新实践课程：通过项目驱动式教学，将实际项目引入课堂，让学生在实践中学习和应用知识。

（三）课程体系与教学内容

课程体系的构建注重学科知识的跨界复合和技能与素养的复合。现代产业学院通过引入行业协会资源，引入企业实际案例和技术应用，将最新的产业技术融入教学内容，确保学生所学知识与行业需求紧密对接。此外，现代产业学院还通过"区校一体课程"模块，将职业道德、行为品质、创新等人文素养教育贯穿培养的全过程，实现德技并修型智能制造人才培养的要求。

（四）师资队伍建设

师资队伍建设是现代产业学院育人模式的重要组成部分。现代产业学院通过"双师型"教师培训和企业副院长制度，不断提升教师的实践能力和教学水平。企业副院长需要深度参与学院的决策过程，推动校企合作项目的实施。此外，现代产业学院还可积极利用行业协会资源，开展深层次的校企合作，引进企业技术骨干和行业专家，充实师资队伍，提高教学质量。

（五）实践教学与实训基地建设

实践教学是现代产业学院育人模式的重要环节。现代产业学院通过建设高水平的产教研融合实训基地，为学生提供良好的实践教学条件。同时，依托行业协会的资源，高校更便于与多家企业合作，建立多类型、广覆盖的校外实习基地群，为学生提供真实的职业岗位实践机会。学生通过实践教学，能够在实际生产环境中应用所学知识，提高实践能力和就业竞争力。

行业协会下辖的企业数量较多，这对于校外实习基地的建设有着巨大的便捷性。高校通过与多家企业合作，可建立多类型、广覆盖的校外实习基地群，为学生提供更加真实的职业岗位实践机会。通过校外实习，学生能够在实际生产环境中应用所学知识，提高实践能力和就业竞争力。通过实训基地，学院也更加便于采用项目驱动式教学模式，将实际项目引入课堂，让学生在实践中学习和应用知识以及与不同企业一同定期组织学生参加各类技能竞赛，提高学生的创新能力和实践能力。

六、育人模式的创新实践

（一）企业赋能教育模式

现代产业学院通过行业协会的积极引荐，可以更加便捷地探索"企业赋能教育，教育培养人才，人才支撑企业"新模式。高校通过优选合作企业，由校企共建"校中厂、厂中校"，打造校企双元"双导师制"实战课堂。这种模式使学生能够在实际生产环境中进行实践操作，提高学生的实践能力和就业竞争力。

（二）行业标准与课程对接

现代产业学院通过与行业协会合作，将行业标准引入课程体系，确保教学内容与行业需求紧密对接。这种做法不仅提高了学生的就业竞争力，还促进了职业教育与产业的深度融合。

现代产业学院通过与行业协会合作，将行业标准引入课程体系，确保教学内容与行业需求紧密对接；定期更新课程内容，结合行业最新技术和应用案例，使学生能够掌握最新的产业技术；通过行业认证，确保学生的专业能力得到行业认可。

七、育人模式的成效与影响

（一）人才培养质量提升

通过与行业协会的合作，现代产业学院培养的学生在实践能力、创新能力等方面得到了显著提升。学生在实践能力、创新能力等方面得到了显著提升。学生在企业实习和项目实践中，能够熟练掌握实际操作技能，提高解决实际问题的能力。毕业生就业率和就业质量显著提高，能够顺利进入知名企业就业。此外，学生通过参与技能竞赛和科研项目，创新能力得到了显著提升。

（二）产业服务能力增强

由于行业协会的持续作用，现代产业学院可以开展越来越多的校企合作项目和协同创新，为协会内的企业提供了技术支持和人才保障。这种合作模式不仅促进了产业的升级与发展，还为企业提供了技术支持和人才保障。

（三）教育改革与创新

现代产业学院通过将行业标准与课程对接，优化了课程体系，使教学内容与行业需求紧密对接。

八、经验总结

通过对现有的资料进行分析后，我们发现行业协会牵头的现代产业学院建设经验与模式通常涉及多方合作、资源整合以及创新教育模式的设计。具体来说，有以下几点经验。

（一）多方主体协同

行业协会在现代产业学院建设中扮演着桥梁的角色，它能够协调学校、企业和其他相关机构之间的合作关系。这种合作不仅仅是简单的资源交换，而是深度的合作，包括但不限于：行业协会可以促进学校与企业之间的资源共享，比如实验室设备、实习基地等；行业协会可以协调企业和学校共同制定人才培养方案，确保课程内容贴近行业需求。

（二）产教融合机制

行业协会作为行业的代表，能够更好地理解行业发展趋势和技术变革的需求。因此，在现代产业学院建设过程中，行业协会可以推动建立更加紧密的产教融合机制，例如：行业协会可以邀请企业的高级工程师或技术专家担任兼职教师，直接参与教学过程；帮助学校与企业更好的合作，建立符合行业标准的实训基地，为学生提供真实的生产环境。

（三）教育模式创新

行业协会还可以引领教育模式的创新，使学生满足快速变化的市场需求。这可能包括：模块化课程设计，根据行业需求，开发灵活的课程模块，使学生可以根据个人兴趣和职业规划选择学习内容；鼓励学生参与到实际的企业项目中，通过解决实际问题来提升能力。

（四）持续改进与评估

为了确保现代产业学院的有效运行，持续的质量监控和评估是非常必要的。行业协会可以通过建立反馈机制，定期收集企业、教师和学生的反馈意见，及时调整教学计划和管理策略；设立质量标准，协助学校制定并实施一套严格的质量管理体系，确保教学质量。

总之，学校与行业协会合作建立现代产业学院不仅是高等教育改革的重要举措，也是推动区域经济高质量发展的有效途径。现代产业学院通过不断创新和完善合作模式，充分发挥各方优势，必将为国家培养出更多高素质的应用型人才，助力经济社会的全面发展。

第二节　行业协会牵头的现代产业学院育人实践

本节中选取浙江建设职业技术学院建筑信息模型（BIM）现代产业学院作为行业协会牵头的现代产业学院育人实践案例进行详细展开，介绍其运作的模式与主要的做法以及经验。

一、建设背景与目标

浙江建设职业技术学院作为 A 档工程造价高水平专业群建设单位，紧贴建设行业人才培养目标，坚持产教融合、多元合作开放办学宗旨，致力于培养适应建筑行业转型升级需求的高素质技术技能型人才。学校通过现代产业学院建设，旨在实现教育链、人才链与产业链、创新链的深度融合，推动职业教育与行业企业的同频共振。随着建筑业对数字化转型的需求日益增长，特别是建筑信息模型（BIM）技术的应用逐渐普及，学校联合行业协会及相关企业，共同建立（BIM）现代产业学院（以下简称"BIM 现代产业学院"）。该学院旨在培养适应新时代需求的高素质技能型人才，以满足行业对于 BIM 技术专业人才的迫切需求。通过深化产教融合，该学院不仅致力于提升学生的专业能力，还注重培养他们的创新精神和实践能力。

二、组织架构与管理机制创新

（一）现代产业学院组织架构

BIM 现代产业学院实施理事会领导下的院长负责制，理事会会长由企业的领导或知名专家担任。这种架构确保了现代产业学院在决策层面能够充分吸纳行业企业的意见和建议，使 BIM 学院的发展方向与市场需求紧密结合。

多级管理与研究机构，同时成立院务会，下设全过程工程咨询研究院、不动产大数据应用研究院、数字造价研究院和全过程工程咨询专家委员会。这些机构在专业群建设、人才培养模式创新、课程体系构建等方面发挥着重要作用，形成了一个多层次、多维度的管理与研究体系。

（二）管理机制创新

合作共建共享机制：学院建立了完善的合作共建共享机制，通过与政府、行业、企业等多方合作，共同投入资源，共享成果。这种机制不仅提高了资源的利用效率，还增强了各方的合作积极性，形成了一个互利共赢的合作生态。

自我造血的持续发展机制：学院注重建立自我造血的持续发展机制，通过开展社会服务、技术研发等活动，实现自身的可持续发展。这种机制使现代产业学院能够在市场变化中保持活力，不断提升自身的竞争力。

三、实施路径

（一）开展专业群建设与人才培养模式创新

1. 高水平开展专业群建设

优化专业体系，该学院聚焦满足产业链升级、提升培养质量和促进师生全面发展三大需求，全面重构专业标准、课程体系、机制保障等，打造"国家级别—省级—校级"竞争化、特色化的专业体系和专业群发展格局。例如，该学院开设了智能建造技术、智慧城市管理技术、绿色低碳技术等专业，以适应建筑行业智能化、绿色化、数字化的发展趋势，同时积极推动传统专业改造升级。学院将智能建造技术、建筑工程技术、建筑钢结构工程技术等5个专业改造升级为智能建造专业群，培养精通专业领域，同时兼顾建筑信息化、建筑工业化、建筑智能化、BIM技术等领域的垂直型人才，花大力气开展课程体系建设。为了确保学生能够掌握最新的BIM技术和工具，该学院精心设计了一套全面覆盖从基础理论到高级应用的课程体系，包括了BIM基础知识、建模软件操作、项目管理等多个模块，并结合实际案例进行教学。

2. 人才培养模式创新

"五双五融"学徒制育人机制：学院采取"五双五融"的特色学徒制育人机制，通过共建校企师资团队、协同智库专家育人、企业项目进课程、建立校外实训基地等举措，不断深化产教融合、校企合作，进一步提高人才培养质量。

校企协同育人课程体系：学院与企业共同开发课程，将企业实际项目融入教学内容。例如，在e游现代产业学院，学院与小镇管委会共同开展专业人才需求调研，根据调研结果共同制定人才培养方案，确保学生所学知识与企业需求紧密对接。

（二）师资队伍建设与实践教学基地建设

1. 师资队伍建设

学院通过与企业合作搭建技术交流平台，促进教师与技术人员的交流，有效促进教师实践能力的提升。为了保证教学质量，该学院聘请了一批既有深厚理论功底又有丰富实践经验的专家担任兼职教师或客座教授，参与教学和实践指导。同时，鼓励在职教师参加各种培训和进修活动，不断提升自身的业务水平。

积极进行教师教学创新团队建设，学院以"智库+"模式共建8支教师教学创新团队，聚焦专业建设或专项工作。这些团队在专业建设、课程开发、技术研发等方面发挥了重要作用，提升了学院的整体教学水平和科研能力。

2. 实践教学基地建设

建设高水平产教研融合实训基地，学院建设了高水平的产教研融合实训基地，配备先进的设备和技术，满足学生的实践需求；优化校外实习基地建设，学院与多家企业合作，建立了多类型、广覆盖的校外实习基地群。这些实习基地为学生提供了真实的职业岗位实践机会，使学生能够在实际生产环境中应用所学知识，提高实践能力和就业竞争力。在行业协会的对接下，学院与多家知名建筑设计公司、施工单位以及软件供应商建立了合作关系，共同打造了一系列高水平的实训基地。这些基地不仅配备了先进的软硬件设施，还提供了丰富的实习机会，让学生能够在真实的工作环境中锻炼自己。

（三）社会服务与产业贡献

学院积极参与政府政策建议，开展工程造价、房地产市场研判和项目咨询，编制行业企业标准。例如，学院立项了"关于推动智安小区系统建设的政策建议"等省重点课题，为地方政府决策提供了科学依据。

此外，通过行业协会的协调，该学院能够与企业合作开展技术研发、产品开发、技术培训等服务，提高企业的技术水平和创新能力。例如，学院与浙江省建筑科学设计研究院有限公司、浙江省城乡规划设计研究院等战略合作，推动成果落地和技术应用。

学院积极提供社会培训服务，为社会企业人员提供培训，服务职业技能鉴定。例如，截至 2024 年年底，学院已为社会企业人员提供培训17 000 余人次，服务职业技能鉴定 1 400 余人次，浙江省二级造价师考试培训 4 万余人次并培训企业人员 13 000 余人次。

（四）产学研一体化平台

学院积极探索产学研相结合的新模式，成立了多个研究中心和技术服务平台。例如，BIM 技术创新中心就是一个集科研开发、成果转化、人才培养于一体的综合性平台，它为企业解决了许多实际问题，同时也为学生提供了一个良好的学习环境。

（五）国际化视野拓展

为了增强学生的国际竞争力，学院积极开展国际合作交流活动。邀请国外专家学者来校讲学，选派优秀学生出国深造，参与国际会议等，拓宽师生的国际视野。

（六）深度拓展与创新实践

为了进一步深化产教融合，提升教育质量和学生的职业竞争力，浙江建设职业技术学院 BIM 现代产业学院采取了一系列创新措施：如持续开展项目驱动学习，推行项目驱动的学习模式，让学生参与到实际的 BIM 项目中去。通过这种方式，学生不仅能学到理论知识，还能在实践中掌握技能。例如，在一个大型商业综合体的 BIM 建模项目中，学生们分组合作，负责不同的部分，从初步设计到最终交付，全程参与项目的每一个环节。这种实战经验极大地增强了学生的动手能力和团队协作精神；大力推行企业导师制度，除了校内教师外，学院还引入了来自企业的资深工程师作为兼职导师。这些导师不仅带来了最新的行业动态和技术趋势，还能为学生提供一对一的职业指导。他们定期到学校授课，并带领学生参观施工现场或参加行业研讨会，帮助学生建立职业网络。

强化竞赛与认证。学院鼓励学生参加各类职业技能竞赛，如全国高校 BIM 毕业设计大赛、国际 BIM 大奖赛等。通过比赛，学生可以检验自己的学习成果，并与其他院校的学生交流经验。此外，学院还组织学生参加 BIM 相关的职业资格认证考试，如 Autodesk Revit 认证、中国图学学会 BIM 应用技能等级证书等，以增加他们的就业竞争力。

（七）科研与成果转化

学院积极支持师生开展科研活动，特别是在 BIM 技术的应用研究方面。例如，学院的研究团队与某知名建筑设计公司合作，开发了一套基于云计算的 BIM 协同工作平台，大大提高了工作效率。该平台已经成功应用于多个实际项目中，并获得了多项专利和软件著作权。

四、现代产业学院建设成效与影响

通过不断的努力，学院人才培养质量稳步提升，学生的实践能力和创新能力得到了显著提升，毕业生就业率和就业质量显著提高。例如，工程造价专业群就业率基本可以保持在 98% 以上。

产业服务能力逐步增强，现代产业学院通过校企合作项目和协同创新，为企业提供了技术支持和人才保障，促进了产业的升级与发展。例如，学院与企业共同开展研究项目 39 项，推动了产业技术的升级。通过参与各类科研项目和社会实践活动，学生的创新意识和解决问题的能力有了明显提升。不少学生在校期间就获得了多项专利授权。

教育改革与创新有序进行，现代产业学院的建设为职业教育改革提供了新的思路和方法，推动了职业教育与产业的深度融合。例如，学院通过"岗赛证融通"育人模式和"企业赋能教育"模式，创新了育人模式，提高了人才培养质量。

五、未来建设发展方向

随着 BIM 技术在建筑业中的广泛应用，浙江建设职业技术学院 BIM 现代产业学院的社会影响力也在不断扩大。在未来，学院计划继续深化产教融合，扩大国际合作，引进更多国际先进的教育资源和技术标准。同时，学院还将继续加强与行业协会的合作，共同制定和完善 BIM 人才培养标准，推动行业的规范化发展。具体来说，将继续通过行业协会的引领，重点推进以下几个方面的工作：

（一）尝试开展国际化办学

与国外知名高校和企业建立合作关系，开展联合培养项目，派遣优秀学生赴海外实习和深造，吸引更多国际学生来华学习。

（二）加大技术创新与应用

加大研发投入，探索 BIM 与其他新兴技术（如物联网、人工智能等）的结合，推动智能建造的发展。

（三）提升社会服务水平与能力

利用学院的技术优势，为地方企业提供技术支持和咨询服务，助力地方经济转型升级。

（四）持续改进教育质量

根据行业发展需求，不断更新课程体系，优化教学方法，提高教育教学水平。

浙江建设职业技术学院通过现代产业学院建设，构建了以产业需求为导向的人才培养体系，创新了育人模式，取得了显著的成效。这种模式不仅提高了学生的实践能力和就业竞争力，也为产业的发展提供了有力的人才支持。

第三节　政校企所协五元共育的现代产业学院育人实践

在产教融合的背景下，政校企所协五元共育模式成为推动现代产业学院高质量发展的重要路径。该模式通过整合政府、学校、企业、科研院所和行业协会五方资源，构建多方协同育人机制，旨在解决传统职业教育中理论与实践脱节、产业需求与人才培养不匹配等问题。本节从理论基础、实践路径、典型案例及优化策略等方面，系统探讨五元共育模式在现代产业学院中的实施效果与创新价值。

一、五元共育模式的理论基础

（一）协同理论视角

协同理论强调系统内各要素通过相互作用形成整体效能的最大化。在五元共育模式中，政府提供政策支持并进行资源调配，学校承担教育教学职能，企业提供实践平台与岗位需求，科研院所注入技术研发能力，行业协会链接行业标准与市场信息。五方通过资源共享、责任共担、利益共享，形成"教育链—产业链—创新链"的深度融合。

（二）利益相关者理论

五元共育模式的核心是平衡各方利益诉求：

（1）政府：通过人才培养推动区域经济发展，提升就业率。

（2）学校：提高育人质量，增强社会影响力。

（3）企业：获得适配人才，降低招聘与培训成本。

（4）科研院所：促进科技成果转化，增强产学研协同能力。

（5）行业协会：规范行业标准，推动产业升级。

通过建立利益契合机制，各方形成稳定的合作生态。

（三）制度经济学视角

五元共育模式通过制度设计降低交易成本。例如，政府通过税收优惠、财政补贴等政策激励企业参与；行业协会制定行业准入标准，减少信息不对称；学校与企业签订长期合作协议，保障资源投入的可持续性。

二、"政校企所协"五元共育模式的内涵与结构

（一）内涵

"政校企所协"的五元共育模式是一种基于产教融合理念的创新型育人模式。该模工中各主体都发挥着自身的作用。

政府发挥政策引导和资源整合的关键作用，通过制定政策、提供资金支持、协调各方利益，为现代产业学院的建设与发展创造良好的政策环境，确保人才培养的顺利推进。

学校作为人才培养的主体，负责课程体系的设计与实施，依据行业需求调整教学内容与方法，提升教学质量，培养满足市场需求的专业人才。

企业参与人才培养全过程，为学生提供实习实训基地、兼职教师资源以及真实项目案例，让学生在实际工作场景中锻炼技能，增强实践能力，同时企业也能通过这种方式获取更符合自身需求的高素质人才。

科研机构凭借其科研资源优势，协助学校开展课程建设与教师培训，将前沿科研成果转化为教学资源，推动学校科研水平与教学质量的提升，促进科研成果转化，为现代产业学院的创新发展提供智力支持。

行业协会作为连接政府、学校、企业与科研机构的重要桥梁，发挥纽带作用，及时收集和反馈行业动态与人才需求标准，协调各方资源，推动现代产业学院的建设与发展，确保育人模式与行业需求的精准对接。

（二）结构

在五元共育模式中，各主体之间相互协作、相互补充，形成一个有机的整体。其中，学校与企业是育人模式的核心主体，政府通过政策引导和资源支持为学校与企业合作提供保障，科研机构提供技术与智力支持，行业协会则贯穿于整个过程，发挥沟通协调作用，确保各方目标一致、行动协调，共同推动现代产业学院的育人工作。

三、"政校企所协"协同建设现代产业学院的逻辑

（一）政府的角色与作用

1. 政策支持

国家层面：《国务院办公厅关于深化产教融合的若干意见》明确提出鼓励地方政府出台相关政策，支持企业与职业院校共建现代产业学院。这为各地政府提供了明确的方向，促使他们积极行动起来。

地方政府：江苏省教育厅在 2019 年出台了《江苏省职业教育校企合作促进条例》，该文件通过设立专项资金、税收减免等方式，鼓励和支持企业参与职业教育。

2. 宏观调控

规划引导：浙江省杭州市政府结合本地数字经济发展的需求，制定了详细的产业发展规划，并指导杭州职业技术学院与阿里巴巴等知名企业合作成立了电子商务现代产业学院，旨在培养满足市场需求的专业人才。

监督管理：北京市教委建立了严格的监管机制，确保所有参与现代产业学院建设的企业和学校都遵守国家教育法规及行业标准，保障了公平竞争环境。

（二）学校的角色与作用

1. 教学资源优化

动态调整的课程设置。如南京财经大学利用南京市作为长江三角洲重要中心城市的优势，调整专业设置，开设了金融科技、大数据分析等前沿专业以满足市场对新兴领域人才的需求。

多方共建教材。学校联合行业协会和企业共同编写实用性强、贴近行业实际的教材。例如，深圳信息职业技术学院与华为公司合作开发了一系列 ICT（信息通信技术）相关的课程教材，极大地提升了学生的实战能力。

2. 师资队伍建设

强化双师型教师培养，如广东金融学院采取"引进来"和"走出去"的策略，一方面聘请金融机构高管担任兼职教授，另一方面派遣本校教师到企业挂职锻炼，提升其实践经验。定期组织教师参加各类专业技能培训，提高其教育教学水平。例如，黄河水利职业技术学院每年都会安排教师前往合作企业进行为期一个月的实践学习，以便更好地将理论知识转化为实际操作技能。

（三）企业的角色与作用

1. 实践基地建设

企业提供真实的工作场景供学生实习，使他们能够学以致用。例如，浙江吉利控股集团与浙江交通职业技术学院合作建立了汽车制造实训基地，学生可以在真实的生产线上进行实习。向学校捐赠先进的实验设备，改善学校的硬件条件。例如，苏州工业园区内的多家高科技企业联合向苏州工业园区职业技术学院捐赠了一批价值数百万元的先进实验设备，显著提升了该校的教学质量。

2. 技术支持

邀请企业高级工程师为学生举办专题讲座，传授前沿技术和工作经验。例如，上海交通大学船舶海洋与建筑工程学院定期邀请中船重工集团的技术专家来校讲学，拓宽了学生的视野。企业专家与学校共同承担科研课题，推动产学研深度融合。例如，江南造船集团职业技术学校与江南造船集团合作开展了多项科研课题，不仅解决了企业的实际问题，还提升了学校的科研水平。

（四）科研机构的角色与作用

1. 技术创新

促进科研成果转化，将最新的科研成果应用于现代产业学院的教学实践中，增强学生的创新能力。例如，第三代半导体研究院与深圳信息职业技术学院合作，将其研发的最新科技成果应用于教学，培养了一大批掌握前沿技术的学生。促进解决技术难题，为企业解决生产过程中的技术瓶颈问题，提升企业的核心竞争力。例如，清华大学微电子研究所通过与多家芯片制造企业合作，攻克了多项关键技术难题，帮助企业实现了技术升级。

2. 学术交流

定期举办国际国内学术研讨会，加强国内外同行间的交流合作。例如，南京航空航天大学每年都会举办航空航天领域的国际学术会议，吸引了来自世界各地的专家学者参会。招收优秀本科生进入研究生阶段学习，培养高层次创新人才。例如，复旦大学微电子学院通过与企业合作，设立了专门的研究生培养计划，为国家培养了大量的高端技术人才。

（五）行业协会的角色与作用

1. 桥梁纽带

及时的行业动态反馈。行业协会可及时向学校传达行业最新技术发展动向和人才需求变化情况。例如，中国机械工业联合会经常性地举办行业研讨会，并邀请高校代表参会，使他们能够第一时间了解行业的最新动态。参与制定行业认证标准，帮助学校建立科学合理的评价体系。例如，中国汽车工程学会积极参与汽车制造类专业的认证工作，确保毕业生具备行业内认可的技术能力和素养。

2. 资源整合

多举措开展项目对接。行业协会可以协助学校与企业之间进行科研项目合作和技术转移。例如，珠海科技学院机器人现代产业学院通过行业协会的帮助，成功对接了多个国家级科研项目，促进了产学研深度融合。进行人才交流平台的搭建，为学生实习就业提供信息渠道，促进校企间的人才流动。例如，北京电子科技职业学院通过行业协会搭建的平台，为学生提供了大量优质的实习机会，提高了他们的就业竞争力。

四、五元共育模式的实践路径

（一）政策支持与保障体系

1. 完善政策法规

政府应制定和完善相关政策法规，明确各方在现代产业学院建设中的责任与义务，为五元共育模式的实施提供法律依据。例如，出台鼓励企业参与职业教育的税收优惠政策，激励企业积极参与人才培养；制定支持科研机构与学校合作开展科研成果转化的专项政策，促进科技资源向教学资源的有效转化。

2. 建立协调机制

建立由政府牵头的协调机制，定期召开会议，解决五元共育过程中出现的问题。政府相关部门如教育、经济、科技等部门应加强合作，形成工作合力，共同推动现代产业学院建设与发展。

3. 加强资金支持

政府设立专项基金，用于支持现代产业学院的基础设施建设、师资队伍建设、课程开发与教学改革等。同时，引导社会资金投入，拓宽资金来源渠道，为五元共育模式的实施提供充足的资金保障。

（二）课程体系建设

1. 构建模块化课程体系

依据产业需求与学生发展需求，构建包括公共基础课程、专业基础课程、专业核心课程、实践教学课程和拓展课程在内的模块化课程体系。各课程模块之间相互衔接，形成一个有机整体，既满足学生的全面发展需求，又突出专业特色，提高学生的实践能力和就业竞争力。

2. 加强实践教学课程建设

实践教学是五元共育模式的重要环节。现代产业学院应加强实践教学课程建设，提高实践教学在总学分中的比重；建立一批稳定的实习实训基地，与企业合作开发实践教学项目，让学生的实践操作能力得到充分锻炼。例如，学校与企业共同制定实习实训计划，安排学生到企业进行实习实训，由企业技术人员担任兼职教师，指导学生完成实习任务。

3. 开展课程改革与创新

鼓励教师开展课程改革与创新，探索项目化教学、案例教学、线上线下混合式教学等教学方法，提高教学效果；同时，引入企业实际案例和项目，丰富教学内容，使学生在学习过程中能够接触到行业前沿技术和实际工作情况。例如，学校与企业合作开发课程案例库，将企业实际项目转化为教学案例，让学生在案例分析中提高解决实际问题的能力。

（三）师资队伍建设

1. 打造"双师型"教师队伍

打造一支由学校教师、企业兼职教师和科研机构专家组成的"双师型"教师队伍。一方面，鼓励学校教师到企业挂职锻炼，积累实践经验；另一方面，聘请企业技术人员和科研机构专家担任兼职教师，参与学校教学工作，将行业实际经验和技术成果带入教学过程。

2. 加强教师培训与交流

建立教师培训机制，定期组织学校教师参加专业技能培训和教育理念更新培训，提高教师的业务水平和教学能力。同时，加强教师与企业技术人员、科研机构专家之间的交流与合作，开展联合教学、科研项目等活动，促进教师的专业发展。例如，学校与企业、科研机构联合举办教师培训班，邀请企业专家和科研机构学者为教师授课，提升教师对行业前沿知识和先进技术的了解。

3. 完善教师考核评价机制

建立科学合理的教师考核评价机制，将教师参与企业实践、科研项目和教学改革等内容纳入考核指标体系，激励教师积极参与五元共育模式的各项活动。例如，将教师指导学生实习实训、参与企业项目合作等作为绩效考核的重要依据，对表现优秀的教师给予奖励和职称晋升等方面的政策支持。

（四）实践教学基地建设

1. 校企共建共享

与企业合作共建实践教学基地，按照企业生产流程和实际工作环境进行建设，使学生在实践教学中能够接触到真实的生产场景和设备。同时，实践教学基地也可为企业提供技术服务和人才支持，实现校企资源共享、优势互补。例如，在企业内部建立校内生产性实训基地，让学生参与企业的实际生产活动，提高学生的实践能力和职业素养。

2. 强化基地管理与运营

建立健全实践教学基地的管理与运营机制，明确各方职责与权利，确保实践教学基地的正常运转。加强基地安全管理和质量监控，制定完善的管理制度和操作规程，保障学生的实习实训安全和教学效果。例如，制定实践教学基地的管理制度，明确学生实习实训的流程和要求，加强对基地设备的维护和管理，确保实践教学活动的顺利进行。

3. 拓展基地功能与服务

实践教学基地不仅是学生实习实训的场所，还应拓展其功能与服务。实践教学基地可以作为教师开展科研项目、企业员工培训、职业技能鉴定等多种功能的平台，提高基地的利用率和综合效益。例如，实践教学基地可以承接企业的员工培训项目，为企业提供定制化的培训服务，同时也可以作为职业技能鉴定的考点，为学生和企业员工提供职业技能鉴定服务。

（五）人才培养质量评价

1. 建立多元化评价体系

构建包括学校评价、企业评价、学生自我评价、教师评价以及社会评价等在内的多元化人才培养质量评价体系。从知识掌握、实践能力、创新能力、职业素养等多个维度对学生的学习情况进行全面评价，确保评价结果的客观性和全面性。

2. 加强过程评价与诊断

重视人才培养过程中的评价与诊断，通过定期的检查、评估和反馈，及时发现问题并进行调整。例如，学校与企业共同制定学生实习实训的评价标准和考核指标，定期对学生实习情况进行检查和评估，及时反馈学生在实践过程中存在的问题，并提出改进措施。

3. 开展第三方评价

委托第三方专业机构对现代产业学院的人才培养质量进行评价，确保评价的独立性和公正性。第三方评价机构可以根据行业标准和市场需求，对毕业生的就业质量、企业满意度、社会认可度等方面进行客观评价，为现代产业学院的教育教学改革提供参考依据。

五、典型实践案例

（一）粤港澳大湾区"数字创意现代产业学院"

该学院是由广东省教育厅、华南理工大学和香港科技大学、腾讯、中科院深圳先进院、广东省动漫行业协会等共同发起建立。

在学院日常工作中，腾讯提供游戏开发、数字营销等实战课程，行业协会制定人才认证标准；学生参与腾讯"微短剧制作"项目，科研院所提供 AI 剪辑技术支持；学生作品通过行业协会平台推向市场，政府提供版权保护补贴；毕业生就业率98%，5 项技术获国家专利，孵化 3 家初创企业。

（二）长三角"绿色建筑现代产业学院"

该学院由上海市住建委、同济大学、上海建工集团、中国建筑科学研究院、中国绿色建筑协会共同发起建立。

在学院建设中，学院通过践行现代学徒制，企业导师带徒实训，科研院所指导 BIM 技术应用；设立政企联合基金，如"绿色建筑创新基金"，支持学生研发低碳建材；大力开展行业认证，如行业协会颁发"绿色建筑工程师"资格证书，提升就业竞争力。通过上述活动的开展，近年来，该学院已经培养 500 余名专业人才，参与 20 余个国家级绿色建筑项目。

（三）南京财经大学现代产业学院

南京财经大学作为江苏省重点高校之一，在经济管理类学科领域具有较强的影响力。学校积极响应国家号召，探索产教融合的新路径。由学校、企业、行业协会三方组成专门委员会，负责制定满足市场需要的人才培养计划。例如，南京财经大学与工商银行江苏分行、江苏省银行业协会共同制定了金融风险管理方向的人才培养方案，涵盖了从基础理论到实际操作的全方位内容；联合开展实习实训活动，设立多个校外实习基地，安排学生分批次前往企业进行为期半年以上的实习。这些实习基地不仅为学生提供了宝贵的实践经验，也为他们未来的职业发展打下了坚实的基础。

通过近几年的建设，该校毕业生就业率显著提高，通过现代产业学院培养的学生普遍受到用人单位欢迎，初次就业率达到95%以上。许多学生在实习期间表现优异，直接被实习单位录用，学校的社会知名度和社会认可度得到明显提升，吸引了更多优质生源报考。近年来，南京财经大学的录取分数线逐年上升，成为省内知名的财经类院校之一。

（四）广东金融学院的现代产业学院

广东金融学院位于改革开放前沿城市广州，拥有良好的金融生态环境。学校立足于广东省大力发展现代服务业的战略部署，致力于培养适应新时代需求的金融专业人才。该学校通过引入行业导师制度，聘请金融机构高管担任兼职教授，定期来校授课并指导学生毕业设计。例如，学校通过与广发证券合作，聘请多位资深分析师担任兼职教师，为学生带来最前沿的市场分析和投资理念。

开展订单式人才培养：根据银行、证券公司等金融机构的具体需求，定向培养特定岗位所需的专业人才。例如，学校与招商银行合作开设了"招商班"，专门为招商银行培养客户经理、理财顾问等岗位的人才。通过该模式的合作，广东金融学院毕业生不仅就业率高，而且入职单位层次较高，平均起薪也较以往有所增长。据统计，广东金融学院的毕业生平均月薪高于同类院校的平均水平；学校金融学科在全国同类院校中的排名逐年上升，成为省内乃至全国知名的特色专业。近年来，广东金融学院多次获得国家级、省级教学成果奖，进一步巩固了其在金融教育领域的领先地位。

（五）黄河水利职业技术学院

黄河水利职业技术学院地处河南省郑州市，是水利水电工程领域的知名高职院校。学校针对水利行业对高素质技能型人才的需求，积极探索新型校企合作育人模式，开创了"五共携进"校企合作育人模式。

"五共携进"模式：资源共享、课程共建、师资共培、基地共用、文化共创五个方面协同发展。例如，黄河水利职业技术学院与黄河水利委员会合作，共同开发了多门水利工程类课程，并定期选派教师到委员会下属单位进行挂职锻炼，提升其实践能力。与企业联合成立校企合作理事会：吸纳多家大型水利工程企业加入，共同商讨重大事项。该理事会定期召开会议，讨论合作过程中遇到的问题，并提出解决方案。通过该模式的合作，学生实践能力显著增强，学生在校期间就能接触到真实的工程项目，毕业后能迅速适应工作岗位要求。许多毕业生在工作中表现出色，成为所在单位的技术骨干。校企关系更加紧密，通过长期稳定的合作关系，黄河水利职业技术学院与企业在技术研发、人员培训等方面实现了互利共赢。例如，黄河水利职业技术学院与某大型水利施工企业合作完成了多项技术改造项目，既解决了企业的实际问题，又提升了学校的科研水平。

（六）山西机电职业技术学院

山西机电职业技术学院位于山西省太原市，是一所以机械制造为主的高等职业院校。面对传统制造业转型升级的压力，山西机电职业技术学院致力于打造集教育、科研、生产于一体的综合性育人平台，建立"五元联动"育人平台。

"五元联动"机制是指政府引导、学校主导、企业主体、行业协会辅助、科研机构支撑五个环节相互配合。例如，山西机电职业技术学院与山西省经信委、太原理工大学、太原重型机械集团有限公司、山西省机械工业协会以及多家科研机构建立了紧密的合作关系，形成了完整的产业链条。具体包括，大力开展创新创业教育，鼓励学生参与各类创新创业竞赛，激发他们的创新意识和创业精神，山西机电职业技术学院设立了专门的创新创业基金，支持学生开展各类创新项目，并为其提供必要的指导和支持。

在该模式的开展下，学院学生的创新能力提升，学生在国家级、省级各类比赛中屡获佳绩，展现了较强的创新能力。例如，在2024年的全国职业技能大赛中，山西机电职业技术学院的学生团队荣获一等奖，展示了他们在智能制造领域的卓越实力；此外，山西机电职业技术学院为本地制造业输送了大量高质量的技术技能人才，助力地方产业升级。据统计，近年来山西机电职业技术学院毕业生中有超过70%选择留在本地工作，为山西省的经济发展作出了重要贡献。

六、五元共育模式的优势、存在的问题与对策

（一）优势

（1）资源整合：汇聚政策、教育、技术、市场等多维度资源。

（2）需求精准：行业协会实时反馈行业动态，使高校课程设置与岗位需求无缝对接。

（3）创新驱动：科研院所赋能技术研发，推动产业升级。

（二）存在的问题与对策

1. 教育资源分配问题与对策

不同地区、不同层次的学校在获取外部资源方面存在较大差异，导致教育资源分布不均。例如，东部沿海地区的学校往往更容易吸引到优质的企业合作伙伴，而中西部地区的学校则面临较大的挑战。一些偏远地区的学校难以吸引到优质的企业合作伙伴，这种不平衡影响了现代产业学院的整体发展水平。例如，某些山区学校地理位置偏僻，缺乏足够的吸引力，导致企业不愿意与其合作。

在未来可以尝试加强政策倾斜，政府应在财政补贴、项目资助等方面给予贫困地区更多的支持，缩小城乡差距。例如，云南省政府设立了专项基金，用于扶持贫困地区的现代产业学院建设，有效缓解了当地教育资源匮乏的问题；推动区域合作，鼓励发达地区的优质学校与欠发达地区学校结成帮扶对子，共享优质教育资源，并同步建立利益补偿机制，对长期投入的企业给予税收减免、品牌宣传等激励。例如，上海市教委组织了一批知名高校与新疆地区的学校建立合作关系，通过远程教学、教师互访等方式，帮助当地提升教育质量。

2. 管理复杂度高的问题与对策

五方协同需高效沟通机制，否则容易出现权责不清问题。由于五方的运作体制并不一样，相对而言，企业处于沟通的最低点，但其又处于工作的最前线，对于人才培养需求最具有发言权，但由于涉及多方合作，要想高效地完成信息的反馈存在现实的困难。同样，政府与科研机构及行业协会的有关要求，在落实到企业端时，有可能出现推诿现象，进而影响合作的效果。因此，合作基础好的实践单位，可以尝试构建数字协同平台，利用区块链技术实现资源透明共享，减少沟通成本，待该沟通模式运作成熟后，可以向更多实践单位进行推广。同时，政府也应强化政策保障，可出台具体的"产教融合促进条例"，明确五方权利义务。

3. 可持续性风险的问题与对策

政策变动、企业战略调整可能影响合作稳定性。五方的利益诉求点随时有可能发生变化，每一次的变化都有可能对合作内容与深度产生一定的影响，因此，利益相关方应定期开展各类座谈并可尝试通过联合党建、文化交流活动增强五方认同感，让五方的诉求都可以迅速呈现出来，并积极看展对策研究，确保各方利益点能够得到不同程度的满足，进而促进该模式的可持续发展。

五元共育模式通过多方协同，有效破解了产教融合中的"孤岛效应"，为现代产业学院提供了可复制的实践范本。未来需进一步探索跨区域合作、国际化人才培养等方向，推动产教融合向更高层次发展。

第六章　学校与龙头企业合作的现代产业学院育人模式研究与实践

第一节　学校与龙头企业合作的现代产业学院育人模式分析

在全球化和信息化快速发展的背景下，高等教育面临着前所未有的挑战和机遇。一方面，社会对高素质人才的需求日益增长；另一方面，传统的教育模式在培养学生的实践能力和创新能力方面存在不足。为了解决这一矛盾，许多高校开始探索与企业建立合作关系，共同创办现代产业学院。这种模式不仅能够促进教育资源与企业资源的有效整合，还能更好地满足市场需求，培养出符合行业标准的专业人才。

一、学校与龙头企业合作的理论基础与驱动力

（一）理论基础

1. 产教融合理论

产教融合理论强调教育与产业的深度融合，通过校企合作、工学结合等方式，实现教育资源与产业需求的有效对接。学校与龙头企业合作的现代产业学院是产教融合的重要实践形式，其通过高校与企业共同制定培养方案、共建实训基地、共同开展技术研发等方式，提升学生的实践能力和就业竞争力。

教育部办公厅、工业和信息化部发布的《现代产业学院建设指南（试行）》提出，现代产业学院应以立德树人为根本任务，以提高人才培养能力为核心，推动学校人才培养供给侧与产业需求侧紧密对接，培养满足产

业高质量发展和创新需求的高素质人才。通过产教融合，学生在学习过程中能够获得实际工作经验，增强就业竞争力。

2. 协同创新理论

协同创新理论认为，不同主体之间的合作与协同能够产生创新的合力，推动知识的创造和应用。学校与龙头企业合作的现代产业学院通过高校、企业、政府、行业协会等多主体的协同参与，可以实现资源共享、优势互补，推动技术创新和人才培养。

3. 应用型人才培养理论

应用型人才培养理论强调人才培养应以市场需求为导向，注重培养学生的实践能力和创新能力。学校与龙头企业合作的现代产业学院通过优化专业设置、创新教学方法、加强实践教学等方式，培养适应产业发展的高素质应用型人才。应用型人才培养理论指导现代产业学院在课程设置、教学方法、实践教学等方面进行创新，确保学生具备实际工作所需的专业技能和综合素质。

4. 教育生态学理论

现代产业学院作为教育生态系统中的关键节点，需与龙头企业形成共生关系。例如，深圳大学腾讯云人工智能学院依托企业生态资源，构建"教学—实训—就业"闭环。

5. 人力资本理论

企业通过参与人才培养可以获得适配性人才，降低招聘与培训成本。如比亚迪与高校合作定向培养新能源汽车工程师，毕业生留任率超过85%。

（二）企业参与的驱动力分析

人才定制化需求：企业可以通过"订单班"模式提前锁定优质生源，如海尔集团与职业院校合作培养智能制造工程师。

技术反哺收益：学校科研成果可以为企业提供创新支持，例如华为ICT学院联合高校攻关5G通信技术难题。

社会责任驱动：龙头企业通过支持教育可以提升社会声誉，如阿里巴巴联合杭州师范大学设立阿里巴巴高学院助力乡村振兴人才培养。

政策激励：政府通过税收减免、专项资金扶持等方式鼓励企业参与产教融合。例如，广东省对参与现代产业学院的企业给予最高30%的税收优惠。

二、合作背景及现状分析

（一）教育环境与市场需求的差距

当前，全球范围内科技飞速发展，尤其是信息技术、人工智能等科技不断突破，给各行各业带来了深远的影响。对于高等教育而言，这意味着需要不断更新课程设置和技术手段，以适应快速变化的社会需求。然而，教育体系相对固定，灵活性不足，导致很多学生毕业后难以立即胜任工作岗位的要求。

同时，企业在招聘过程中发现，尽管应聘者拥有较高的学历，但在实际操作中却缺乏必要的技能和经验。这表明现有教育体系未能充分考虑到企业的真实需求，导致了供需失衡的局面。为了改变这一状况，越来越多的企业选择直接参与到教育过程中来，通过联合高校共建现代产业学院的形式，将自身的资源优势转化为教育优势。

（二）国内外成功的现代产业学院案例及其启示

国内外已经有许多成功的现代产业学院案例可以为我们提供宝贵的经验。比如，在美国，斯坦福大学与硅谷的高科技公司建立了紧密的合作关系，形成了产学研一体化的发展格局。这种合作不仅促进了技术创新，也为学生提供了丰富的实习机会和职业发展前景。

在国内，深圳职业技术学院与华为公司联合成立了"华为ICT学院"，该学院致力于培养ICT（信息通信技术）领域的高端人才。通过引入企业的最新技术和管理理念，结合学校的优质教育资源，双方共同开发了一系列符合行业标准的课程体系，并为学生提供了广泛的实训基地。

这些成功案例表明，只有当学校和企业真正实现深度合作，才能有效地解决人才培养与市场需求脱节的问题。具体来说，高校与企业可以通过以下几个方面来加强合作：一是共同制定人才培养方案，确保课程内容紧跟行业发展；二是建立双向互动机制，促进信息交流和技术共享；三是注重实践教学环节，提升学生的动手能力和创新意识。

三、合作模式分类与核心特征

（一）模式分类：基于合作深度的维度

1. 浅层合作模式

企业捐赠与冠名，企业提供资金或设备支持，如某车企捐赠实训车辆并冠名"××汽车学院"，之后学生进入企业进行短期实践，但这种模式缺乏系统性培养方案。

2. 中度合作模式

开展订单班培养，企业全程参与课程设计、师资配备与就业对接，如珠海格力电器股份有限公司与珠海城市职业技术学院共建"智能制造订单班"。共建实训基地，校企联合建设实验室或实训中心，如华为与深圳信息职业技术学院共建"5G 通信实训室"。

3. 深度合作模式

高校与企业共建实体现代产业学院，校企共同投资成立独立法人实体，如腾讯与深圳大学共建腾讯云人工智能学院，实行理事会治理模式；共建产学研一体化平台，合作覆盖技术研发、人才培养与成果转化，如宁德时代新能源股份科技有限公司与福建工程大学共建新能源电池研究院，联合申报国家级科研项目。

（二）核心特征分析

需求导向性：合作内容紧密围绕企业实际需求，如广汽本田与职业院校合作开发"汽车智能制造"课程模块。

资源互补性：学校提供教学资源与科研能力，企业提供技术标准与实训场景，如博世汽车向合作院校开放生产线作为教学基地。

利益共享性：通过协议明确双方权益，如某现代产业学院将企业捐赠资金转化为教育股份并按比例分配收益。

四、合作机制的实践路径

（一）合作框架设计

顶层协议签订，明确合作目标、分工与权责，如华为与高校签订"ICT 学院共建协议"，规定企业每年投入资金不低于 500 万元；进行组织架构搭建，如确立理事会制度，理事会由校企双方高管组成，负责战略决策，如腾讯云人工智能学院理事会中企业代表占 60% 席位；成立项目管理团队，设立专职协调岗位，负责日常运营与资源对接。

（二）课程体系开发

课程设置不仅要涵盖基础知识，还要紧跟行业发展动态，适时更新教学内容。例如，武汉大学与华为公司合作开发的鸿蒙应用开发课程，就是基于最新的移动操作系统技术而设立的，这有助于提高学生的竞争力。

定期开展市场调研，了解行业对各类人才的具体需求，为课程设计提供依据；将课程划分为多个模块，每个模块围绕特定主题或技能点展开教学，便于学生灵活选择；根据行业发展和技术进步情况，及时调整课程内容，保持课程体系的先进性和实用性。具体来说，学校可以尝试进行如下模块化的开发：

1. 岗位能力模型构建

通过实地调研与岗位分析，提炼核心技能要求。例如，三一重工与湖南工业职业技术学院合作制定工程机械维修工程师能力标准。

2. 课程模块化设计

将企业技术标准转化为教学模块，如阿里云将云计算架构拆分为 6 个教学单元，融入高校课程体系。

3. 动态更新机制

每学期召开校企课程研讨会，根据技术迭代调整教学内容。例如，比亚迪每季度向合作院校提供新能源汽车技术更新资料。

（三）师资队伍建设

1. 双师型教师培养

学校教师需定期参与企业实践，如江苏省规定专业教师每年至少完成 2 个月的企业顶岗学习。

2. 企业导师聘任

企业技术骨干担任兼职教师，负责实践教学与项目指导。例如，华为 ICT 学院工程师每周授课 4 课时。

3. 师资考核机制

将企业实践成果纳入职称评定，如某学校规定教师需完成至少 1 项企业横向课题方可晋升副教授。

（四）创新教学方法

采用项目驱动学习（PBL）、案例教学法等多种教学手段，激发学生的学习兴趣和创新思维。比如，郑州财经学院推行的双师联动教学模式，让校内教师定期参加行业培训并挂职锻炼，增强了他们的实战能力，同时也提高了教学质量。创新教学方法的具体做法包括以下几个方面。

1. 情景模拟教学

通过创建虚拟情境或模拟真实工作环境，让学生在模拟中体验和学习，增强实际操作能力。

2. 线上线下混合式教学

充分利用网络资源，开展线上线下相结合的教学活动，拓宽学习渠道，丰富学习内容。

3. 跨学科交叉融合

打破学科界限，鼓励不同专业的学生共同参与项目，培养跨学科思维和创新能力。

（五）实践教学实施

1. 工学交替模式

学生每学期交替在校学习与企业实训，如广汽本田与合作院校实行"2+1"学制（2年校内学习+1年企业实践）。

2. 项目化教学

以企业真实项目为载体，如腾讯云人工智能学院学生参与了"智慧城市大数据平台"开发项目。

3. 虚拟仿真技术应用

利用VR/AR技术模拟企业生产环境，如宁德时代新能源科技股份有限公司与合作院校建设虚拟电池生产线实训室。

五、典型案例深度剖析

（一）华为信息与网络技术学院（华为ICT学院）

1. 合作背景

华为为填补全球ICT人才缺口，自2013年起与全球高校合作共建ICT学院，中国已覆盖300余所院校。

2. 合作机制

优化课程体系，通过引入华为认证课程（HCIA/HCIP），与学校专业课程学分互认；开展师资培训，每年举办华为ICT师资研修班，培养"双师型"教师超5 000人；共建实训平台，提供华为云实验平台，学生可远程访问真实网络设备进行配置实验。

在该模式合作下，学校毕业生华为认证通过率超90%，就业率98%，平均起薪高于行业20%，同时也存在着部分院校设备更新滞后，难以匹配华为最新技术标准的现实问题。

（二）广东理工职业学院巨轮智能现代产业学院

1. 合作背景

为了满足广东省对的智能制造人才的需求，巨轮智能装备股份有限公司与广东理工职业学院于 2018 年共建现代产业学院。

2. 合作机制

合力进行课程开发，借助企业提供工业机器人技术标准，学校开发了智能控制技术等 6 门核心课程；共建实训基地，由企业捐赠价值 1 500 万元的智能生产线设备，建设工业 4.0 实训中心。企业工程师每周驻校授课，学校教师参与企业技术改进项目。

通过密切的校企合作，学校三年共培养技术人才 800 人，其中 70% 进入巨轮智能及其生态企业。不过，该种模式也存在着由于企业技术保密要求高，部分实训内容受限的问题。

（三）比亚迪新能源汽车学院

南宁职业技术大学、广西南宁技师学院等学校与比亚迪股份有限公司合作，共同建设比亚迪新能学院。培养适应新能源汽车产业需求的高素质技术技能型人才，推动新能源汽车产业的发展。该学院通过校企合作，共同制定培养方案、共建实训基地、共同开展技术研发项目。

1. 共同制订培养方案

公司与合作高校共同制订人才培养方案，确保课程设置与市场需求相匹配。课程内容涵盖了新能源汽车的核心课程，如电动汽车技术、电池管理系统等，提升学生的实践能力和就业竞争力。

2. 共建实训基地

公司与合作高校共建实训基地，提供先进的新能源汽车设备和实验环境。实训基地不仅用于学生的实践教学，还面向社会开放，提供职业培训和技能认证服务。

3. 共同开展技术研发

公司与合作高校共同开展技术研发项目，解决了企业实际生产中的技术难题。例如，双方合作开发的新能源汽车电池管理系统，提升了电池的使用寿命和安全性。

4. 师资队伍建设

公司参与高校教师的培训，提升教师的实践能力和教学水平。同时，邀请比亚迪的工程师担任兼职教师，参与教学和指导实践。

通过校企双方的紧密合作，学院的人才培养质量显著提升，通过校企合作，学生的实践能力和职业素养显著提升，就业竞争力增强。例如，比亚迪新能源汽车学院的毕业生在比亚迪及其合作伙伴企业中就业比例超过85%。

技术创新推动产业发展。通过共同开展技术研发，比亚迪公司与合作高校取得了一系列创新成果，推动了新能源汽车产业的发展。例如，双方合作开发的智能驾驶辅助系统，提升了新能源汽车的安全性和驾驶体验。

（四）沈工-美的数字灯塔学院

沈阳工学院联合美云智数打造了沈工-美的数字灯塔学院。该学院凝结美的集团数十年制造业业务实践和数字化转型经验，培养现代制造企业所急需并与众不同的实战型、创新型、复合型数字化人才，成就毕业生的就业择业主动权，开创产教融合的校企合作新模式。沈工-美的数字灯塔学院旨在利用先进企业的研产供销管全链路数字化实训教学环境，从业务实践、软件使用、数字化培训、生成式人工智能（AIGC）等新技术应用等方面，打造具有产教融合特色的教育实训办学模式，进一步提升院校师资的数字化意识，满足制造业数字化人才培养、对外参访交流、赋能培训等多方面的需求，多维度提升数字化教学能力，为社会和企业输送实战型、创新型、复合型数字化人才。

学院针对不同阶段不同群体提供相应的服务：面向大一新生提供体验式感知，面向高年级学生提供沉浸式教学，面向毕业生提供就业前实战式演练，面向全校学生提供AIGC工作坊及竞赛、数字化人才认证，以及面向社会企业、高校和政府提供数字灯塔研修班。

大一新生可通过体验式学习，了解现代制造业组织和流程体系，了解数字化企业从订单到交付的全价值链数字化运营，建立企业数字化概念感知，为学生入学后的再次专业选择和从业方向的确定奠定认知基础。针对高年级专业课，该学院将研产供销管全链路融入数字化系统应用，加强理论联系实际，培养学生的数字化业务能力和数字化技术能力。在毕业班实习实训期间，该学校以岗位综合实践的形式对数字化企业全价值链进行深度参与和创新实践，陪跑毕业前一公里。该学校通过工作坊并组织竞赛，使学生了解大语言模型及生成式人工智能（AIGC）在企业中的应用，探索AIGC创新应用场景，体验企业如何将AIGC等创新技术转化为核心业务能力进而提升竞争力；引进工信部认可的美的数字人才认证（初级和中级），提升制造业人才数字化意识及应用能力，并获得社会和企业认可，同时面向企业、高校和政府，以数字灯塔研修班的形式，对外组织开展的数字化赋能培训。

基于现代制造企业对自动化、精益化、数字化的三化复合型的迫切需求，在美的库卡学院（自动化）基础上，沈工-美的数字灯塔学院重点培养制造企业全价值链拉通的数字化人才。在传统 ERP 教学的基础上，进一步适应现代企业数字化大环境和发展趋势，基于现代制造业标杆企业——美的集团的数十年制造业业务实践和数字化转型经验，以及包含研产供销管领域 11 款软件产品的美擎工业软件平台，围绕企业数字化转型业务框架拉通研产供销管的全链路，结合工业大数据、工业仿真、数字孪生等新一代技术应用，实现了从产品企划到产品研发、工艺仿真，从销售订单经生产计划、物料采购、生产执行、产成品入库再出库发货的全流程场景拉通。

沈工-美的数字灯塔学院针对学生的不同学习阶段，在全价值链领域通过相应的 13 个产品技术课程体系和岗位综合实践教学，构建数字化企业基层岗位数字化意识、相关数字化系统应用及数字化系统实施能力，掌握大数据、仿真与数字孪生技术创新能力，并依托部署在 4 台高性能 GPU 服务器上的生成式人工智能（AIGC）平台，探索 AIGC 创新应用场景，让学生深入体验企业如何将 AIGC 等创新技术转化为核心业务能力。

沈工-美的数字灯塔学院通过驾驶舱展示立体校园、校园漫游路线、运营监控指标、课室空闲状态、校园成果及实训课程发布等，并通过 3 个工厂数字化漫游场景、美的数字化技术及灯塔工厂视频和企业案例，以及 10 个实训区的业务领域看板，使学员沉浸式体验现代企业的数字化场景。

学生通过在沈工-美的数字灯塔学院的学习，可以在毕业前即了解现代制造企业的全价值链业务流程并掌握相关技能：通过产品技术课程的学习，初步掌握基础技能；通过岗位综合实践课程的学习和实践，一方面对全价值链有更深入理解，另一方面在简历中可以体现现代制造企业各岗位实践经历，提高面试通过率。

（五）上海微电子现代产业学院

上海大学与上海微技术工业研究院合作成立了上海微电子现代产业学院，旨在培养集成电路领域的高端人才。该学院专注于高年级学生开设研讨课和专业选修课，全面覆盖了从器件、工艺到电路与系统的全方位知识体系。

该现代产业学院的内部建设主要采取了下列措施：

产学研一体化：该学院不仅提供理论教学，还注重实际操作技能的培养，通过与企业合作开展项目研究，让学生有机会参与到真实的研发工作中。

联合实验室建设：高校与企业双方共同投资建设了多个先进的联合实验室，为学生提供了接触最前沿技术和设备的机会。

实习就业直通车：该学院与多家知名企业建立了长期合作关系，确保学生在毕业前能够获得丰富的实习经验和优质的就业机会。

为保证上述措施的顺利开展，其还进行了相关的制度与组织保障：

贯彻导师制度：每位学生都有校内外双导师指导，确保学术研究和职业规划的双重支持。

定期研讨会：举办各种形式的技术研讨会，邀请业内专家分享最新研究成果和技术趋势。

创新创业支持：鼓励和支持学生参与创新创业活动，提供必要的资金和技术支持。

这种合作模式极大地提高了学生的综合素质和就业竞争力，许多毕业生成功进入国内外知名半导体公司工作，并且在行业内取得了不错的成绩。

（六）华东理工大学与上海电气集团的合作

华东理工大学与上海电气集团有着长期的合作关系，双方围绕智能网联新能源汽车等领域展开了深入合作，共同打造了一批高水平的产教融合平台和项目。双方共同投入资源，建立了面向未来的现代产业学院，专注于新能源、智能制造等新兴领域的创新人才培养。

在该学院内，校企双方确立了协同育人机制，构建了由学校教师和企业工程师组成的"双师型"教学团队，实施了基于项目的教学方法，强化了学生的实践能力和创新能力；设立了多个技术创新中心，支持师生进行科学研究和技术开发，促进科技成果的应用转化。

开展订单式人才培养，根据企业需求设计人才培养方案，确保毕业生能够直接满足企业的用人要求；针对关键技术问题，组织校企联合攻关小组，共同攻克技术难关；积极开展国际合作交流活动，提升学校的国际化水平和影响力。

这种深度合作模式显著提升了学校的人才培养质量和科研水平，同时也增强了企业的技术创新能力和市场竞争力。

六、学校与龙头企业合作的育人模式的挑战与对策

（一）面临的挑战

1. 校企合作深度不足

目前部分校企合作仍停留在表面，缺乏深度和广度，未能真正实现教育资源与产业需求的有效对接。例如，一些合作项目仅限于学生短期实习或简单的课程合作，未能深入到技术研发、项目合作等深层次领域。

2. 企业参与积极性不高

一些企业对产教融合的认识不足，未能充分意识到参与现代产业学院建设对企业自身发展的长远利益。企业参与现代产业学院建设的积极性不高，主要体现在对投入产出预期、资源共享、权责界定等方面的顾虑。

3. 师资队伍建设薄弱

高水平的教师队伍是现代产业学院建设的关键，但目前一些现代产业学院在师资队伍建设方面存在薄弱环节。例如，"双师双能型"教师数量不足，教师参与企业实践机会不多，企业能工巧匠兼职教学数量较少，影响了教学质量和学生的职业素养。

（二）对策建议

1. 深化校企合作

通过创新校企合作模式，推动校企深度合作，提升合作的深度和广度。例如，高校与企业建立长期稳定的合作关系，共同开展技术研发、进行项目合作和人才培养等。

2. 提升企业参与积极性

通过政策支持和激励措施，提升企业参与现代产业学院建设的积极性。例如，对参与产教融合的企业给予税收优惠、财政补贴等政策支持。如，政府可以出台"产教融合型企业认证标准"，将合作深度纳入考核指标，达标企业可享受更高比例税收优惠；探索"技术入股""收益分成"等机制，如某现代产业学院将科研成果转化收益的20%分配给合作企业。

3. 加强师资队伍建设

通过教师、工程师"双转双换"，"双师型"教师和"双能型"培训师"共培共育"，探索"校企双制"的人事制度，提升教师的实践能力和企业的教学能力。如，可实施"双师型"教师认证计划，要求教师每两年需要有累计6个月企业实践，企业导师也需接受教育学培训。

学校与龙头企业合作的现代产业学院育人模式是产教融合的重要实践形式。学校与企业通过共同制定培养方案、共建实训基地、共同开展技术研发等方式，进行资源整合与利益共享，有效破解了职业教育与产业需求脱节的难题，从而有效提升育人质量，培养满足产业发展需求的高素质技术技能型人才。未来，各高校应进一步深化产教融合，创新办学机制和治理模式，推动现代产业学院的可持续发展，并借助数字技术提升育人效能，为产业升级提供高质量人才支撑。

第二节 华为信息与网络技术学院育人实践

在全球数字化转型加速的背景下，市场对 ICT（信息通信技术）人才的需求日益增长。华为作为全球领先的 ICT 解决方案提供商，意识到培养高质量的技术人才对于推动行业发展至关重要。因此，华为启动了"华为信息与网络技术学院"项目，旨在通过校企合作模式，共同打造适应未来发展的创新型人才。

一、华为信息与网络技术学院简介

2017 年 11 月，华中师范大学计算机学院与华为公司联合成立了华为信息与网络技术学院创新人才中心，标志着双方在产教融合道路上迈出了重要一步。自成立以来，华为信息与网络技术学院不断扩展其影响力，已与全球上千所高校建立了合作关系，覆盖了包括基础软件、昇腾芯片在内的 22 个技术领域，提供了 85 门实战导向的精品课程。

华为 ICT 学院建设的目标是培养具备扎实理论基础和丰富实践经验的 ICT 专业人才，并构建全方位、实战化的赋能体系，致力于培养数以千万计的数智化人才。其核心育人策略分别为：实战引领、课程创新、产教协同、师资赋能、跨界融合、人才共育。

二、华为学院的育人模式

（一）共同制订培养方案

随着 ICT 产业的快速发展，企业对高素质技术技能型人才的需求日益增加。华为 ICT 学院通过与合作高校共同制订培养方案，确保课程设置与市场需求相匹配，提升学生的实践能力和就业竞争力。通过共同制订培养方案，华为 ICT 学院能够更好地对接产业需求，培养出适应市场变化的高素质人才。具体措施如下：

1. 成立专业建设指导委员会

由华为公司和合作高校共同成立专业建设指导委员会，负责制定和修订专业培养方案。委员会成员包括华为的技术专家、高校的教授和行业顾问，确保培养方案的科学性和实用性。

2. 课程设置与产业需求对接

根据华为的实际需求，调整课程设置，增加实践教学环节，确保学生具备实际工作所需的专业技能。例如，学院开设了 HCIE（华为认证互联网专家）、HCIP（华为认证互联网专业人员）等核心课程来提升学生的实践能力和就业竞争力。

3. 引入企业标准

在培养方案中引入华为的企业标准，确保学生在学习过程中能够掌握行业最新的技术和标准。例如，学院的课程内容涵盖了网络架构设计、云计算技术、大数据处理等多个领域，确保学生具备前沿技术的应用能力。

（二）共建实训基地

实践教学是应用型人才培养的重要环节，但传统的实践教学基地建设方面存在不足。学院通过与合作高校共建实训基地，为学生提供真实的实践环境，提升学生的实践操作能力。通过共建实训基地，学院能够为学生提供先进的实验设备和实践项目，增强学生的实际操作能力和就业竞争力。具体措施如下：

1. 企业参与实训基地建设

华为公司根据自身需求，参与实训基地的规划和建设，提供先进的网络设备和实验环境。例如，学院的实训基地配备了最新的网络设备和实验室，能够满足学生进行网络搭建、调试和优化的实践需求。

2. 校企联合管理

华为公司和合作高校共同管理实训基地，确保实训基地的高效运行。例如，双方共同制定实训基地的管理制度，定期进行设备维护和更新，确保实训基地的正常运行。

3. 开放共享

实训基地不仅服务于本校学生，还面向社会开放，提高了资源的利用效率。学院的实训基地定期举办职业培训和技能认证课程，为社会人员提供学习和提升的机会。

（三）共同开展技术研发

企业作为技术创新的主体，需要与高校合作开展技术研发，提升企业的核心竞争力。学院通过与合作高校共同开展技术研发项目，能够实现产学研用的紧密结合。通过共同开展技术研发，学院能够提升企业的技术创新能力，同时为学生提供参与实际项目的机会，增强学生的创新能力。具体措施如下：

1. 建立联合实验室开展项目合作

华为公司和合作高校共同建立联合实验室，开展技术研发项目。通过校企合作项目，企业能够解决实际生产中的技术难题，同时为学生提供实践机会。例如，学院与合作高校共同开发的智能网络管理系统，提升了网络的智能化水平和管理效率。

2. 重视成果转化

推动技术研发成果的转化和应用，提升企业的经济效益和社会效益。例如，学院与合作高校共同开发的智能网络管理系统已经在多家企业得到应用，提升了企业网络管理水平。

（四）师资队伍建设

高水平的教师队伍是现代产业学院建设的关键，但目前一些现代产业学院在师资队伍建设方面存在薄弱环节。学院通过与合作高校共同培养"双师型"教师，提升教师的实践能力和企业的教学能力。通过师资队伍建设，学院能够提升教学质量和学生的职业素养。具体措施如下：

1. 双师型教师培养

华为公司参与对合作高校教师的培训，提升教师的实践能力。例如，学院定期组织教师参加华为的技术培训和实践项目，提升教师的实践能力和教学水平。

2. 教师企业实践

组织教师到华为进行实践锻炼，提升教师的实践能力和教学水平。例如，学院每年安排部分教师到华为的项目团队进行实践锻炼，提升教师的实践能力和教学水平。

三、核心育人策略详解

（一）实战引领，课程创新

1. 课程设计理念

（1）紧跟行业需求

学院内的课程设计紧跟 ICT 行业的最新发展趋势，确保学生所学内容能够直接应用于实际工作中。为了实现这一点，华为与全球上千所高校合作，共同开发了 85 门实战导向的精品课程。这些课程覆盖了从基础软件到昇腾芯片在内的 22 个技术领域，涵盖了云计算、大数据、人工智能等多个前沿方向。

例如，在云计算领域，华为 ICT 学院设置了云计算基础、云服务架构与应用等课程，帮助学生掌握云计算的基本概念、技术和应用场景；而在人工智能领域，则有机器学习基础、深度学习实战等课程，旨在培养学生对 AI 算法的理解和应用能力。

（2）案例教学法

为了让学生更好地理解理论知识并将其应用于实际场景中，华为 ICT 学院在实际教学中采用了大量的案例进行教学。每个课程模块都包含真实的企业案例，学生需要通过分析这些案例来解决问题，并在此过程中提升自己的实战能力。

以网络安全与防护这门课为例，教师会提供一系列企业曾遇到的真实安全事件作为案例，要求学生分析攻击路径、识别漏洞，并提出相应的防护措施。这种教学方式不仅增强了学生的兴趣，也使他们能够在毕业后迅速适应工作环境。

（3）认证体系支持

除了常规课程外，华为 ICT 学院还引入了华为认证考试系统，如 HCIA（Huawei Certified ICT Associate）、HCIP（Huawei Certified ICT Professional）和 HCIE（Huawei Certified ICT Expert）。这些认证不仅是对学生技术水平的认可，也为他们在求职时提供了有力的支持。

例如，通过 HCIA 认证的学生可以证明自己掌握了基本的 ICT 技能，而 HCIE 则代表了顶尖的技术水平，通常只有少数精英才能获得。HAINA 为学生提供了丰富的备考资源和支持，包括在线学习平台、模拟考试题库以及定期组织的复习班。

2. 具体课程设置

（1）基础课程

基础课程是整个课程体系的基石，主要目的是帮助学生建立坚实的理论基础。基础课程通常由下列课程组成。

计算机科学导论：介绍计算机科学的基本概念和发展历史，帮助学生了解该领域的全貌。

编程基础：教授常用的编程语言（如 Python、Java 等），培养学生的编程思维和代码编写能力。

数据结构与算法：讲解常见的数据结构（如数组、链表、树等）及其对应的算法（如排序、查找等），为学生后续学习打下坚实的基础。

（2）核心课程

核心课程侧重于特定领域的深入学习，通常由具有丰富经验的专家或工程师授课。以下是一些典型的核心课程。

云计算与虚拟化：详细介绍云计算的概念、架构及其实现方式，涵盖 IaaS、PaaS、SaaS 等多种模式；指导学生通过实际操作搭建私有云环境，体验云服务的魅力。

数据库管理与优化：教授关系型数据库管理系统（RDBMS）的工作原理及使用方法，重点讲解 SQL 查询优化技巧。此外，还涉及 NoSQL 数据库的应用场景及其优缺点比较。

人工智能与机器学习：从基础理论出发，逐步深入到高级算法的设计与实现。课程内容包括神经网络、深度学习框架（如 TensorFlow、PyTorch）以及自然语言处理等。

（3）实践课程

实践课程是课程体系中的重要组成部分，旨在通过项目驱动的方式提升学生的实战能力。每门实践课程都会安排一个或多个真实的项目任务，要求学生分组完成。以下是一些典型的实践课程示例。

企业级 Web 开发项目：要求学生使用前后端分离的技术栈（如 React+Node. js）构建一个完整的电子商务网站，涵盖用户注册登录、商品展示、购物车等功能模块。

物联网智能设备开发：指导学生利用 Arduino 或 Raspberry Pi 等硬件平台开发智能家居控制系统，实现远程监控、自动报警等功能。

大数据分析与可视化：引导学生运用 Hadoop、Spark 等大数据处理工具进行数据分析，并使用 Tableau 或 Power BI 等工具生成可视化报告。

3. 实战项目的实施

（1）项目来源

实战项目大多来源于华为内部的研发项目或者合作伙伴的实际业务需求。这些项目经过精心筛选和简化后，十分适合学生参与。例如，某企业希望开发一款基于图像识别技术的产品质量检测系统，HAINA 便将其转化为一个学期项目，分配给相关专业的学生团队完成。

（2）项目管理

每个实战项目都有明确的目标、时间表和考核标准。在项目启动阶段，导师会向学生详细说明项目背景、需求和技术路线；在执行过程中，导师会定期召开进度汇报会，及时解决遇到的问题；在项目结束时，导师会组织答辩会，邀请行业专家进行评审。此外，导师还鼓励学生在项目期间撰写技术博客或发布开源代码，分享自己的经验和心得。这不仅能提高学生的写作能力，也有助于积累个人品牌价值。

4. 成果展示与反馈

为了激励学生积极参与实战项目，设立专门的成果展示平台，用于展示优秀项目的成果。每年举办的"华为 ICT 大赛"就是这样一个重要的展示机会，参赛队伍可以通过现场演示、海报展示等方式展示自己的作品，并与其他团队交流经验。同时，该学院也非常重视学生对项目的反馈意见，通过问卷调查、座谈会等形式收集学生的意见和建议，不断改进和完善课程内容和项目设计。

5. 师资队伍建设

（1）大力开展双师型教师培养

学院为了确保教学质量，大力推行"双师型"教师制度，即每位教师不仅要具备扎实的理论功底，还要拥有丰富的实践经验。为此，定期组织教师参加企业培训和实习活动，让他们亲身参与到企业的研发项目中去，从而更好地理解和传授最新的技术动态。

（2）教师培训计划

学院制订了详细的教师培训计划，旨在提升教师的专业素养和教学能力。

新技术培训：针对新兴技术（如 5G、边缘计算等），邀请行业专家进行专题讲座，帮助教师及时更新知识体系。

教学方法培训：分享先进的教学理念和方法，如翻转课堂、项目驱动教学等，促进教师之间的交流与合作。

企业参观与交流：组织教师参观华为及其他知名企业的研发中心，了解企业文化和管理模式，拓宽视野。

6. 课外实践活动

（1）技术沙龙与讲座

为了营造浓厚的学习氛围，学院经常举办各类技术沙龙和讲座，邀请业内专家分享他们的研究成果和工作经验。这些活动不仅拓宽了学生的知识面，也激发了他们对某一领域的兴趣。

（2）创新创业支持

学院非常重视学生的创新创业精神，为此设立了专项基金和孵化基地，为有志于创业的学生提供资金支持和技术指导。此外，还积极组织学生参加各类创业竞赛，如"互联网+大学生创新创业大赛"，锻炼他们的商业策划和市场推广能力。

（3）社会实践与志愿服务

鼓励学生走出校园，参与社会实践活动和志愿服务，增强社会责任感和服务意识。例如，每年暑假期间，学院都会组织学生前往贫困地区支教，为当地的孩子们带去科技知识和梦想。这些丰富多彩的课外活动，不仅培养了学生的专业技能，也塑造了他们全面发展的综合素质。

（二）产教协同，师资赋能

这一策略不仅强调通过校企合作来提升学生的实战能力，还特别注重提升教师的专业能力和教学水平，确保他们能够胜任新时代下的人才培养任务。

1. 产教协同举措

（1）深化校企合作

产教协同的核心在于深化校企合作，将企业的实际需求和前沿技术引入高校教育体系中。这种方式不仅可以使学生学到最新的技术和知识，还能让他们更好地适应未来的职业环境。例如，双方联合开发了《人工智能》《云计算》等21门课程。这些课程不仅引入了深度学习、自然语言处理、计算机视觉等前沿教学内容，还将鲲鹏、昇腾和华为云的知识点与现有课程相融合，推进课程的"理论课"和"实验课"教学改革。

这种深度合作不仅仅是简单的资源共享，更是一种全方位的合作模式，包括课程设计、实践项目、实习机会等多方面的内容。通过这种方式，学校能够更加精准地对接市场需求，而企业也能获得高素质的技术人才储备。

（2）实战经验的融入

产教协同的一个重要方面是将企业的实战经验融入教学过程中。其不仅包括理论知识的传授，还包括实际操作技能的培训。例如，在云计算课程中，学院不仅教授学生如何使用云平台进行虚拟机管理，还会安排学生参与真实的企业级项目，如搭建私有云环境或优化现有系统。此外，学院还通过举办各类技术竞赛和实践活动，让学生有机会在真实的项目环境中锻炼自己的能力。例如，每年举办的"华为 ICT 大赛"就是一个很好的平台，参赛队伍可以通过现场演示、海报展示等方式展示自己的作品，并与其他团队交流经验。

2. 师资赋能的关键举措

（1）双师型教师队伍建设

为了确保教学质量，学院大力推行"双师型"教师制度，即每位教师不仅要具备扎实的理论功底，还要拥有丰富的实践经验。为此，学院定期组织教师参加企业培训和实习活动，让他们亲身参与到企业的研发项目中去，从而更好地理解和传授最新的技术动态；定期组织教师参观华为及其他知名企业的研发中心，了解企业文化和管理模式，拓宽视野。

（2）教师培训计划

学院制订了详细的教师培训计划，旨在提升教师的专业素养和教学能力。这些培训内容包括但不限于以下几个方面。

及时开展前沿技术的讲座，定期邀请华为公司的高级工程师详细介绍最新数字通信技术的基本原理、应用场景以及未来发展趋势。通过这样的讲座，教师们不仅了解了最前沿的技术动态，还能将其融入日常教学中。强化教学方法培训，分享先进的教学理念和方法，如翻转课堂、项目驱动教学等，促进教师之间的交流与合作。例如，翻转课堂是一种新型的教学模式，要求学生在课前通过视频或其他形式自学基础知识，课堂上则主要进行讨论和实践操作。这种模式可以有效提高学生的主动性和参与度，但对教师的要求也更高。为此，学院专门组织了多次翻转课堂教学法的培训，帮助教师掌握这一新的教学方法。

（3）虚拟教研室的建设

随着信息技术的发展，传统的教研方式已经难以满足现代教育的需求。因此，学院积极探索利用数字手段打破地域界限，建立虚拟教研室，促进不同学科间的深度融合。例如，在人工智能领域的高水平教师队伍建设中，学院通过虚拟教研室的形式，实现了跨区域、跨学科的交流合作。

虚拟教研室的优势在于它可以随时随地进行教学研讨和资源共享，不受时间和空间的限制。教师们可以通过在线会议、共享文档等方式进行互动，分享各自的教学经验和研究成果。同时，虚拟教研室还可以作为教师自我提升的平台，提供丰富的学习资源和支持。

四、华为 ICT 学院育人实践的挑战与对策

（一）面临的挑战

1. 知识体系更新与教学周期的矛盾

由于 ICT 技术发展迅速，尤其是人工智能、云计算等领域，教学内容滞后于产业需求。学生在课堂上学习的理论知识与实际工作中的应用场景存在较大差距，难以满足企业对前沿技术的需求。

2. 师资队伍与教学资源建设难度大

由于行业的特殊性，在学院运行中缺乏既懂前沿技术又具备丰富教学经验的"双师型"教师，教学质量难以保证，难以满足产教融合的高要求。并且现有教学资源与产业实际需求存在差距，难以满足学生实践和创新的需求。限制了其综合能力的提升。

（二）对策建议

1. 课程共建与动态更新

与华为联合开发课程，引入深度学习、自然语言处理、计算机视觉等前沿教学内容，将鲲鹏、昇腾和华为云的知识点与现有课程相融合。定期更新教学内容，确保课程体系与产业需求紧密结合，使课程体系与产业需求紧密结合，提升学生的理论知识水平。

2. 优化"双师型"建设内容强化教学资源共享与平台建设

动态选拔与更新实践能力强、科研成果丰富、教学技能优秀的骨干教师与青年教师，邀请华为有经验的工程师或管理人员担任副班主任，提升教学质量，为学生提供更贴近产业的教学指导。并通过教育部产学合作协同项目，共建数字化教材、课程、实践案例等资源，并通过华为人才在

线、华为 ICT 大赛等平台共享，以此丰富教学资源，为学生提供更多的学习和实践机会，提升其综合能力。

五、面向未来的展望

（一）技术发展与人才培养的新趋势

重视智能化教育工具的应用，借助 AI、大数据等新兴技术改进教学方法，提高教育效率；持续更新课程内容，紧跟技术前沿，及时调整和完善课程体系，确保毕业生始终处于行业领先地位。

（二）构建更加紧密的产教融合生态系统

加强多方协作，不局限于学校与企业的合作，还可以吸引政府机构、行业协会等多方力量共同参与；国际交流与合作，拓展国际合作网络，借鉴国外先进的教育理念和技术经验，进一步提升自身竞争力。

华为信息与网络技术学院通过校企深度合作，在人才培养、技术研发、社会服务等方面取得了显著成效，成为产教融合的典范。未来，该学院应进一步深化产教融合，创新办学机制和治理模式，推动学院的可持续发展。

第三节　深圳职业技术大学与华为的 ICT 学院育人实践

深圳职业技术大学（以下简称"深职大"）与华为技术有限公司（以下简称"华为"）合作共建的 ICT 学院深圳职业大学电子与通信工程学院，是产教融合的重要实践形式，是职业教育领域中产教融合、校企合作的典范。这种合作关系不仅促进了教育质量的提升，还为学生提供了更多元化的学习和发展机会。通过校企深度合作，ICT 学院在人才培养、技术研发、社会服务等方面取得了显著成效，成为培养满足信息与通信技术（ICT）产业需求的高素质技术技能型人才的重要平台。

一、合作背景与目标

（一）合作背景

随着信息与通信技术（ICT）产业的快速发展，企业对高素质技术技能型人才的需求日益增加。华为作为全球领先的信息与通信技术解决方案提供商，拥有先进的技术和丰富的行业经验。深职大作为国家示范性高等职业院校，具有深厚的教学资源和人才培养经验。双方合作共建ICT学院，旨在通过产教融合，培养满足ICT产业需求的高素质技术技能型人才，推动ICT产业的发展。自2006年起，深职大与华为开始了紧密的合作，共同探索产教融合的新路径，双方的合作经历了三个主要阶段：

1. 初步合作阶段（2006—2010年）

双方首先在课程设置、师资培训等方面进行了初步尝试，将华为的企业认证体系融入学校的教学计划中。

2. 深化合作阶段（2011—2018年）

通过共建实训基地、共同开发教材等方式，进一步加强了合作深度，形成了"课证共生共长"的教育模式，并获得了国家级教学成果奖特等奖。

3. 全面战略合作阶段（2019年至今）

双方签署了全面战略合作协议，围绕数据通信、存储等多个技术领域展开深入合作，成立了多个联合实验室和研究中心。

2022年7月15日，华为与深圳职业技术大学签订了全面战略合作协议。此次合作旨在探索建立一种新型的校企战略合作模式，以更好地应对数字经济发展和区域产业转移的需求。根据协议内容，双方将利用各自的优势资源，在数据通信、存储技术、云计算、大数据等多个技术领域展开深入合作。

（二）合作目标

培养高素质技术技能型人才。通过校企合作，学校与企业共同制定培养方案，优化课程设置，提升学生的实践能力和就业竞争力。

推动技术研发与创新。通过共建实训基地和联合实验室，开展技术研发项目，解决企业实际生产中的技术难题，提升企业的技术创新能力。

提升社会服务能力。通过开展职业培训和技能认证服务，提升社会劳动力的素质，为ICT产业的发展提供人才支持。

具体目标包括，成立数字化课程研发中心，共同研发适应市场需求的数字化课程；成立华为ASC-学院支持中心，提供技术支持和培训服务；全球知名智慧校园新标杆，打造智能化校园环境；职业技能认证中心，开展各类职业技能认证培训；高水平赛训平台和实训基地，建设实践教学平台，增强学生的实际操作能力；高端科研计算平台，推动科研成果转化和技术进步。

二、合作模式与实践内容

深职大与华为的合作共同承担人才培养的责任，形成了一种"双主体"办学模式。在这种模式下，学校负责理论教学，企业提供实践平台和技术支持。并且双方在制订人才培养方案、构建课程体系、编写教材等方面达成了"九个共同"的共识，确保了人才培养的质量和针对性，形成了一个紧密的育人共同体。"九个共同"包括：共同制定人才培养方案、共同构建课程体系、共同编写教材、共同建设师资队伍、共同实施教学管理、共同进行考核评价、共同推进技术创新、共同促进就业创业、共同承担社会责任。这种模式自2006年起实施，并在2018年获得国家教学成果特等奖。"九个共同"的具体内容如下文所示。

共同制订培养方案：学校与企业共同制定专业人才培养方案，确保课程设置与市场需求相匹配，提升学生的实践能力和就业竞争力。

共同建设师资队伍：学校与企业共同培养"双师型"教师，提升教师的实践能力和企业的教学能力；同时，邀请企业工程师担任兼职教师，参与教学和指导实践。

共同建设实训基地：学校与企业共建实训基地，提供先进的设备和技术支持，为学生提供真实的实践环境，增强学生的实际操作能力。

共同开展技术研发：学校与企业共同开展技术研发项目，解决企业实际生产中的技术难题，同时为学生提供参与实际项目的机会，增强学生的创新能力。

共同组织实习实训：学校与企业共同组织学生的实习实训，确保学生在企业中获得实际工作经验，提升职业素养。

共同开展社会服务：学校与企业共同开展职业培训、技能鉴定等社会服务，提升社会劳动力的素质，为产业发展提供支持。

共同制定标准：学校与企业共同制定行业标准和职业标准，确保教育质量与行业需求相匹配，提升教育的适应性和前瞻性。

共同开展国际交流：学校与企业共同开展国际交流与合作，引入国际先进的教育理念和课程体系，提升教育的国际化水平。

共同管理与评估：学校与企业共同参与现代产业学院的管理与评估，建立科学的管理机制和评估体系，确保现代产业学院的高效运行和持续改进其中合作重点集中在以下四点。

（一）共同制订培养方案

成立专业建设指导委员会：由华为和深职大联合组建成立专业建设指导委员会，负责制定和修订专业培养方案。委员会成员包括华为的技术专家、深职大的教授和行业顾问，确保培养方案的科学性和实用性。

课程设置与产业需求对接：根据华为的实际需求，调整课程设置，增加实践教学环节，确保学生具备实际工作所需的专业技能。例如，ICT学院开设了HCIE（华为认证互联网专家）、HCIP（华为认证互联网专业人员）等核心课程，提升学生的实践能力和就业竞争力。

引入企业标准：在培养方案中引入华为的企业标准，确保学生在学习过程中能够掌握行业最新的技术和标准。例如，ICT学院的课程内容涵盖了网络架构设计、云计算技术、大数据处理等多个领域，确保学生具备前沿技术的应用能力。

（二）共同建设实训基地

企业参与实训基地建设：华为根据自身需求，参与实训基地的规划和建设，提供先进的网络设备和实验环境。例如，ICT学院的实训基地配备了最新的网络设备和实验室，能够满足学生进行网络搭建、调试和优化的实践需求。

校企联合管理：由华为和深职大共同管理实训基地，确保实训基地的高效运行。例如，双方共同制定实训基地的管理制度，定期进行设备维护和更新，确保实训基地的正常运行。

开放共享：实训基地不仅服务于本校学生，还面向社会开放，提升资源利用效率。例如，ICT学院的实训基地定期举办职业培训和技能认证课程，为社会人员提供学习和提升的机会。

（三）共同开展技术研发

建立联合实验室：由华为和深职大联合建立联合实验室，开展技术研发项目。例如，该学院与华为合作建立了5G网络优化联合实验室，开展关于5G网络传输效率和稳定性的研究。

高水平开展项目合作：通过校企合作项目，解决企业实际生产中的技术难题，同时为学生提供实践机会。例如，该学院与华为共同开发的智能网络管理系统，提升了网络的智能化水平和管理效率。

重视成果转化：推动技术研发成果的转化和应用，提升企业的经济效益和社会效益。例如，该学院与华为共同开发的智能网络管理系统已经在多家企业得到应用，提升了企业的网络管理水平。

（四）共同建设师资队伍

"双师型"教师：华为参与深职大教师的培训，提升教师的实践能力。例如，该学院定期组织教师参加华为的技术培训和实践项目，提升教师的实践能力和教学水平。

企业兼职教师：邀请华为的工程师担任兼职教师，参与教学和指导实践。例如，该学院邀请华为的技术专家担任兼职教师，为学生讲授前沿技术和实际项目经验。

教师企业实践：组织教师到华为进行实践锻炼，提升教师的实践能力和教学水平。例如，ICT学院每年安排部分教师到华为的项目团队进行实践锻炼，提升教师实践能力和教学水平。

三、学生综合素质培养

（一）德育教育融入

在学院中，德育教育不仅仅是理论上的学习，还要通过实际操作和项目实践来实现。例如，学生可以通过参与华为ICT学院组织的实际项目或模拟企业环境中的任务，如网络架构设计、云计算平台搭建等，体验真实的工作流程。这些实践活动不仅让学生掌握了专业技能，还增强了他们的责任感和团队合作精神。

（二）工匠精神培育

ICT行业对技术精度要求极高，因此，培养学生精益求精的工匠精神至关重要。学校设立了专门的技术工作坊或实验室，鼓励学生深入研究某个特定领域，比如网络安全、人工智能等。此外，学校还邀请行业专家分享他们职业生涯中的故事和经验，激励学生追求卓越。这种做法不仅能提升学生的专业能力，还能帮助他们树立正确的职业态度。

（三）重视心理健康教育

面对快速变化的技术环境和激烈的职场竞争，ICT专业的学生可能会承受较大的心理压力。为此，学院建立完善的心理健康支持系统，包括心理咨询热线、定期的心理健康讲座以及一对一的心理辅导服务。同时，通过组织团队建设活动和课外兴趣小组，增强学生的社交能力和心理韧性，确保他们在学术和个人生活中都能保持平衡。

（四）重视创新创业能力培养

学院设立专门的创客空间，配备最新的技术和工具，如虚拟现实设备、物联网开发板等，为学生提供一个开放创新的平台。在这里，学生们不仅可以自由探索新技术，还可以参加由华为等合作伙伴举办的创新创业大赛，将自己的创意转化为商业计划书或原型产品。通过这种方式，学院能够激发学生的创造力，同时也为企业发现潜在人才提供了机会。

（五）社会服务能力拓展

学院紧密围绕信息技术的应用展开社会实践活动。比如，组织学生到偏远地区开展信息普及活动，帮助当地居民了解互联网的基本使用方法，或者参与智慧城市建设的相关项目，利用大数据分析优化城市管理方案。这样的社会实践不仅能让学生学到更多实用的知识，也能让他们意识到自己所学的专业对于社会发展的重要意义。学生可以通过志愿服务的形式回馈社会，比如为老年人提供智能手机使用的培训，或是协助社区建立网络安全防护体系。

四、ICT 学院实践的成绩、存在的问题与对策建议

（一）ICT 学院的育人成绩

1. 人才培养质量显著提升，学生实践能力增强

通过校企合作，ICT 学院的学生在学习过程中有大量时间在华为的实训基地进行实践操作，参与实际项目，积累了丰富的实践经验。学生在华为及其合作伙伴企业中的就业比例超过 80%，就业竞争力显著增强。许多学生毕业后直接进入华为及其合作伙伴企业工作，成为企业的技术骨干；ICT 学院的学生创新能力强，学生通过参与华为的科研项目，提出了多项创新性解决方案，获得了企业的高度评价。例如，学生在智能网络管理系统项目中提出了多项优化建议，提升了系统的智能化水平和管理效率。

2. 技术研发成果显著

（1）技术研发项目

ICT 学院与华为共同开展了多项技术研发项目，解决了企业实际生产中的技术难题。例如，双方合作开发的 5G 网络优化技术，提升了网络的传输效率和稳定性；双方合作开发的智能网络管理系统，已经在多家企业得到应用，提升了企业的网络管理水平。

（2）技术成果转化

ICT 学院与华为共同推动技术研发成果的转化和应用，提升了企业的经济效益和社会效益。例如，智能网络管理系统已在多家企业得到应用，提升了企业网络管理水平和运营效率。

3. 社会服务能力提升

（1）行之有效的职业培训

ICT 学院与华为共同开展职业培训，为社会人员提供华为认证的技能认证课程，提升社会劳动力的素质。例如，ICT 学院定期举办 HCIE（华为认证互联网专家）、HCIP（华为认证互联网专业人员）等认证课程，为社会人员提供了学习和提升的机会。通过职业培训，ICT 学院为社会培养了大量适应 ICT 产业需求的高素质技术技能型人才，推动了 ICT 产业的发展。

（2）顺利完成了技术推广

ICT 学院与华为共同开展技术推广活动，将先进的技术和解决方案推广到更多企业，提升行业的整体技术水平。例如，ICT 学院与华为共同举办技术研讨会，分享最新的 5G 网络技术和智能网络管理系统的应用经验，推动了行业技术的进步。

（二）存在的问题

1. 校企合作深度不足

尽管 ICT 学院与华为在多个领域开展了合作，但部分合作项目仍停留在表面，缺乏深度和广度。部分合作项目在实施过程中，企业参与度较低，未能充分发挥企业的技术优势和资源优势。

2. 师资队伍建设薄弱

"双师型"教师数量不足，高水平教师队伍是现代产业学院建设的关键，但目前 ICT 学院在师资队伍建设方面存在薄弱环节。"双师型"教师数量不足，教师参与企业实践机会不多，影响了教学质量；部分教师虽然具备丰富的理论知识，但在实际操作和项目经验方面存在不足，难以满足学生对实践能力的要求；企业兼职教师稳定性不足，虽然 ICT 学院邀请了华为的工程师担任兼职教师，但这些兼职教师的稳定性不足。由于企业的工作安排和项目需求，兼职教师的授课时间和精力难以保证，影响了教学的连续性和稳定性。

3. 实训基地建设不足

设备更新不及时，ICT 学院的实训基地虽然配备了先进的网络设备和实验环境，但设备更新不及时，难以满足快速发展的 ICT 产业需求。例如，部分实训设备已经落后于行业最新技术，影响了学生的实践效果；实训基地的设备维护和更新需要大量资金投入，学院和企业在资金支持方面存在一定的压力；并且实训基地的利用率不足，部分设备和实验环境未能充分发挥作用。

（三）对策建议

1. 加强师资队伍建设

提升教师实践能力。通过教师、工程师"双转双换"，"双师型"教师和"双能型"培训师"共培共育"，探索"校企双制"的人事制度，提升教师的实践能力和企业的教学能力。

稳定企业兼职教师队伍。建立企业兼职教师的稳定机制，确保兼职教师的授课时间和精力。例如，学校与企业签订长期合作协议，明确兼职教师的职责和权利，确保兼职教师的稳定性。

向兼职教师提供培训和发展机会，提升兼职教师的教学能力和职业素养。

2. 优化实训基地建设

设备更新与维护，建立实训基地设备更新和维护的长效机制，确保设备的先进性和可用性。例如，设立专项基金，用于设备更新和维护，确保实训基地的设备能够满足行业最新需求；建立设备维护和更新的评估机制，定期对设备的使用情况进行评估，及时更新和维护设备；提升实训基地利用率，优化实训基地的管理机制，提升设备和实验环境的利用率。例如，建立实训基地的预约系统，确保设备和实验环境的高效利用；面向社会开放实训基地，提供职业培训和技能认证服务，提升资源利用效率。

深圳职业技术大学与华为的 ICT 学院通过校企深度合作，在人才培养、技术研发、社会服务等方面取得了显著成效，成为产教融合的典范。然而，在实际运行中，ICT 学院仍面临一些挑战，如校企合作深度不足、师资队伍建设薄弱、实训基地建设不足等问题。在未来，该学院应进一步深化产教融合，创新办学机制和治理模式，推动现代产业学院的可持续发展。

第四节 安徽机电职业技术学院现代产业学院的育人实践

安徽机电职业技术学院与埃夫特智能装备股份有限公司合作共建的机器人现代产业学院，是产教融合的重要实践项目。通过校企深度合作，机器人现代产业学院在人才培养、技术研发、社会服务等方面取得了显著成效，成为培养满足机器人产业需求的高素质技术技能型人才的重要基地。

一、合作背景与目标

（一）合作背景

随着机器人技术的快速发展，机器人产业对高素质技术技能型人才的需求日益增加。埃夫特智能装备股份有限公司作为国内领先的机器人制造企业，拥有先进的技术、丰富的行业经验和强大的创新能力。安徽机电职业技术学院作为国内知名的职业技术学院，具有丰富的教育资源和教学经验。双方的合作旨在通过产教融合，培养满足机器人产业需求的高素质技术技能型人才，推动机器人产业的发展。

（二）合作目标

培养高素质技术技能型人才：通过校企合作，学校与企业共同制定培养方案，确保课程设置与市场需求相匹配，提升了学生的实践能力和就业竞争力。

推动技术研发与创新：通过校企合作项目，解决企业实际生产中的技术难题，同时为学生提供参与实际项目的机会，增强学生的创新能力。

提升社会服务能力：通过开展职业培训、技能认证等服务，提升社会劳动力的素质，为机器人产业的发展提供有力支持。

二、合作模式与实践内容

基于双方在人才培养和技术研发方面的共同需求，安徽机电职业技术学院与埃夫特智能装备股份有限公司于 2019 年正式签订合作协议，共同成立机器人现代产业学院。该学院旨在通过整合双方资源，构建一个集教学、科研、培训于一体的综合性平台，为社会输送更多优秀的机器人技术专业人才。

（一）共同制订培养方案

成立专业建设指导委员会：由埃夫特智能装备股份有限公司和安徽机电职业技术学院共同成立专业建设指导委员会，负责制定和修订专业培养方案。委员会成员包括埃夫特的技术专家、学院的教授和行业顾问，确保培养方案的科学性和实用性。

课程设置与产业需求对接：根据埃夫特的实际需求，调整课程设置，增加实践教学环节，确保学生具备实际工作所需的专业技能。例如，机器人现代产业学院开设了工业机器人编程与操作、机器人系统集成等核心课程，提升学生的实践能力和就业竞争力。

引入企业标准：在培养方案中引入埃夫特的企业标准，确保学生在学习过程中能够掌握行业最新的技术和标准。例如，机器人现代产业学院的课程内容涵盖了机器人系统设计、机器人调试与维护等多个领域，确保学生具备前沿技术的应用能力。

（二）课程体系建设

为了确保学生能够掌握最新的行业知识和技术，学院与企业紧密合作，共同开发了一系列符合市场需求的专业课程。这些课程涵盖了从基础理论到实际操作的各个方面，如机器人原理与结构、PLC 编程与应用、工业机器人编程与调试等。此外，还引入了企业内部培训教材，使学生在校期间就能接触到真实的工作环境和任务要求。

（三）共建实训基地

企业参与实训基地建设：埃夫特智能装备股份有限公司根据自身需求，参与实训基地的规划和建设，提供先进的机器人设备和实验环境。例如，机器人现代产业学院的实训基地配备了最新的工业机器人和实验室，能够满足学生进行机器人编程、调试和系统集成实践需求。

校企联合管理：由埃夫特智能装备股份有限公司和安徽机电职业技术学院共同管理实训基地，确保实训基地的高效运行。例如，双方共同制定实训基地的管理制度，定期进行设备维护和更新，确保实训基地的正常运行。

开放共享：实训基地不仅服务于本校学生，还面向社会开放，提升资源利用效率。例如，机器人现代产业学院的实训基地定期举办职业培训和技能认证课程，为社会人员提供学习和提升的机会。

（四）共同开展技术研发

建立联合实验室：由埃夫特智能装备股份有限公司和安徽机电职业技

术学院共同建立联合实验室，开展技术研发项目。例如，机器人现代产业学院与埃夫特合作建立了机器人系统集成联合实验室，开展机器人系统集成技术的研究。

项目合作：通过校企合作项目，解决企业实际生产中的技术难题，同时为学生提供实践机会。例如，机器人现代产业学院与埃夫特共同开发的机器人调试与维护技术，提升了机器人的稳定性和操作精度。

成果转化：推动技术研发成果的转化和应用，提升企业的经济效益和社会效益。例如，机器人现代产业学院与埃夫特共同开发的机器人系统集成技术已经在多家企业得到应用，提升了企业的技术水平和市场竞争力。

（五）师资队伍建设

双师型教师：埃夫特智能装备股份有限公司参与安徽机电职业技术学院教师的培训，提升教师的实践能力。例如，机器人现代产业学院定期组织教师参加埃夫特的技术培训和实践项目，提升教师的实践能力和教学水平。

企业兼职教师：邀请埃夫特的工程师担任兼职教师，参与教学和指导实践。例如，机器人现代产业学院邀请埃夫特的技术专家担任兼职教师，为学生讲授前沿技术和实际项目经验。

教师企业实践：机器人现代产业学院每年安排部分教师到埃夫特的项目团队进行实践锻炼，提升教师的实践能力和教学水平。

三、特色项目实施

（一）订单班培养

针对特定岗位需求，机器人现代产业学院开设了"埃夫特订单班"，由企业和学校共同制订招生计划、选拔标准以及培养方案。进入订单班的学生将享受企业提供的专项奖学金，并有机会在毕业后直接进入埃夫特工作。这种方式既解决了学生的就业问题，也满足了企业对高素质人才的需求。

（二）产学研合作

除了日常的教学活动外，机器人现代产业学院还积极开展产学研合作项目，如联合申报国家自然科学基金项目、省级重点实验室建设项目等，促进科技成果转化；同时，鼓励师生参与企业技术研发工作，为企业解决实际问题提供智力支持。近年来，在双方共同努力下，已有多项研究成果获得国家专利授权并成功应用于生产实践中。

（三）国际交流合作

随着全球化进程加快，国际化视野已成为新时代人才的重要素质之一。为此，机器人现代产业学院积极拓展国际合作渠道，先后与德国、日本等多个国家的职业院校建立了友好合作关系；通过互派留学生、开展短期交流访问等形式，拓宽师生的国际视野，增强跨文化交流能力。

四、实践成果与案例分析

（一）人才培养质量显著提升

学生实践能力增强：通过校企合作，学生的实践能力和职业素养显著提升，就业竞争力增强。机器人现代产业学院的学生在埃夫特及其合作伙伴企业中的就业比例超过 70%，就业竞争力显著增强。

学生创新能力提升：通过参与实际项目，学生的创新能力得到显著提升。例如，机器人现代产业学院的学生在机器人系统集成项目中提出多项创新性解决方案，获得了企业高度评价。

（二）技术研发成果显著

技术研发项目：机器人现代产业学院与埃夫特共同开展了多项技术研发项目，帮助解决了企业实际生产中的技术难题。例如，双方合作开发的机器人调试与维护技术，提升了机器人的稳定性和操作精度。

技术成果转化：推动技术研发成果的转化和应用，提升企业的经济效益和社会效益。例如，机器人现代产业学院与埃夫特共同开发的机器人系统集成技术已经在多家企业得到应用，提升了企业的技术水平和市场竞争力。

五、成效评估与反馈机制

（一）建立完善的评价体系

为了全面客观地评估育人效果，机器人现代产业学院制定了详细的评价指标体系，涵盖学业成绩、职业素养、创新能力等多个维度；通过对毕业生就业率、薪资水平、用人单位满意度等方面的跟踪调查，及时掌握人才培养过程中存在的问题并加以改进。

（二）加强信息沟通与反馈

机器人现代产业注重与企业的沟通协作，定期召开座谈会、研讨会等活动，听取企业对人才培养的意见建议；同时，利用信息化手段搭建信息共享平台，方便双方及时交流最新资讯，实现资源共享最大化。

（三）持续优化改进措施

根据评估结果和反馈意见，机器人现代产业学院不断调整和完善各项政策措施，努力提高育人质量和效益。例如，针对部分课程设置不合理的问题，及时修订教学大纲；对于师资力量薄弱的情况，则加大引进力度，充实教师队伍。

六、面临的挑战与应对策略

（一）面临的挑战

机器人现代产业学院尽管取得了显著成效，但在实际运行过程中仍面临一些困难和挑战，表现在资金投入压力大，建设高水平实训基地需要大量资金支持，而学校自身财力有限，难以完全满足需求；教师转型难度高，部分传统学科背景的教师缺乏相关行业工作经验，短时间内难以适应新角色转变；学生实践机会不足，由于场地限制等原因，有时无法保证每位学生都能获得足够的实践锻炼机会。

（二）应对策略

争取政府和社会各界的支持，积极申请各级财政专项资金补助，同时吸引社会资本参与办学，缓解资金紧张局面；强化教师培训体系建设，制定个性化的职业发展规划，为教师提供多样化的进修途径，帮助他们尽快成长为"双师型"教师；深化校企合作层次，进一步扩大校外实习基地规模，增加学生接触一线生产的机会，确保每个人都能得到充分锻炼。

本章通过深入分析学校与龙头企业合作的现代产业学院育人模式，探讨了其在不同应用场景中的具体实践和成功经验；通过对典型案例的剖析，发现校企合作模式在提升育人质量、促进产教融合、推动专业建设、加强师资队伍建设、开发高质量课程资源等方面具有显著成效。这些案例表明，校企深度合作能够有效提升学生的实践能力和创新能力，增强学生的就业竞争力。企业参与人才培养方案制定、课程开发、教材编写等环节，确保了教育内容与产业需求的紧密对接。此外，多主体共建共管共享的协同育人机制，不仅提升了教育资源的利用效率，还促进了各方的协同发展。未来，该校应进一步深化产教融合，创新育人模式，完善管理体制机制，推动现代产业学院的可持续发展；通过持续优化育人环境，提升育人质量，培养更多满足产业发展需求的高素质应用型人才。

第七章　基于现代学徒制的
现代产业学院育人模式研究与实践

第一节　基于现代学徒制的现代产业学院育人模式分析

一、现代学徒制的内涵特征及培养流程

(一) 内涵与特征

现代学徒制是一种将传统学徒制与现代职业教育相结合的人才培养模式，旨在通过学校与企业的深度合作，使学生在学习理论知识的同时，能够获得实际工作经验，从而更好地满足职业岗位需求。其核心特征包括：

双主体协同育人：学校与企业共同承担育人责任，学生既是学校的学生，也是企业的学徒。学校负责理论教学，企业则提供实践指导。

工学交替：学生的学习在理论学习与实践操作之间交替进行，通过"做中学"和"学中做"实现知识与技能的融合。

岗位导向：以实际工作岗位需求为导向，课程设置和教学内容紧密结合企业生产实际，注重培养学生的岗位胜任能力。

双导师制：学校配备专业教师，企业配备技术骨干或资深师傅，共同指导学生的学习和实践。

个性化培养：根据学生的学习进度和能力差异，提供个性化的学习路径和指导，满足不同学生的发展需求。

(二) 学徒制培养流程设计

1. 招生即招工

学生入学时与企业签订学徒协议，明确双方权责。例如，广建中天现

159

代产业学院与中天建设集团合作，学生毕业后可直接进入企业就业。

2. 分阶段培养

基础学习阶段（1~2 学期）：在校学习通识课程与专业基础理论。

工学交替阶段（3~4 学期）：每周 3 天在企业实践，2 天在校学习。

顶岗实习阶段（5~6 学期）：全职参与企业生产，完成毕业设计或技术攻关项目。

3. 动态调整机制

学院根据企业技术升级需求，定期更新培养方案。如绿色建筑现代产业学院每学期召开校企联席会议，调整课程内容以适应绿色建筑技术发展趋势。

二、现代学徒制的理论基础

现代学徒制作为一种融合了职业教育与企业实践的教育模式，其理论基础广泛而深厚。它不仅借鉴了传统的职业教育理论，还结合了人力资源开发理论、成人学习理论以及组织行为学等多个领域的研究成果。以下是对这些理论基础的具体阐述。

（一）职业教育理论

职业教育理论强调教育应紧密联系实际工作需求，培养学生的实际操作能力和职业素养。这一理论认为，教育不应仅仅局限于课堂内的知识传授，更应该通过实践活动让学生在真实的工作环境中学习和成长。

职业教育理论起源于工业革命时期，当时社会对技术工人有着巨大的需求。随着时代的发展，职业教育逐渐形成了以能力为导向的教学理念，即注重培养学生解决实际问题的能力。德国的双元制教育体系就是一个成功的范例。在这种模式下，学生在学校接受理论教学的同时，在企业中进行实践训练，两者相辅相成，共同促进学生的职业技能发展。

在当今快速变化的社会经济环境中，职业教育理论对于构建灵活多样的人才培养机制具有重要意义。它鼓励学校与企业建立紧密的合作关系，确保教育内容能够及时反映行业发展的最新趋势和技术进步。

（二）人力资源开发理论

人力资源开发理论关注个体的成长和发展过程，探讨如何通过有效的资源配置提高个人和组织的整体绩效。该理论认为，合理的人力资源开发策略应当涵盖人才选拔、培训与发展、绩效评估等多个环节，并充分考虑个体差异和组织需求。

人力资源开发不仅仅是简单的技能培训，还包括对员工潜能的发掘和个人职业生涯规划的支持。有效的人力资源开发策略可以帮助员工不断提升自身价值，同时也有利于企业的长远发展。

在一些高科技企业中，如谷歌公司会为员工提供广泛的培训机会，鼓励他们参加各种专业课程和研讨会，以此来促进员工的知识更新和技术提升。这种做法不仅提高了员工的专业水平，也增强了公司的创新能力。

在现代学徒制中，人力资源开发理论的应用体现在对学生个性化发展的重视上。学校通过对每个学生的兴趣爱好、特长和发展潜力进行评估，制订针对性的学习计划，有助于实现因材施教的目标。

（三）成人学习理论

成人学习理论指出，成年人的学习方式与儿童不同，他们更加倾向于基于经验的学习，并且需要将新学到的知识应用于实践中才能更好地理解和记忆。其主要内容包括成人学习者往往具备较强的自主性和独立思考能力，喜欢根据自己的节奏安排学习进度；成人学习通常带有明确的目的性，希望能够将所学知识直接应用于工作中解决问题；成人的丰富生活经验和职场经历是宝贵的教育资源，可以用来增强学习效果。

在现代学徒制中，成人学习理论指导着课程的设计与实施。例如，学校通过项目式学习或实习任务，让学生有机会运用课堂上学到的知识解决实际工作中的难题，从而加深理解并巩固记忆。

（四）组织行为学

组织行为学研究个体、群体及结构在组织环境中的行为规律，旨在优化组织内部的人际关系和工作效率。

组织行为学强调团队合作的重要性，认为良好的沟通和协作是实现高效工作的前提条件。此外，它还探讨了领导风格、激励机制等因素对企业文化和员工满意度的影响。

在现代学徒制中，组织行为学的理念可以通过创建积极向上的企业文化氛围来体现。比如，导师制度不仅可以传授专业知识，还能传递积极的价值观，激发学生的责任感和归属感。

组织行为学的研究成果有助于构建和谐的校企合作关系，促进双方之间的信任和理解，这对于维持长期稳定的合作关系至关重要。

三、现代学徒制在现代产业学院中的应用价值

在产教融合视域下，现代学徒制为现代产业学院育人模式提供了新的思路和方法。其应用价值主要体现在以下几个方面。

提升人才培养质量：学生通过深入参与企业的真实工作环境和项目实践，能够更好地掌握专业知识和技能，提高职业素养和实践能力，从而更好地满足未来工作岗位的需求。

促进校企深度合作：现代学徒制要求学校与企业建立紧密的合作关系，双方在人才培养、课程建设、师资培养等方面共同投入，实现资源共享、优势互补，进一步深化产教融合。

推动产业升级与创新：学生在企业实践过程中能够接触到最新的技术和工艺，为企业的技术创新和产品升级提供新的思路和建议。同时，企业通过参与人才培养，能够更好地储备高素质人才，提升企业的核心竞争力。

增强学生就业竞争力：学生在学徒期间能够积累丰富的工作经验，获得企业认可的职业资格证书，毕业后更容易获得企业的录用，实现高质量就业。

四、基于现代学徒制的现代产业学院育人模式构建

基于现代学徒制的现代产业学院育人模式应从以下几个方面进行构建。

（一）目标定位

培养目标：以培养满足现代产业发展需求的高素质技术技能型人才为目标，注重培养学生的创新思维、实践能力和职业素养。

能力要求：学生应具备扎实的专业知识和技能，能够熟练运用所学知识解决实际问题，具备良好的团队合作能力和沟通能力，能够满足企业快速发展的需求。

（二）课程体系设计

课程结构：构建"平台＋模块＋方向"课程体系，其中平台课程为基础课程，模块课程为专业核心课程，方向课程为拓展课程，满足学生的个性化发展需求。

课程内容：课程内容应紧密结合企业实际生产需求，注重理论与实践

的结合。引入企业真实项目作为教学案例，通过项目驱动教学，提高学生的学习兴趣和实践能力。

课程实施：采用工学交替的教学模式，学生在企业实践期间，由企业师傅指导完成实际工作任务；在学校学习期间，由专业教师讲授理论知识和专业技能。

（三）师资队伍建设

双导师制：建立学校导师与企业导师共同指导学生的机制。学校导师主要负责理论教学和专业指导，企业导师主要负责实践教学和职业指导。

师资培训：定期组织学校教师到企业挂职锻炼，提升教师的实践能力和行业认知水平；同时，邀请企业技术骨干到学校担任兼职教师，参与课程建设和教学活动。

激励机制：建立完善的师资激励机制，对参与现代学徒制教学的教师和企业导师给予相应的补贴和奖励，提高教师和企业导师的积极性。

（四）实践教学环节

实践基地建设：依托企业建立校外实践教学基地，为学生提供真实的工作环境和实践项目。同时，学校应加强校内实践教学条件建设，模拟企业生产流程，为学生提供良好的实践条件。

实践教学内容：实践教学内容应紧密结合企业实际生产需求，注重培养学生的职业能力和岗位胜任能力。通过企业项目实践、顶岗实习等方式，让学生在实际工作中积累经验，提升能力。

实践教学管理：建立完善的实践教学管理制度，明确学校和企业的职责，加强对学生实践过程的管理和考核。通过定期检查、中期考核和期末评价等方式，确保实践教学的质量。

（五）评价与考核机制

评价主体多元化：建立学校、企业、学生和社会共同参与的评价机制，从多个角度对学生的学业成绩、实践能力、职业素养等方面进行评价。

评价内容综合化：评价内容不仅包括学生的理论知识和技能水平，还包括学生的职业态度、团队合作能力、创新能力等方面。通过综合评价，全面反映学生的学习成果和综合素质。

评价方式多样化：采用过程评价与结果评价相结合的方式，注重对学生学习过程的评价。通过项目考核、实践报告、企业评价等方式，对学生的学习成果进行全面评价。

五、现代学徒制的运行机制与保障体系

（一）利益协调机制

企业动力分析：通过税收优惠、财政补贴等政策激励企业参与人才培养；同时，企业可获得定制化人才储备。

学校角色定位：作为协调者，其需平衡企业需求与教育规律，避免过度商业化。

（二）政策与制度保障

国家层面：《中华人民共和国职业教育法》明确了校企合作的法律地位；教育部推动"1+X证书制度"等，促进课证融通。

地方层面：地方政府相继推出相关政策以提供政策支持，例如广东省出台《产教融合建设试点实施方案》，对现代产业学院给予用地、资金支持。

（三）质量监控体系

第三方评估：引入行业协会或专业机构对学徒制项目进行认证，确保现代学徒制培养质量。

动态退出机制：对合作不达标的企业或学校实行淘汰制，维护现代学徒制品牌声誉。

（四）对教师的具体要求

1. 专业能力要求

（1）扎实的专业知识

教师需要具备扎实的专业理论知识，能够系统地讲授专业课程，为学生提供准确、前沿的理论指导。同时，教师应不断更新知识体系，紧跟行业发展的最新动态，确保教学内容与实际生产需求紧密结合。

（2）丰富的实践能力

现代学徒制强调实践教学的重要性，因此教师需要具备丰富的实践经验和实际操作能力。教师应具备指导学生完成企业实际项目，解决实际问题的能力。教师应具备在企业挂职锻炼的经历，熟悉企业的生产工艺、流程和管理规范，能够将企业的真实案例融入教学中。

（3）跨学科知识

现代产业的发展往往涉及多学科的交叉融合，教师需要具备跨学科的知识背景，能够指导学生在综合实践中运用多学科知识解决问题。

2. 教学能力要求

（1）项目化教学能力

现代学徒制常采用项目驱动教学模式，教师需要具备设计和实施项目化教学的能力；能够将课程内容转化为实际项目，引导学生通过项目实践掌握知识和技能。

（2）工学交替教学能力

教师需要掌握工学交替的教学模式，能够合理安排学生在企业实践和学校学习的时间和内容，确保理论与实践的有机结合。

（3）个性化教学能力

现代学徒制强调因材施教，教师需要根据学生的学习进度和能力差异，提供个性化的学习路径和指导，满足不同学生的发展需求。

（4）一定的双语教学能力

在一些国际化程度较高的产业领域，教师可能需要具备双语教学能力，能够使用英语或其他外语进行教学，帮助学生适应国际化的工作环境。

3. 企业合作能力要求

（1）与企业导师的协作能力

现代学徒制采用双导师制，教师需要与企业导师密切合作，共同指导学生的学习和实践。教师应尊重企业导师的实践经验，同时引导企业导师掌握科学的教学方法。

（2）企业项目开发能力

教师需要具备从企业中挖掘教学资源的能力，能够将企业的实际项目转化为教学案例，引入课程体系中，丰富教学内容。

（3）企业沟通与协调能力

教师需要与企业保持良好的沟通，及时了解企业对学生的要求和反馈，协调学校与企业之间的关系，解决合作过程中出现的问题。

4. 职业素养要求

（1）职业精神

教师需要具备良好的职业精神，以身作则，向学生传递敬业、严谨的工作态度和职业道德。

（2）行业认知

教师应深入了解所在行业的特点和发展趋势，熟悉行业文化和企业管理制度，能够为学生提供准确的职业指导。

（3）创新意识

现代学徒制要求教师具备创新意识，能够不断探索新的教学方法和育人模式，推动教学改革与创新。

六、典型案例分析

（一）广建中天现代产业学院：建筑行业的现代学徒制实践

合作模式：学院与中天华南建设集团有限公司共建"订单班"，企业提供实训设备与奖学金，学生参与企业实际项目。

课程特色：引入"装配式建筑技术""BIM项目管理"等前沿课程，企业导师主导实践教学。

成效分析：毕业生就业率达98%，其中80%进入合作企业，岗位胜任力显著高于传统培养模式。

（二）绿色建筑现代产业学院：可持续发展的学徒制探索

产教融合机制：联合环保企业、设计院与行业协会，开发绿色建筑认证课程。

实践场景：学生在企业参与LEED认证项目，掌握节能设计与绿色施工技术。

社会影响：学院被列为"国家级绿色建筑人才培养基地"，推动区域建筑业向低碳转型。

（三）开发区科学城现代产业学院：高科技产业的协同育人

校企合作平台：与人工智能、生物医药企业共建"技术研发中心"，让学生参与企业研发项目。

学徒制特色：采用"项目制学习"，学生团队在企业导师指导下完成技术攻关，成果可申请专利。

成果转化：近三年累计孵化学生创业项目12项，其中3项获省级科技创新奖。

七、基于现代学徒制的现代产业学院育人模式的优势与挑战

（一）优势

人才培养质量高：通过校企深度合作，学生能够获得丰富的实践经验和职业能力，毕业后能够快速适应工作岗位需求，实现高质量就业。

校企合作紧密：现代学徒制要求学校与企业建立长期稳定的合作关系，双方在人才培养、课程建设、师资培养等方面共同投入，实现资源共享、优势互补，进一步深化产教融合。

学生职业素养高：学生在企业实践过程中能够接触到企业的文化和管理理念，培养良好的职业素养和职业道德，为未来的职业发展奠定基础。

企业参与度高：企业通过参与人才培养，能够更好地储备高素质人才，提升企业的核心竞争力。同时，学生在企业实践过程中能够为企业提供新的思路和建议，促进企业的技术创新和产品升级。

（二）挑战

企业参与动力不足：部分企业对现代学徒制的认识不足，认为参与学徒培养会增加企业的人力和物力成本，影响企业的正常生产，导致企业参与积极性不高。

双导师制落实困难：学校教师和企业导师在教学理念、教学方法和时间安排等方面存在差异，导致双导师制在实际操作中难以有效落实。同时，企业导师的稳定性较差，影响学生的学习效果和质量。

实践教学管理复杂：学生在企业实践期间，学校和企业难以对学生的实践过程进行全面有效的管理，容易出现管理漏洞和安全隐患。同时，实践教学的考核评价标准难以统一，影响实践教学的质量。

政策支持不足：现代学徒制的实施需要政府、学校和企业等多方面的政策支持和保障。目前，相关政策还不够完善，导致现代学徒制在实施过程中面临诸多困难。

八、基于现代学徒制的现代产业学院育人模式的优化策略

为克服现代学徒制在现代产业学院实施过程中面临的挑战，我们需要从以下几个方面进行优化。

（一）加强政策支持与保障

完善政策法规：政府应进一步完善现代学徒制的相关政策法规，明确学校、企业和社会各方的权利和义务，为现代学徒制的实施提供法律保障。

加大财政支持：政府应加大对现代学徒制的财政支持力度，设立专项基金，用于支持学校和企业的实践教学基地建设、师资培训、课程开发等方面，减轻企业的负担，提高企业的参与积极性。

建立激励机制：政府应建立完善的企业激励机制，对积极参与现代学徒制的企业给予税收优惠等政策扶持，提高企业的参与积极性。

（二）深化校企合作机制

建立校企合作平台：学校应与企业建立长期稳定的合作关系，通过建立校企合作平台，加强双方在人才培养、课程建设、师资培养等方面的合作与交流。

创新合作模式：学校和企业应根据自身实际情况，创新合作模式，探索适合现代学徒制发展的合作机制。例如，企业可以参与学校的专业设置和课程开发，学校可以为企业提供技术支持和人才培训等。

加强沟通与协调：学校和企业应加强沟通与协调，定期召开校企合作会议，及时解决合作过程中出现的问题，确保现代学徒制的顺利实施。

（三）完善双导师制

加强师资培训：学校应加强对学校教师和企业导师的培训力度，提高教师和导师的教学能力和指导水平；通过组织教师到企业挂职锻炼、邀请企业导师到学校开展讲座等方式，促进双方的交流与合作。

建立导师激励机制：学校和企业应建立完善的导师激励机制，对参与现代学徒制教学的教师和企业导师给予相应的补贴和奖励，提高教师和企业导师的积极性。

明确导师职责：学校和企业应明确学校导师和企业导师的职责，加强双方的协作与配合，确保双导师制的有效落实。

（四）优化实践教学管理

加强实践教学基地建设：学校应加强与企业的合作，共同建设校外实践教学基地，为学生提供良好的实践条件。同时，学校应加强校内实践教学条件建设，模拟企业生产流程，为学生提供真实的实践环境。

完善实践教学管理制度：学校和企业应建立完善的实践教学管理制度，明确双方的职责和权利，加强对学生实践过程的管理和考核；通过定期检查、中期考核和期末评价等方式，确保实践教学的质量。

创新实践教学模式：学校和企业应根据现代学徒制的特点，创新实践教学模式，探索适合学生发展的实践教学方法。例如，采用项目驱动教学、任务驱动教学等模式，提高学生的实践能力和创新能力。

（五）强化学生管理与服务

加强学生思想政治教育：学校应加强对学生的思想政治教育，培养学生的社会责任感和职业道德，提高学生的思想政治素质。

完善学生管理制度：学校应建立完善的学生管理制度，加强对学生的学习、生活和实践过程的管理；通过制定学生管理制度和行为规范，引导学生养成良好的学习习惯和行为习惯。

提供学生职业指导服务：学校应为学生提供职业指导服务，帮助学生了解职业发展趋势和市场需求，制定个人职业发展规划；通过开展职业规划讲座、就业指导咨询等活动，提高学生的就业能力和职业发展能力。

（六）加强质量监控与评价

建立质量监控体系：学校应建立完善的质量监控体系，加强对现代学徒制育人模式的全过程监控；通过定期检查、中期评估和期末评价等方式，及时发现和解决育人过程中出现的问题，确保育人质量。

完善评价指标体系：学校应建立完善的评价指标体系，从学生的理论知识、实践能力、职业素养等方面进行全面评价；通过综合评价，全面反映学生的学习成果和综合素质。

加强评价结果应用：学校应加强对评价结果的应用，将评价结果作为教师和企业导师绩效考核的重要依据；同时，根据评价结果及时调整和优化育人模式，提高育人质量。

基于现代学徒制的现代产业学院育人模式是产教融合背景下的一种创新人才培养模式，具有显著的优势和广阔的发展前景。学校通过构建科学合理的育人模式，优化校企合作机制，完善双导师制，加强实践教学管理，强化学生管理与服务，以及加强质量监控与评价，可以有效提高现代学徒制的育人质量，为现代产业学院的发展提供有力支持。然而，该模式在实施过程中，仍面临诸多挑战，需要政府、学校和企业等多方面的共同努力。政府应需要完善相关政策和制度，为现代学徒制的实施提供良好的政策环境和社会支持，推动现代产业学院育人模式的持续发展和创新。未来，随着数字化转型与产业升级，现代学徒制需进一步创新模式，例如探索"虚拟学徒制""跨境联合培养"等，以适应全球化与智能化时代的人才需求。

第二节　天津工业职业学院绿色智能制造专业集群育人实践

在当今全球制造业向智能化、绿色化转型的背景下，绿色智能制造已成为推动产业升级和可持续发展的关键力量。天津工业职业学院作为一所专注于工业人才培养的高等职业院校，积极响应国家政策，紧密结合地方经济发展需求，于 2018 年启动了绿色智能制造专业集群建设项目。该项目旨在培养满足绿色智能制造领域需求的高素质技术技能型人才，通过校企深度合作、课程体系创新、实践教学强化以及国际交流拓展等多种方式，打造具有示范引领作用的专业集群育人模式。该学院与建科机械（天津）股份有限公司等企业合作，开设了现代学徒制试点班，如"建科现代学徒试点班"。这些试点班通过校企共同制定人才培养方案、开发岗位教材等方式，实现了学校教育与企业实践的深度结合。

一、绿色智能制造专业集群建设背景

（一）国家战略需求

随着《中国制造 2025》和《工业绿色发展规划（2016—2020 年）》等国家战略的深入推进，我国制造业正加速向智能化、绿色化转型。绿色智能制造不仅要求生产过程的高效、节能、环保，还强调产品全生命周期的绿色化设计与可持续发展。这为职业院校的人才培养提出了新的挑战和机遇。

（二）地方经济发展需求

天津市作为我国重要的工业基地，近年来大力推动传统制造业向高端化、智能化、绿色化转型。天津工业职业学院作为地方高职院校，肩负着为地方经济发展培养高素质技术技能型人才的使命。绿色智能制造专业集群的建设，正是学院对接地方产业需求、服务区域经济转型升级的重要举措。

（三）行业发展需求

绿色智能制造涵盖了智能制造技术、绿色制造工艺、工业互联网、大数据分析等多个领域，对人才的知识结构和实践能力提出了更高的要求。

企业急需既掌握智能制造技术，又具备绿色制造理念的复合型人才。天津工业职业学院绿色智能制造专业集群的建设，旨在填补这一人才缺口，为企业输送高素质的专业人才。

二、绿色智能制造专业集群育人模式构建

（一）专业集群架构

绿色智能制造专业集群以智能制造为核心，融合绿色制造理念，涵盖机械制造与自动化、数控技术、工业机器人技术、电气自动化技术、工业互联网技术等专业。学院通过专业间的资源共享、课程共建、师资共培，形成协同发展的专业集群体系。

（二）校企合作模式

1. 合作企业选择

天津工业职业学院与一重集团天津重工有限公司、天津汽车模具股份有限公司、天津新松机器人自动化有限公司等知名企业建立了深度合作关系。这些企业在智能制造领域具有先进的技术水平和丰富的实践经验，为学校专业集群的建设提供了强大的产业支撑。

2. 合作内容

共建实训基地：企业为学院提供先进的设备和技术支持，联合学校共建校内实训基地和校外实习工厂。学生可以在真实的企业环境中进行实践操作，积累工作经验。

共同制定人才培养方案：企业参与专业课程设置和教学内容设计，确保教学内容与企业实际需求紧密结合。例如，企业工程师参与编写《绿色制造工艺》《工业机器人编程与操作》等课程教材。

双导师制：在学徒制培养过程中，学院组织拜师典礼仪式，学生与企业师傅签订师徒协议，明确双方的权利和义务。企业师傅和学院教师共同指导学生。企业师傅负责传授实际操作技能和企业经验，学院教师负责理论教学和综合素质培养。

订单培养：学院与企业签订订单培养协议，根据企业需求定制人才培养方案。学生毕业后直接进入企业工作，实现"招生即招工，毕业即就业"。学院与多家企业合作开展订单班，如新天钢订单班、研华-鸿凯工业互联网订单班等。这些订单班采用现代学徒制培养模式，企业师傅与学院教师共同参与教学，学习任务来自企业真实工作任务。

（三）课程体系创新

1. 课程体系架构

绿色智能制造专业集群构建了"平台 + 模块 + 方向"的课程体系。平台课程包括公共基础课和专业基础课，模块课程包括智能制造技术、绿色制造工艺、工业互联网技术等专业核心课程，方向课程则根据学生的兴趣和市场需求设置，如工业机器人编程、数控加工技术、智能制造系统集成等方向。

2. 课程内容设计

融入绿色制造理念：在专业基础课程中融入绿色制造理念，如在机械制造基础课程中增加绿色制造工艺模块，引导学生树立可持续发展理念。

项目化教学：专业核心课程采用项目化教学模式，将企业实际项目引入课堂。例如，工业机器人编程与操作课程以企业生产线上的机器人应用项目为教学载体，指导学生通过完成项目掌握专业知识和技能。

实践教学比重提升：实践教学学时占比达到总学时的 50% 以上。学生在企业实习期间，参与实际生产项目，积累丰富的实践经验。

（四）实践教学体系

1. 校内实训基地建设

学院投资数千万元建设了绿色智能制造实训中心，包括数控加工实训室、工业机器人实训室、智能制造生产线实训室等。实训中心配备了先进的设备和技术以满足学生实践教学的需求。

2. 校外实习基地建设

学院与合作企业共建校外实习基地，学生在企业实习期间，参与实际生产项目，积累工作经验。例如，与天津一重共建的校外实习基地使学生可以参与大型机械装备的智能制造项目，提升实践能力。

3. 实践教学模式

工学交替：学生在学习过程中，每学期安排一定时间到企业进行实践，参与实际生产项目。例如，让机械制造与自动化专业学生在企业实习期间，参与数控加工中心的编程与操作项目。

项目驱动：实践教学采用项目驱动模式，学生以小组形式参与企业实际项目。例如，智能制造系统集成课程以企业智能制造生产线的集成项目为教学载体，指导学生通过完成项目掌握系统集成的技能。

职业资格认证：学生在实践学习过程中，考取相关职业资格证书，如数控加工职业资格证书、工业机器人编程与操作职业资格证书等，增强就业竞争力。

（五）师资队伍建设

1. 双师型教师培养

学院通过"内培外引"方式，建设了一支"双师型"教师队伍。一方面，选派教师到企业挂职锻炼，提升教师的实践能力；另一方面，从企业引进具有丰富实践经验的工程师担任兼职教师。

2. 教师培训体系

学院建立了完善的教师培训体系，定期组织教师参加行业培训、学术交流等活动。例如，每年选派教师参加"智能制造技术高级研修班"，提升教师的专业水平。

3. 教师团队建设

学院组建了绿色智能制造专业教学团队，团队成员包括校内教师和企业工程师。团队成员共同开展教学研究、课程开发、教材编写等工作，提升教学团队的整体实力。

（六）国际交流与合作

1. 国际合作项目

学院与德国、日本等发达国家的职业院校和企业开展合作，引进国际先进的教学理念和课程体系。例如，与德国某职业院校合作开展"中德智能制造技术人才培养项目"，引进德国"双元制"教学模式，提升人才培养质量。

2. 国际交流活动

学院定期组织学生参加国际交流活动，拓宽学生的国际视野。例如，每年组织学生参加"中日智能制造技术交流会"，与日本学生共同开展项目实践。

三、绿色智能制造专业集群的实施路径

（一）校企合作机制建立

为了确保绿色智能制造专业集群的顺利实施，学院与多家知名企业建立了紧密的合作关系。双方通过签订合作协议、成立联合管理委员会等方式加强沟通协调，明确了各自的权利义务关系。

合作形式包括共建实训基地、联合开展科研项目、共同制订人才培养

方案等。通过校企合作，学院成功引进了一批先进的生产设备和技术，提升了教学质量；同时，企业也获得了稳定的人才来源，实现互利共赢。

学院创新性地提出了"双主体、三环境、四阶段"人才培养模式，即学校和企业作为两个主体，分别在学校、现代产业学院和企业三种环境下，对学生进行基础能力、核心能力、综合能力和岗位能力四个阶段的培养。

基础能力阶段：主要在学校完成，重点培养学生的基本素质和基础知识。

核心能力阶段：在现代产业学院进行，着重训练学生的专业技能和职业素养。

综合能力阶段：通过顶岗实习等方式，让学生在企业环境中接受全方位的锻炼。

岗位能力阶段：针对特定岗位需求，对学生进行有针对性的技能培训，使学生能够胜任具体的工作任务。

（二）课程体系设计

学院根据行业需求和企业反馈，精心设计了一套科学合理的课程体系，注重理论与实践相结合，确保学生毕业后能够迅速适应工作岗位。

1. 课程设置

课程设置包括基础课程、专业核心课程和选修课程三大模块。其中，基础课程主要培养学生的基本素质和能力；专业核心课程则侧重于传授专业知识和技能；选修课程则为学生提供了更多的选择空间，满足学生的不同兴趣爱好。

2. 教学方法

采用项目式教学、案例分析等多种教学方法，激发学生的学习兴趣和积极性。例如，在智能生产线设计与维护课程中，教师会带领学生参观企业生产车间，并指导他们完成一个小型智能生产线的设计任务。

3. 实践教学环节

实践教学是绿色智能制造专业集群的重要组成部分，学院通过多种途径为学生提供丰富的实践机会，提高他们的动手能力和解决问题的能力。

（1）校内实训基地

学院投入大量资金建设了多个现代化的实训基地，配备了先进的实验设备和软件系统，为学生提供了良好的实践环境。

（2）校外实习基地

学院与多家知名企业签订了实习协议，定期安排学生到企业进行实习，让他们亲身体验真实的工作场景。此外，学院还鼓励学生参加各类职业技能竞赛，锻炼自己的实际操作能力。

企业实习安排：学院与多家知名企业建立了长期合作关系，定期安排学生到这些企业进行为期数月的实习。例如，在学院与中芯国际的合作项目中，学生有机会参与到半导体芯片制造的实际生产过程中，了解从原材料处理到成品检测的全过程。

技能竞赛参与：鼓励并支持学生参加各类职业技能竞赛，如全国职业院校技能大赛等。这不仅有助于提升学生的实际操作能力，还能增强他们的竞争意识和团队协作精神。近年来，学院的学生在多项比赛中取得了优异成绩，展示了良好的技术水平。

校企联合研发：部分优秀学生有机会参与到校企联合的研发项目中，与企业工程师共同攻克技术难题。这种方式不仅能提高学生的科研能力，还能让他们提前适应未来的工作环境，积累宝贵的实践经验。

（三）教师队伍建设

高素质的教师队伍是保证教学质量的关键。学院通过多种途径加强师资队伍建设，不断提升教师的教学水平和科研能力。学院每年都会组织教师参加各种形式的培训活动，如国内外学术交流、企业挂职锻炼等，帮助他们了解最新的行业动态和技术发展趋势。

双师型教师培养：学院鼓励教师取得相关职业资格证书，成为既懂理论又熟悉企业运作的"双师型"教师。目前，学院已有不少教师具备了这样的资质，他们在教学过程中能够更好地指导学生进行实践操作。

教师培训计划：学院每年都会组织教师参加国内外学术交流活动，并邀请行业专家来校举办讲座或短期培训班。此外，学院还会选派部分教师前往合作企业挂职锻炼，深入了解企业的最新技术和管理理念。

兼职教师引进：聘请企业一线的技术骨干担任兼职教师，他们能够将最新的行业动态和技术发展趋势带到课堂上，使学生学到的知识更加贴近市场需求。同时，兼职教师还可以指导学生完成一些实际项目，帮助他们更好地理解和掌握所学内容。

教师评价体系改革：为了激励教师不断提升自身素质，学院还对原有的教师评价体系进行了改革，增加了对学生就业率、满意度等方面的考核指标。这一举措促使教师更加注重教学质量和服务水平，形成了良性循环。

（四）多元化的评价体系

为了全面评估学生的综合素质，学院建立了一套多元化的评价体系，不仅关注学生的考试成绩，还重视过程性评价和能力考核。

评价标准：包括知识掌握程度、技能熟练程度、团队协作能力等多个方面。例如，学院在评价学生完成的项目时，不仅要考察项目的最终成果，还要关注学生在整个过程中的表现。

评价主体：由学校教师、企业导师以及同学之间互评组成，形成全方位的评价体系。这种评价方式有助于发现学生的优点和不足之处，为今后的学习和工作提供参考。

过程性评价：在整个学期的学习过程中，教师会持续观察和记录学生的表现，包括课堂参与度、作业完成情况以及在小组讨论中的贡献等。这种形式的评价有助于及时发现学生存在的问题，并给予针对性的辅导和支持。

项目式评价：对于某些需要综合运用多门课程知识的大项目，学院采用项目式评价方式，即根据项目的最终成果以及学生在整个项目执行过程中的表现来进行评分。这种方式不仅考验了学生的专业知识，还考察了他们的沟通协调能力和团队合作精神。

第三方评价：邀请来自企业和行业协会的专业人士作为第三方评委，对学生的毕业设计或实习报告进行评审。这样做的好处是可以让评价结果更具客观性和权威性，同时也便于企业提前筛选出潜在的人才。

（五）职业素养训练体系

学院高度重视学生的职业素养培养，通过"三进、三认同"职业素养训练体系，即企业文化进校园、企业大师进课堂、职业元素进课程，促进学生的职业认同感。

企业文化进校园：定期邀请企业专家来校讲座，介绍企业的文化理念和发展历程，增强学生的归属感；定期组织学生参观合作企业，让他们亲身感受不同的企业文化氛围；此外，还会邀请企业高管或资深员工来校分享个人成长经历及成功案例，以此激发学生的奋斗热情和职业理想。

企业大师进课堂：聘请企业一线技术人员担任兼职教师，传授实践经验，提高学生的实际操作能力。

职业元素进课程：将职业规范、职业道德等内容融入日常教学活动中，引导学生树立正确的职业观。设立专门的职业规划课程，由经验丰富的辅导员或企业导师授课，帮助学生明确自己的职业发展方向，制定合理的职业生涯规划。同时，还会针对不同年级的学生开展个性化的就业指导服务。另外，通过课堂教学、专题讲座等形式向学生传授诚信守法、敬业奉献等价值观，强调职业道德的重要性。学院认为，只有具备良好职业道德的人才，才能在未来的职业道路上走得更远

四、育人成效

（一）社会影响力不断扩大

学院的成功经验得到了社会各界的广泛关注和认可。多家媒体对此进行了报道，吸引了众多兄弟院校前来学习借鉴。此外，学院还多次获得省级以上荣誉称号，进一步提升了自身的知名度和美誉度。

（二）对区域经济发展的贡献

绿色智能制造专业集群的建设为地方经济发展注入了新的活力。绿色智能制造专业集群的建设不仅促进了学院自身的发展，也为区域经济带来了实实在在的好处。首先，它解决了当地企业面临的用人难题，提高了区域人力资源配置效率；其次，通过产学研结合的方式，推动了一系列技术创新成果的转化应用，增强了地方产业的核心竞争力。

学院与企业联合攻关，攻克了许多关键技术难题，为企业节约了大量成本的同时也提高了企业生产效率。例如，在某项关于智能生产线优化改造的研究中，学院师生提出的解决方案帮助企业减少了约20%的能耗，受到了高度赞扬。

围绕绿色智能制造这一主题，学院牵头组建了区域性产业联盟，汇集了上下游企业及相关科研单位的力量，共同探讨产业发展趋势，促进了产业链上下游之间的协同创新。毕业生凭借扎实的专业知识和较强的实践能力迅速成长为企业的中坚力量，为地方经济发展提供了强有力的人才支撑。据统计，近三年来超过80%的毕业生选择留在本地就业，为区域经济注入了新鲜血液

（三）学生就业质量提升

试点班采用"个人就业+职业发展+主动成长"的目标三联动策略，以及"基础能力+岗位能力+发展能力"的能力三整合策略，学生在完成学业

后可获得"毕业证+技能证+出师证"三证协同，极大地提升了学生的就业质量。绿色智能制造专业集群的学生就业率连续三年保持在 98% 以上，毕业生主要进入天津一重、天津汽车模具股份有限公司等知名企业工作。学生在企业实习期间积累了丰富的实践经验，毕业后能够快速适应工作岗位，受到企业的高度评价。

（四）学生技能水平提升

学生在各类职业技能竞赛中屡获佳绩。例如，在全国职业院校技能大赛中，学院学生多次获得一等奖。学生通过参与企业实际项目和技能竞赛，实践能力和创新意识得到显著提升。

（五）教师教学能力提升

教师通过参与企业实践和教学改革，教学能力和科研水平得到显著提升。近年来，学院教师在核心期刊发表论文 50 余篇，主编教材 10 余部，主持省级以上科研项目 20 余项。

（六）专业影响力提升

绿色智能制造专业集群的建设成果得到了社会各界的广泛认可。学院先后被评为"天津市高职院校示范性专业集群""全国职业院校产教融合示范单位"等荣誉称号。

五、经验与启示

（一）校企深度合作是关键

绿色智能制造专业集群的建设离不开企业的深度参与。通过与企业的紧密合作，学院实现了人才培养与企业需求的无缝对接，提升了学生的就业质量和企业的满意度。

（二）课程体系创新是核心

课程体系的创新是专业集群建设的核心。学院通过构建"平台+模块+方向"的课程体系，将企业实际项目引入课堂，实现了理论与实践的有机结合，提升了学生的综合素质。

（三）师资队伍建设是保障

"双师型"教师队伍建设是专业集群建设的重要保障。学院通过"内培外引"方式，建设了一支既具备扎实理论知识又具备丰富实践经验的教师队伍，为人才培养提供了有力支持。

（四）国际交流与合作是拓展

国际交流与合作为专业集群建设提供了新的思路和方法。学院通过引进国际先进的教学理念和课程体系，提升了人才培养质量，拓宽了学生的国际视野。

天津工业职业学院绿色智能制造专业集群育人案例展示了该校在产教融合、校企合作、课程创新、实践教学强化等方面的创新实践。通过对接国家战略、服务地方经济、满足行业需求，学院成功培养了一批适应绿色智能制造领域的高素质技术技能型人才，为我国职业教育改革与发展提供了有益的借鉴和参考。

第三节　武汉职业技术学院都市丽人服装学院的育人实践

武汉职业技术学院都市丽人服装学院（以下简称"都市丽人服装学院"）是该校与都市丽人（中国）控股有限公司合作共建的混合所有制现代产业学院，是湖北省首个校企共建混合所有制学院。学院以现代学徒制为育人模式，通过校企深度合作，探索出了一套具有创新性和示范性的产教融合育人体系。

都市丽人服装学院成立于2015年，旨在深化产教融合，创新技术技能人才培养模式，培养满足服装行业需求的高素质技术技能型人才。该学院通过混合所有制办学模式，实现校企共同所有、共同建设、共同管理、共享收益。

都市丽人服装学院作为校企合作、产教融合的典范案例，自成立以来便积极探索并实践现代学徒制，致力于培养满足市场需求的专业技能人才。本节将围绕都市丽人服装学院的育人实践展开详细论述，从其办学模式、人才培养机制、教学方法改革、学生发展成效等方面进行深入分析，并探讨其对职业教育领域的启示与借鉴意义。

一、混合所有制办学模式探索

都市丽人服装学院坚持"以服务为宗旨，以就业为导向"的办学理念，强调理论与实践相结合，注重学生的实际操作能力和职业技能培养。通过引入现代学徒制，学院旨在构建一个集教学、培训、实习于一体的综合性人才培养平台，全面提升学生的综合素质和职业能力。

都市丽人服装学院的成功在于其开创性的混合所有制办学模式。该模式结合了公办院校的教育资源优势和企业的市场运作经验，形成了一个独特的教育生态系统。根据相关资料，都市丽人服装学院提炼出了"五要素三机制"的核心理念，分别是：

品牌资产：利用学校和企业的品牌资源，提升教育品牌的市场影响力。

教学资源：整合双方的教学设施、课程体系等教育资源，确保教学质量。

技术资源：共享最新的行业技术和研发成果，为学生提供前沿知识和技术培训。

人力资源：通过企业导师和学校教师的合作教学，提高学生的实际操作能力和就业竞争力。

研发基地：建立产学研结合的研发中心，促进技术创新和成果转化。

同时，为了保证这种混合所有制的有效运行，学院还建立了以下三种机制：

权责制约机制：明确学校与企业在办学过程中的权利和责任，确保合作顺利进行。

运行管理机制：构建有效的管理体系，保障日常运营的高效性。

共享共赢机制：确立利益分配原则，保证双方在合作中都能获得相应的回报和发展机遇。

这种混合所有制的合作模式打破了传统校企合作中企业参与度不高的问题，通过利益共享和风险共担，增强了企业的参与积极性。都市丽人公司为学院建设投入了大量资金，用于实训基地建设、教学设备购置等。例如，2017 年，都市丽人公司投资 70 多万元在学院内建立了教学实训店。此外，都市丽人公司还设立了奖学金、助学金，为学生提供勤工俭学机会。都市丽人服装学院的运行机制逐步成熟，企业深度参与教学与人才培养。通过校企合作，学院在专业设置、人才培养、实习就业、职业培训、科技研发等领域开展了全方位、深层次的合作。

这些措施不仅促进了都市丽人服装学院内部的资源整合和优化配置，也为其他职业院校提供了宝贵的实践经验。

二、校企共同成立专业建设指导委员会

（一）专业建设指导委员会的成立背景

为更好地适应行业和企业的人才需求，武汉职业技术学院与都市丽人公司共同成立了专业建设指导委员会。该委员会是都市丽人服装学院专业建设、人才培养模式改革和课程改革等方面的重要指导机构。

（二）专业建设指导委员会的职责与作用

1. 专业设置与调整

专业建设指导委员会根据行业和企业的人才需求，调研开发和设置专业，调整专业方向。例如，学院开设了服装设计、服装营销、服装生产与质量管理等多个专业方向，以满足都市丽人全产业链的人才需求。

2. 人才培养方案制订

专业建设指导委员会共同确定培养目标、制订人才培养方案。学校通过校企合作，确保人才培养方案与企业实际需求紧密结合，使学生毕业后能够直接进入企业担任店长或技术骨干。

3. 课程开发与教材编写

专业建设指导委员会负责开发课程标准和教材，将企业文化、技术技能实训等内容纳入课程体系。例如，服装营销与品牌管理课程结合都市丽人的品牌运营经验，在课程中引入现代营销理念和实战案例。

4. 实习与就业合作

专业建设指导委员会合作实施学生的教学实习、生产实习和顶岗实习，共同促进毕业生高质量就业。合格毕业生可以直接进入都市丽人公司工作，实现了"招生即招工，入校即入厂，校企联合培养"的目标。

5. 师资与员工培训

专业建设指导委员会负责开展师资与企业员工培训，使学院成为双方技能培训与鉴定基地。企业技术人员和营销人员参与学院教学，为学生传授实际工作经验。

6. 科技研发合作

专业建设指导委员会共建新产品研发基地，通过成果转让、联合攻关、产品研发、技术服务等方式，开展科技项目合作，促进企业产品开发与技术革新。

（三）专业建设指导委员会的成员构成

专业建设指导委员会由校企双方共同组成，成员包括武汉职业技术学

院的教师、管理人员和都市丽人公司的技术专家、管理人员。专业建设指导委员会定期召开会议，讨论专业建设、人才培养、课程设置等重要事项。

（四）混合所有制办学与专业建设指导委员会的成效

1. 人才培养质量提升

通过混合所有制办学和校企合作，学院培养的学生在企业实习中积累了丰富的实践经验，毕业后能够快速适应工作岗位。学院的毕业生在都市丽人等企业高质量就业，职位晋升率超过75%。

2. 教学成果显著

学院在专业建设、课程开发、教学改革等方面取得了显著成果。例如，学院的服装结构与工艺课程入选2023年职业教育国家在线精品课程。此外，学院还获得了多项省级和国家级教学成果奖。

3. 示范作用显著

学院的混合所有制办学模式和校企合作经验在全国范围内产生了良好的示范作用。学院的案例入选教育部2021年产教融合校企合作典型案例。

三、现代学徒制的关键要素与人才培养机制

（一）关键要素

1. 品牌资产

利用学校和企业的品牌资源，提升教育品牌的市场影响力。学院依托武汉职业技术学院的品牌优势和都市丽人集团的行业影响力，打造了一个具有较高知名度和美誉度的教育品牌。这不仅为学校吸引了更多优质生源，也为企业招聘优秀毕业生提供了便利条件。

2. 教学资源

整合双方的教学设施、课程体系等教育资源，确保教学质量。学院通过与企业合作，共享先进的教学设备和技术资源，为学生提供优质的教学环境。例如，学院建立了多个现代化实验室和实训中心，配备了先进的缝纫机、裁剪机等设备，供学生进行实践操作。

3. 技术资源

共享最新的行业技术和研发成果，为学生提供前沿知识和技术培训。学院与企业建立了长期稳定的合作关系，定期邀请企业专家来校讲学，并组织学生到企业参观学习。此外，学院还鼓励教师参与企业的技术研发项

目，提高自身的科研水平和实践能力。

4. 人力资源

通过企业导师和学校教师的合作教学，提高学生的实际操作能力和就业竞争力。学院建立了专兼结合的"双导师"团队，由企业导师负责实践技能培训，学校教师负责理论知识传授。这种"双师型"师资队伍不仅提升了教学质量，也为学生的职业发展提供了有力支持。

5. 研发基地

建立产学研结合的研发中心，促进技术创新和成果转化。学院与企业共建了多个研发中心，围绕服装设计、生产工艺、市场营销等方面开展研究工作。这些研发中心不仅为企业解决了实际问题，也为学生提供了丰富的科研机会，促进了他们的创新能力培养。

（二）人才培养机制

都市丽人服装学院采用的现代学徒制是一种深度融入企业生产环境的职业教育模式。它强调理论与实践相结合，注重学生的实际操作能力和职业技能培养。以下是该学院在现代学徒制方面的具体做法。

1. 校企共建

学院与都市丽人集团紧密合作，共同制订人才培养方案，确保教育内容符合行业需求。例如，学院在招生阶段就实现了招生与招工的一体化，使学生既是学校的学员也是企业的学徒。

2. 双导师制

实行"双导师制"，即每位学生都有两名指导老师，一名是来自学校的专业教师负责理论知识传授，另一名是来自企业的资深技师负责实践技能培训。这种方式不仅提高了学生的综合素质，也提高了他们的职业适应能力。

3. 工学交替

推行"岗位晋升式工学交替"的教学体系，让学生能够在学习期间轮流到企业实习，体验真实的工作环境。这种模式有助于学生更好地理解所学知识的应用场景，同时也为企业储备了潜在的人才资源。

4. 一体化育人机制

通过联合招生、联合培养的方式，实现校企之间的无缝对接。学生在校期间接受系统的专业知识学习和技能训练；进入企业后，则通过师傅带徒弟的形式，依据培养方案进行岗位技能训练。

四、校企合作具体内容

（一）专业设置与课程开发

学院通过校企共同成立的专业建设指导委员会的指导，根据行业需求调研开发专业，共同确定培养目标、制定人才培养方案、开发课程标准和教材。课程设置除学校必修课外，还增加了企业文化、技术技能实训等内容。

都市丽人服装现代产业学院结合行业需求和现代学徒制育人模式，开发了一系列特色课程，旨在培养学生的专业技能、职业素养和创新能力。学院的部分特色课程如下。

1. 服装结构与工艺

这是一门国家级和省级精品课程。课程内容涵盖服装设计的基础理论、结构制图、工艺流程等方面，注重培养学生的实际操作能力和设计创新能力。通过校企合作，该课程将都市丽人的实际生产案例融入教学，使学生能够更好地将理论知识应用于实际生产中。

2. 服装营销与品牌管理

该课程结合都市丽人的品牌运营经验，引入现代营销理念和实战案例，培养学生在服装营销、品牌推广、市场分析等方面的能力。该课程采用项目化教学模式，学生通过实际项目操作，掌握服装品牌从策划到推广的全过程。

3. 服装生产与质量管理

该课程围绕服装生产流程和质量控制展开，结合都市丽人的生产标准和质量管理体系，培养学生在生产管理、质量检测、流程优化等方面的专业能力。通过企业导师的现场指导和实际案例分析，学生能够深入了解服装生产中的质量控制要点。

4. 服装 CAD/CAM 技术应用

这门课程结合现代服装设计与制造中的计算机辅助设计（CAD）和计算机辅助制造（CAM）技术，培养学生运用专业软件进行服装设计、打版、排料等技能。该课程通过校企合作开发的实践项目，使学生掌握行业前沿技术。

5. 职业素养与企业文化

该课程是都市丽人服装现代产业学院的特色课程之一，旨在培养学生的职业道德、职业素养和团队合作能力。课程内容结合都市丽人的企业文化，通过企业导师的亲身示范和案例分享，帮助学生树立正确的职业观和价值观。

6. 服装流行趋势分析与预测

课程聚焦服装行业的流行趋势分析，结合都市丽人的市场调研数据和设计经验，培养学生对时尚趋势的敏锐洞察力和预测能力。学生通过参与市场调研、数据分析和设计实践，能够更好地把握市场需求。

7. 劳动与职业实践

结合职业教育的特点，学院开设了劳动与职业实践课程，通过校内实训、企业实习和公益劳动等形式，培养学生的劳动技能和职业素养。课程内容包括服装制作、生产管理、客户服务等多个环节，使学生在实践中积累经验。

8. 创新创业教育

该课程旨在培养学生的创新创业意识和能力，通过结合都市丽人的行业资源和创业案例，引导学生开展创新项目和创业实践。通过与企业的深度合作，学生能够接触到真实的创业环境，提升创业实践能力。

9. 服装数字化设计与制造

随着服装行业数字化转型的加速，学院开设了这门课程，结合都市丽人的数字化生产实践，培养学生在数字化设计、智能制造等方面的能力。该课程内容包括3D服装设计、智能裁剪、自动化生产等前沿技术。

10. 职业礼仪与形象设计

该课程结合服装行业的职业特点，培养学生的职业礼仪和形象设计能力。通过企业导师的指导和实际案例分析，学生能够掌握在职场中如何塑造良好的职业形象，提升职业竞争力。

这些特色课程的设置充分体现了武汉职业技术学院都市丽人服装现代产业学院在产教融合、校企合作方面的创新实践，为学生提供了丰富的学习资源和实践机会，培养了适应行业需求的高素质技术技能型人才。

（二）实习与就业

学院与企业合作实施教学实习、生产实习和顶岗实习，共同促进毕业生高质量就业。合格毕业生可直接到企业担任店长或技术骨干。

（三）师资与培训

学院与企业互相开展师资与员工培训，使该学院成为双方技能培训与鉴定基地。企业技术人员和营销人员也参与学院教学，为学生传授实际工作经验。

（四）科技研发

校企共建新产品研发基地，通过成果转让、联合攻关、产品研发、技术服务等方式，开展科技项目合作，促进企业产品开发与技术革新。

五、教学方法改革与创新

除了传统的课堂教学外，都市丽人服装学院还积极引入多种新型教学方法以激发学生的学习兴趣和创新能力。以下是几种典型的教学方法改革举措。

（一）项目驱动教学法

将企业实际项目引入课堂，让学生在完成项目的过程中掌握所需的知识和技能。这种方法不仅增强了学生的动手能力，也有助于培养他们的团队协作精神和解决问题的能力。

（二）情景模拟教学法

通过设置逼真的工作情境，让学生扮演不同的角色，模拟真实的工作流程。这有助于学生提前适应职场环境，提高他们的职业素养。

（三）翻转课堂

鼓励学生课前自主学习，课堂上则侧重于讨论和答疑解惑。这种方式改变了传统教学中教师单向灌输知识的局面，促进了师生之间的互动交流。

（四）线上线下混合式教学

利用网络平台开展在线课程，结合线下的实践教学活动，形成一种灵活多样的教学模式。这对于满足不同层次学生的需求具有重要意义。

六、学生发展成效与社会影响

经过多年的努力，都市丽人服装学院在学生培养方面取得了显著成效。许多毕业生凭借扎实的专业基础和较强的实际操作能力，在就业市场上获得了广泛认可。以下是几个具体的表现。

（一）高就业率

由于采用了贴近市场需求的培养模式，学院毕业生的就业率始终保持在较高水平。不少学生毕业后直接进入了都市丽人集团或相关企业工作，成为企业发展的中坚力量。

（二）良好口碑

学院的育人实践得到了社会各界的高度评价。多家媒体对学院进行了报道，展示了其在职业教育领域的突出成就。此外，该学院还多次荣获各类奖项，如国家教学成果二等奖等。

（三）国际化视野

随着全球化的不断推进，学院也开始关注国际交流合作，努力拓宽学生的国际视野。通过引进国外先进的教学理念和技术，学院希望培养出一批具备国际竞争力的专业人才。

（四）社会责任感

学院注重培养学生的服务意识和社会责任感，鼓励他们积极参与公益活动。例如，学院曾组织学生参加志愿者服务队，为贫困地区的孩子们捐赠衣物并教授基本的缝纫技巧。

七、对职业教育领域的启示与借鉴意义

都市丽人服装学院的育人实践为职业教育领域提供了许多有益的经验和启示。以下是几点值得借鉴的做法。

（一）深化产教融合

加强校企合作是提升职业教育质量的关键。通过建立长期稳定的合作关系，可以实现校企双方资源共享、优势互补，共同推动职业教育的发展。

（二）完善现代学徒制

现代学徒制作为一种新型的人才培养模式，需要不断完善和发展。各职业院校应根据自身特点和市场需求，积极探索适合自己的学徒制实施方案。

（三）重视教学方法创新

传统的教学方法已难以满足现代社会对人才的要求，职业院校应大胆尝试新的教学方法，注重培养学生的创新能力和实践能力。

（四）强化师资队伍建设

优秀的师资队伍是提高教学质量的重要保障。职业院校应加大对教师培训的投入力度，鼓励教师参与企业实践锻炼，不断提高自身的专业水平和教学能力。

　　武汉职业技术学院都市丽人服装学院以其创新性的育人实践，在职业教育领域树立了一个成功的范例。它的成功经验不仅为其他职业院校提供了宝贵的参考，也为整个职业教育事业的发展注入了新的活力。未来，我们期待看到更多类似的成功案例涌现出来，共同推动我国职业教育迈向更高的台阶。

　　本章围绕现代学徒制与现代产业学院的深度融合，通过理论分析与实践案例相结合的方式，系统阐述了新型育人模式的建构路径。本节的实践案例表明，现代学徒制与现代产业学院的有机融合，能构建起教育链与产业链的精准对接通道。校企双方通过制度化的协同育人机制，将产业技术标准转化为教学标准，将企业真实项目转化为教学载体，形成了人才共育、过程共管、成果共享的良性生态。这种产教融合新范式不仅显著提升了技术技能人才的岗位胜任力，更通过教育供给侧改革有效服务了区域产业转型升级，为新时代应用型人才的高质量发展提供了可复制的实践样板。未来，我们需进一步完善政策保障体系，推动校企合作向更深层次、更广领域延伸拓展。

第八章　现代产业学院
育人的保障机制研究

第一节　现代产业学院育人的政策保障

随着全球经济一体化进程的加快和科技革命的迅猛发展，各国都在积极寻求提升自身竞争力的新途径。在这一背景下，教育体系特别是高等教育如何更好地服务于社会经济发展成为一个重要议题。现代产业学院作为一种新型的教育模式，旨在通过深化产教融合，促进教育链、人才链与产业链、创新链有机衔接，从而为国家和社会培养更多高素质应用型人才。为了确保这种新模式能够顺利推进并取得预期效果，各国政府出台了一系列政策予以支持和保障。

一、政策背景概述

在全球范围内，许多发达国家早已认识到职业教育对于推动经济发展的关键作用，并通过立法和制定相关政策来促进校企合作和产教融合。例如，德国的"双元制"教育体系就是将学校学习与企业实践紧密结合的成功典范。在中国，自改革开放以来，随着市场经济体制的确立和发展，职业教育的重要性日益凸显。然而，长期以来存在的教育资源分配不均、教育内容滞后于市场需求等问题制约了职业教育的发展。

为了应对上述挑战，近年来国家高度重视职业教育改革，并出台了一系列政策措施以促进产教深度融合。2020年7月，教育部办公厅、工信和信息化部办公厅联合发布了《现代产业学院建设指南（试行）》，提出要构建高等教育与产业集群联动发展机制，打造融合人才培养、科学研究、技术创新、企业服务、学生创业等功能于一体的新型人才培养实体。同年,《国务院办公厅关于深化产教融合的若干意见》发布,强调要健全完善需求导向的人才培养模式,促进教育供给侧结构性改革。

此外,各地也积极响应中央号召,结合本地实际情况制定了相应的实施方案。比如,广东省发布的《广东省教育发展"十四五"规划》中提出,要推进教育育人模式改革,首创高校党委书记、校长每学期上第一堂思政课制度,以及"校地结对、实践育人"的新模式。这些政策文件不仅明确了未来一段时间内职业教育改革的方向,也为现代产业学院的发展提供了坚实的法律基础和制度保障。

二、政策对于现代产业学院发展的重要性

现代产业学院作为产教融合的重要载体,在实现教育目标与产业需求对接方面具有独特优势。首先,它打破了传统教育模式下理论教学与实际操作相脱节的局面,使学生能够在真实的工作环境中接受系统化的培训,从而提高其动手能力和解决实际问题的能力。其次,现代产业学院通过引入企业的先进技术和管理经验,能够及时更新课程设置,确保教学内容紧跟行业发展趋势。最后,现代产业学院还为企业提供了一个稳定的人才储备库,有助于缓解企业面临的用工荒问题,同时也促进了区域经济的发展。

然而,我们要想充分发挥现代产业学院的作用,离不开强有力的政策支持。一方面,政策可以为现代产业学院的设立和发展创造良好的外部环境。例如,政府通过财政补贴、税收优惠等政策鼓励企业和高校开展深度合作;另一方面,政策还可以规范现代产业学院的运行机制,确保其按照既定目标健康发展。具体而言,政策支持的重要性体现在以下几个方面。

(一)资金投入

政府提供的专项资金可以帮助现代产业学院购置先进的实验设备、聘请优秀的教师队伍以及开展科研活动。这对于提升教学质量至关重要。

(二)资源整合

政策引导下的资源优化配置可以使不同主体之间的优势得到充分发挥。例如,地方政府可以通过协调各方利益关系,促成企业与高校之间的深度合作;行业协会则可以在制定行业标准、组织技能培训等方面发挥积极作用。

（三）制度保障

完善的法律法规体系为现代产业学院的合法地位提供了依据。当前，虽然我国已经出台了多项支持产教融合的政策文件，但在实践中仍然存在一些法律空白地带，如现代产业学院的法人资格认定等问题亟待解决。

（四）评估监督

科学合理的评价指标体系有助于准确衡量现代产业学院的实际表现，进而为后续改进提供参考。同时，定期开展的监督检查工作也可以有效防止腐败现象的发生，维护公平公正的竞争环境。

综上所述，政策支持在推动现代产业学院发展中扮演着至关重要的角色。只有政府、企业、高校等多方主体形成合力，共同致力于构建一个健康有序、充满活力的现代产业学院生态系统，才能真正实现产教深度融合的目标，为国家和社会的发展贡献力量。

三、国家层面的政策支持

在全球化和技术革命不断推进的大背景下，中国正面临着从制造大国向制造强国转变的历史性机遇。为了实现这一目标，培养满足新时代需求的高素质应用型人才成为重中之重。在此过程中，国家出台了一系列政策文件，旨在通过深化产教融合、促进校企合作，推动职业教育改革，构建现代产业学院体系。

（一）国家教育政策文件概览

近年来，国家高度重视职业教育的发展，并相继发布了一系列重要文件来指导和规范职业教育改革的方向。其中，《国务院办公厅关于深化产教融合的若干意见》（国办发〔2017〕95号）提出要深化产教融合，促进教育链、人才链与产业链、创新链有机衔接，并要求各地各部门结合实际制定具体实施方案。

此外，《国家职业教育改革实施方案》（简称"职教20条"）于2019年初发布，提出了包括完善职业教育和培训体系、深化产教融合在内的多项重大改革举措。

（二）相关政策的核心内容与目标

上述政策文件不仅明确了职业教育改革的目标，还详细规定了实施路径和具体措施。

1. 深化产教融合

推动企业和高校之间建立紧密的合作关系，鼓励企业参与人才培养全过程，包括课程设置、实习实训安排等；支持地方政府设立专项基金，用于资助校企共建实验室、研发中心以及开展产学研合作项目；优化职业教育资源配置，促进教育资源向重点行业和关键领域倾斜，确保人才培养质量符合市场需求。

2. 加强师资队伍建设

建立健全教师双向流动机制，允许高校教师到企业挂职锻炼，同时吸引企业专家担任兼职教师；加大对"双师型"教师的培养力度，提高其在职业教育中的比例，确保每位教师都具备扎实的专业知识和丰富的实践经验；完善教师评价体系，将企业工作经历作为职称评定的重要参考依据之一。

3. 提升专业建设水平

根据国家发展战略需求，优先发展新一代信息技术、高端装备制造、新材料等战略性新兴产业相关专业；鼓励高校与企业共同开发课程教材，引入行业最新技术和标准，使教学内容紧跟时代步伐；推进新工科、新医科、新农科、新文科建设，打破学科界限，促进跨学科交叉融合。

4. 强化创新创业教育

在职业院校中广泛开展创新创业教育，培养学生创新意识和创业能力；设立大学生创业园、孵化器等平台，为有志于创业的学生提供场地、资金和技术支持；组织各类创新创业竞赛，激发学生的创造力和团队协作精神。

（三）实施路径与预期效果

为了确保上述政策能够得到有效落实，国家还制定了详细的实施路径，并设定了明确的预期效果。

首先，在顶层设计方面，国家层面成立了由多部门组成的协调小组，负责统筹规划全国范围内的职业教育改革工作。各省市也相应成立了领导小组，负责本地政策的具体执行和监督。

其次，在资源投入上，中央财政逐年增加对职业教育的支持力度，特别是对于贫困地区和薄弱环节给予重点扶持。例如，《国家发展改革委 财政部关于2025年加力扩围实施大规模设备更新和消费品以旧换新政策的通知》提到要加力推进设备更新，其中包括对职业教育领域的专项资金支持。

最后，为了提高政策执行力，国家还建立了严格的考核评估机制。一方面，定期对各地职业教育改革进展情况进行检查，发现问题及时整改；另一方面，通过第三方机构对现代产业学院的运行效果进行独立评估，确保各项指标达到预期标准。

预期效果方面，预计到2025年年底，全国范围内将建成一批具有示范效应的现代产业学院，这些学院将成为区域经济发展的重要引擎。具体来说，预计将实现以下几方面的突破。

1. 人才培养质量显著提升

通过深化产教融合，学生的实践能力和创新能力将得到极大增强，毕业生就业率和就业质量也将随之提高。

2. 科研创新能力明显增强

校企共建的研发中心将成为技术创新的重要源泉，有助于解决行业关键技术难题，推动产业升级转型。

3. 社会服务能力大幅提高

现代产业学院不仅承担着人才培养的任务，还将积极参与地方经济建设和社会服务活动，如开展继续教育、技术培训等，满足社会多元化需求。

综上所述，国家层面的政策支持为现代产业学院的发展提供了坚实的制度保障和资源支撑。随着各项政策措施的逐步落地，我们有理由相信，未来几年中国的职业教育将迎来新的发展机遇，为实现经济社会高质量发展注入强劲动力。

四、地方政府及高校层面的政策响应

各地方政府和高校也积极响应中央号召，结合本地实际情况出台了相应的配套措施。这些地方政府及高校层面的政策响应对于推动产教融合、深化校企合作以及提升职业教育质量起到了至关重要的作用。

（一）地方政府的积极响应

地方政府作为连接中央与基层的关键环节，在落实国家政策方面发挥了重要作用。以广东省为例，《广东省教育发展"十四五"规划》中明确提出要推进教育育人模式改革，通过首创高校党委书记、校长每学期上第一堂思政课制度，以及"校地结对、实践育人"的新模式，进一步加强了学校与地方之间的联系。此外，广东省人民政府办公厅还发布了《广东省加快构建废弃物循环利用体系行动方案》，支持省环境权益交易所依托固废危废交易平台建设废弃物循环利用综合服务平台，这不仅有助于推动绿色循环经济的发展，也为相关专业人才的培养提供了平台。

除了广东之外，其他省份也在积极探索适合本地发展的职业教育路径。例如，黑龙江省、浙江省、河南省和陕西省等地开展了高校专业设置与区域发展匹配度评估工作，旨在推动各地根据本区域发展特别是产业发展实际，打造优势特色专业集群，形成高等教育与产业集群联动发展的良好机制。这类评估工作的开展有助于提高高校专业设置与区域发展的适配度，使人才培养更加贴近市场需求。

同时，为了更好地服务于地方经济和社会发展需求，一些地方政府还采取了更为灵活的政策措施。例如，为了解决教育资源分布不均的问题，部分地区鼓励优质教育资源向农村地区倾斜，通过设立专项基金、提供教师培训等方式提升乡村学校的教学质量。此外，地方政府针对特定行业的需求，如低空经济领域，也出台了一系列相关政策和规定，积极引导和支持高校开设相关专业课程，培养适应行业发展的高素质应用型人才。

（二）高校层面的创新举措

在地方政府的支持下，各高校也在积极探索如何更好地融入地方经济社会发展中去。

首先，许多高校开始注重调整和完善自身学科结构，使之更符合国家战略需求和地区经济发展方向。近年来，随着科技前沿领域的快速发展，高校新增了大量新兴专业的布点，同时也撤销了一些不适合经济社会发展的专业布点。

其次，为了增强学生的实践能力和创新能力，不少高校加大了对实习实训基地的建设力度，并积极推动产学研合作项目落地。比如，一些高校与企业共同建立了联合实验室或研发中心，让学生能够在真实的工作环境中接受系统化的培训，从而提高其解决实际问题的能力。同时，通过组织学生参与企业的研发项目，还可以帮助他们积累宝贵的工作经验，增强就业竞争力。

再次，面对数字化转型带来的新挑战，高校也在积极探索信息技术在教育教学中的应用。例如，部分高校尝试利用大数据分析学生的学习行为，以便制定个性化的教学计划；还有一些高校开发了在线学习平台，方便学生随时随地获取所需的知识资源。中国教育和科研计算机网报道，数字化转型背景下，高校各层级用户对信息化服务的需求强烈却关注点不同，单一的平台建设模式不能完全满足各类用户需求，因此需要将流程与数据融会贯通，面向不同用户提供定制化的解决方案。

以东北石油大学为例，该学校为贯彻落实国家和地方关于深化产教融合的政策要求，制定了《东北石油大学现代产业学院建设方案（试行）》，该方案旨在通过产教融合，完善人才培养协同机制，促进教育链、人才链与产业链、创新链有机衔接，推进新工科建设再深化、再拓展、再突破、再出发，加快培养产业急需的高素质应用型人才，具体措施如下。

1. 创新应用型人才培养模式

深化产教融合，围绕行业产业链未来发展需求，坚持国际教育认证标准、专业建设国家质量标准和行业标准引领，校企合作共同制定人才培养方案，共同开发课程资源、共同实施培养过程、共同组织顶岗实习、共同评价培养质量。

2. 提升本科专业建设质量

深化"引企入教"改革，建有学校、行业企业参与的专业建设指导委员会，建立专业体系、形成特色专业集群，紧密对接产业链，科学规划、突出重点、统筹部署，整合优质资源，以现代产业学院建设为契机，主动优化调整专业结构。

3. 开发校企合作课程

精准对接技术需求，合理对标行业标准，引导行业企业深度参与教材编制和课程建设，设计课程体系、优化课程结构，推动课程内容与行业标准、生产流程、项目开发等产业需求科学对接，融合产业要素，将国际前沿研究、工程问题、工程案例等融入教学过程，建设一批高质量的校企合作课程、教材和工程案例集。

五、政策实施中的成功案例分析

（一）南京工业大学 2011 膜产业学院

1. 政策背景

2017 年《国务院办公厅关于深化产教融合的若干意见》提出"鼓励校企共建现代产业学院"，南京市结合区域膜材料产业发展需求，也出台了相关政策以支持高校与企业联合攻关关键技术。

2. 政策实施

（1）资金支持

政府设立"产教融合专项基金"，每年投入一定资金支持学院科研平台建设，如材料化学工程国家重点实验室、国家特种分离膜工程技术研究中心。

（2）法律保障

江苏省修订《江苏省职业教育校企合作促进条例》，明确校企合作中知识产权归属及收益分配规则，保障学院与江苏久吾高科技股份有限公司等企业的技术转化权益。

3. 成效

学院牵头组建"国家高性能膜材料创新中心"，获批南京市首个国家制造业创新中心。该学院申请专利 40 余项，技术转化收益超 5 亿元，毕业生就业率 98% 以上。

（二）湖北工业大学芯片现代产业学院

1. 政策背景

《湖北省集成电路产业发展行动方案》，将芯片人才培养列为重点任务。

2. 政策实施

（1）税收优惠

武汉新芯堡成电路股份有限公司、长飞光纤光缆股份有限公司等参与企业享受增值税减免 20%，同时获得省级科研项目优先立项资格。

（2）平台共建

湖北省政府协调成立"湖北省半导体行业协会"，推动校企共建芯片设计与工艺实验中心，覆盖芯片制造全流程实践环节。

3. 成效

学生学科竞赛获奖率近 90%，毕业去向落实率 96%，联合攻关的高端射频器件技术实现量产，良率提升至 99%。

（三）河北工业大学智能汽车现代产业学院

1. 政策背景

自教育部、工业和信息化部发布《现代产业学院建设指南（试行）》以来，河北工业大学依托车辆工程、电子科学与技术、物联网工程等国家级一流专业，联合长城汽车、中汽研（天津）等区域内龙头汽车企业，共建智能汽车产业学院。以国家政策和产业需求为导向，深化产教融合、科教融合和校企协作，致力于推动人才培养供给侧结构性改革，提升人才培养内涵，促进人才培养链、地方产业链和创新链的紧密对接。

2. 政策实施

（1）治理机制

校企共同组建理事会，企业代表占60%席位，实行"双院长制"（学校教学院长+企业技术院长）。

（2）课程共建

引入长城汽车、中汽研技术标准，开发"智能网联汽车""新能源汽车"等8门核心课程，获教育部新工科研究项目支持。

3. 成效

学生参与企业横向课题67项，获国家级竞赛奖项100余项，很多毕业生入职长城汽车、华为等企业。

（四）东莞理工学院粤港机器人学院

1. 政策背景

广东省《粤港澳大湾区发展规划纲要》提出"建设国际科技创新中心"，东莞市政府出台《东莞市发展智能机器人产业发展行动计划（2023—2025年）》，设立10亿元产业基金支持校企合作。

2. 政策实施

（1）跨境协同

学院与香港科技大学、广东工业大学共建"五跨式"培养模式，获国家教学成果二等奖。

（2）项目驱动

政府补贴企业研发投入的30%，支持学生参与大疆、腾讯等企业真实项目，如"智能仓储机器人系统开发"。

3. 成效

学生获全国机器人大赛奖项70余项，毕业生创办科技企业12家，助力东莞机器人产业产值突破500亿元。

（五）安徽省新能源汽车现代产业学院

1. 政策背景

《安徽省人民政府关于加快推进职业院校现代产业学院建设的实施方案的通知》要求"十大新兴产业全覆盖"，合肥市政府联合奇瑞、蔚来等车企设立专项扶持政策。

2. 政策实施

（1）标准引领

制定"现代产业学院建设管理办法"，明确校企"九个共同"目标（如共编教材、共设课程、共研技术等）。

（2）动态管理

实施"赛马机制"，对建设成效差的学院限期整改，优秀案例获省级财政追加 500 万元支持。

3. 成效

首批立项的 6 个新能源汽车现代产业学院，累计培养技术人才超 3 000 人，校企联合攻克电池热管理技术难题，申请专利 25 项。

上述成功案例均体现"政府搭台、企业唱戏"模式，如南京市通过税收优惠吸引企业投入，安徽省通过"赛马机制"激发学院竞争活力，同时政府的扶持政策随技术迭代动态更新。在现代产业学院日常管理中是以理事会治理、双院长制等机制确保校企利益平衡，避免"校热企冷"问题，如河北工业大学现代产业学院企业代表占决策主导权。

政策保障是现代产业学院可持续发展的基石。通过顶层设计、资源整合、评价机制创新，政府与校企形成"目标共定、资源共享、风险共担"的协同生态，有效破解了产教融合中的体制机制障碍，为区域经济转型升级提供了高质量人才支撑。未来需进一步强化政策刚性，如立法明确企业参与义务，并探索跨区域政策协同，推动现代产业学院从"政策驱动"向"内生驱动"转型。

六、政策导向下的多元化人才培养模式

（一）构建多元化人才培养模式的必要性

随着科技进步和社会经济结构的变化，传统单一的人才培养模式已难以满足社会经济发展对多样化、复合型人才的需求。为此，必须构建一个能够灵活应对市场需求变化的多元化人才培养体系。具体来说，这种体系需要具备以下特征。

灵活性：能够根据市场需求及时调整课程设置和教学内容。

实用性：强调理论知识与实践技能相结合，注重学生实际操作能力的培养。

开放性：鼓励跨学科、跨专业的交流与合作，促进学生综合素质的提升。

创新性：支持学生开展科研活动和技术开发，培养创新能力。

（二）多元化人才培养模式的具体实施路径

1. 课程体系优化

为了更好地对接行业需求，现代产业学院应建立动态调整机制，定期更新课程内容，使其更加贴近产业发展趋势和技术前沿。例如，盐城工学院新能源现代产业学院根据长三角地区新能源产业的发展需求，按照"新能源+"专业的建设模式，优化调整专业建设方案，并充分听取地方政府、新能源行业骨干企业的意见和建议。

同时，现代产业学院还应加强课程之间的联系，形成系统完整的课程群。比如，"三进三延伸"模式立足于课堂、专业和学校三个层面，逐级递进培育学生岗位技能、创新能力和工程素养。这种模式有助于打破传统课程之间孤立的状态，增强课程间的协同效应。

2. 师资队伍建设

优秀的教师队伍是保证教学质量的前提条件。因此，现代产业学院应当重视"双师型"教师队伍的建设，即既要有扎实的理论基础，又要有丰富的实践经验。一方面，现代产业学院可以通过选派教师到企业挂职锻炼的方式提高其实践能力；另一方面，其也可以聘请企业专家担任兼职教师，将最新的行业动态和技术信息带入课堂。

此外，现代产业学院还可以设立教师培训基地，作为教师继续教育的重要平台。如前所述，盐城工学院就建立了专门的教师能力培训基地，为教师提供了一个持续学习和成长的空间。

3. 实习实训基地建设

实习实训基地是连接学校与企业的桥梁，也是培养学生实践动手能力的关键环节。现代产业学院应积极与相关企业合作共建高水平的实习实训基地，为学生提供真实的职场环境和丰富的实战经验。例如，山东滨州职业学院与企业合资共办高新技术企业，搭建产学研基地，实现了资源共享、优势互补。同时，现代产业学院还应注重实习实训的质量监控，确保每一位学生都能获得高质量的实习经历；可以通过制定详细的实习指导手册、安排专人负责指导等方式来提高实习效果。

4. 产学研一体化平台搭建

产学研一体化平台是指集科学研究、技术创新、成果转化于一体的综合性服务平台。搭建这样的平台，不仅可以促进科技成果转化，还能为学生提供更多参与科研项目的机会，激发他们的创新意识。例如，华南农业大学—拉多美集团现代产业学院针对农业生产中的实际问题开展了多项科研合作取得了显著成效。此外，现代产业学院还可以利用大数据、云计算等现代信息技术手段，打造智能化的教学管理和服务平台，进一步提升教学质量和管理水平。

综上所述，政策导向下的多元化人才培养模式对于现代产业学院的发展至关重要。它不仅是满足市场变化需求的有效途径，也是提升教育质量和服务水平的重要手段。然而，我们也应该清醒地认识到，构建多元化人才培养模式并非一蹴而就的事情，这需要政府、企业和高校等多方共同努力。未来，随着政策支持力度的加大和技术手段的不断创新，现代产业学院将在培养更多优秀人才方面会发挥更大的作用。

七、政策执行中的挑战与应对策略

在现代产业学院育人的过程中，政策的制定和执行是确保其顺利运行的关键环节。然而，在实际操作中，由于各种内外部因素的影响，政策执行往往面临诸多挑战。

（一）政策执行中的主要挑战

1. 制度不健全

尽管国家出台了一系列支持职业教育改革发展的政策措施，但在具体实施层面，仍存在一些法律法规不够完善的问题。例如，《国务院办公厅关于深化产教融合的若干意见》虽然明确了产教融合的方向，但缺乏具体的实施细则，导致部分地方政府和企业在执行时无所适从。

2. 治理结构不完善

现代产业学院作为多方合作的产物，涉及学校、企业、行业协会等多个利益主体。如果各主体之间的职责划分不清，容易造成管理混乱。比如，某些现代产业学院在设立之初未能明确界定校企双方的权利义务关系，导致后续运营过程中出现责任推诿现象。

3. 资源整合困难

现代产业学院的发展需要整合多方面的资源，包括资金、技术、师资等。但由于不同主体间存在信息不对称、沟通不畅等问题，使得资源难以有效整合。

4. 人才培养目标偏离市场需求

虽然多数现代产业学院都强调以市场需求为导向进行人才培养，但在实际操作中，由于缺乏对市场动态的及时跟踪和分析，所培养出的人才可能并不能完全满足企业的用人需求。如一些职业院校开设了多个新兴专业，但由于未充分考虑当地产业结构特点及人才需求状况，从而导致毕业生就业率较低。

5. 评价监督体系缺失

完善的评价监督体系对于保障现代产业学院健康有序发展至关重要。然而目前很多地方尚未建立起科学合理的评价标准和监督机制，导致教学质量参差不齐。例如，一些现代产业学院虽设有内部质量监控部门，但由于缺乏第三方独立评估机构参与，评价结果可信度不高。

（二）应对策略

针对上述挑战，我们可以从以下几个方面采取措施加以改进。

1. 加强顶层设计，完善相关法律法规

首先，政府应进一步加强对职业教育领域的宏观指导，通过制定和完善相关政策法规，为现代产业学院提供坚实的法律基础。例如，可以借鉴《中华人民共和国职业教育法》修订的经验，细化有关产教融合的具体条款，明确规定各方的权利义务关系以及违规行为的处罚措施。同时，政府还应建立健全激励扶持政策体系，鼓励更多企业和高校参与到现代产业学院建设中来。

2. 优化组织架构，强化协同治理能力

为了提高治理效率，现代产业学院必须构建一个高效运转的组织架构。一方面，其要明确各参与主体的角色定位及其相互关系；另一方面，则需建立有效的沟通协调机制，确保各项工作能够有序推进。例如，广东职业技术学院成立由校企双方领导共同组成的现代产业学院组织机构，并采用全方位共同参与培养全过程的协同方式。此外，现代产业学院还可以引入董事会或理事会制度，增强决策透明度和民主性。

3. 创新资源整合模式，促进资源共享共赢

解决资源整合难题的一个重要途径就是探索新的合作模式。一方面，现代产业学院可以通过签订合作协议等方式明确双方的利益分配原则，消

除顾虑；另一方面，则需积极探索多种形式的合作方式，如联合办学、共建实训基地等。例如，山东滨州职业学院与企业合资共办高新技术企业，搭建产学研基地，实现了资源共享、优势互补。此外，现代产业学院还可以利用互联网+思维，打造线上线下相结合的资源共享平台，降低交易成本，提高资源配置效率。

4. 密切对接市场需求，动态调整人才培养方案

为确保所培养的人才能够适应市场变化，现代产业学院必须建立一套灵活机动的人才培养机制。具体来说，其需要做到以下几点：一是深入开展市场调研，准确把握行业发展态势及人才需求趋势；二是根据调研结果及时调整专业设置和课程内容，使之更加贴近实际需求；三是加强校企合作，邀请企业专家参与教学计划制定过程，确保教学内容紧跟行业前沿。例如，盐城工学院新能源现代产业学院就按照"新能源+"专业的建设模式，优化调整专业建设方案，并充分听取地方政府、新能源行业骨干企业的意见和建议。

5. 建立健全评价监督体系，提升办学质量

为了保证教学质量，现代产业学院必须建立健全科学合理的评价监督体系。这一体系应当涵盖规划定位、治理架构、运行管理、校企合作、建设成效等多个方面，并坚持过程性评价与结果性评价相结合的原则。同时，其还要积极引入第三方独立评估机构参与评价工作，增强评价结果的客观性和公正性。例如，现代产业学院可以借鉴《职业教育产教融合赋能提升行动实施方案（2023—2025 年）》提出的思路，发挥行业协会和社会组织的作用，通过行业协会建立现代产业学院发展预警机制，重点关注产教融合情况、人才培养质量等指标。

八、政策执行中的监管与评估机制

在现代产业学院育人的过程中，政策的有效执行不仅需要明确的方向和具体的实施措施，还需要有效的监管与评估机制来确保各项工作的顺利进行。监管与评估机制是保障教育质量、提升办学水平的重要手段。

（一）政策执行中的监管与评估机制的重要性

随着国家对职业教育改革发展的重视程度不断提高，现代产业学院作为深化产教融合的重要载体，其育人模式的创新与发展得到了广泛关注。然而，在实际操作中，由于缺乏有效的监管与评估机制，一些现代产业学

院在人才培养过程中出现偏离市场需求、教育资源浪费等问题。因此，建立健全科学合理的监管与评估机制显得尤为重要。

1. 保证政策落实到位

监管与评估机制能够确保各级政府及相关部门制定的政策法规得到有效执行，避免出现"上有政策，下有对策"的现象。政府只有通过严格的监管与评估，才能确保这些政策目标得以实现。

2. 促进教学质量提升

教学质量是衡量一所学校或一个专业好坏的关键指标。完善的监管与评估机制有助于发现教学过程中的问题并及时加以改进，从而提高整体教学质量。例如，职业院校可以通过定期开展教学质量检查和学生满意度调查，及时调整教学计划和课程设置，有效提升学生的就业竞争力。

3. 增强社会认可度

公开透明的监管与评估结果不仅能增强社会各界对现代产业学院的信任感，还能吸引更多优质资源参与到产教融合中来。比如，一些现代产业学院通过公开发布年度工作报告和社会责任报告，展示了在服务地方经济、培养应用型人才等方面的突出成绩，赢得了广泛好评。

（二）当前存在的主要问题

尽管认识到监管与评估机制的重要性，但学校在实际工作中仍存在不少挑战：

1. 缺乏统一标准

目前，针对现代产业学院的监管与评估尚无统一的标准体系，各地区、各部门往往根据自身情况制定不同的评价指标，这给跨区域的比较和经验推广带来了困难。例如，有的地方侧重于硬件设施投入的考核，而忽视了师资力量和教学内容的实际效果；有的则过于关注短期成果，忽略了长远发展潜力。

2. 第三方参与不足

现行的监管与评估多由政府部门主导，第三方机构如行业协会、专业评估公司等参与度较低，导致评价结果可能存在一定的主观性和局限性。此外，缺乏独立第三方的监督也容易滋生腐败现象。

3. 信息不对称

在监管与评估过程中，存在着较为严重的信息不对称问题。一方面，地方政府和企业可能出于利益考虑隐瞒真实数据；另一方面，监管部门获取信息的渠道有限，难以全面掌握实际情况。这种信息不对称严重影响了监管的有效性和准确性。

4. 反馈机制不健全

即使建立了初步的监管与评估框架，但如果没有完善的反馈机制支持，很难形成闭环管理。许多地方虽然开展了多次检查评估活动，但对于发现的问题未能及时跟进整改，导致同类问题反复出现。

（三）构建科学合理的监管与评估机制

针对上述问题，我们可以从以下几个方面着手构建更加科学合理的监管与评估机制。

1. 建立统一规范的评价体系

为了提高监管与评估工作的科学性和公正性，我们必须建立起一套覆盖全国范围内的统一规范的评价体系。该体系应包括但不限于以下几方面内容。

基本条件：涵盖校园环境、实验实训基地建设、图书资料配备等方面的要求。

师资队伍：注重教师的专业背景、教学能力以及行业实践经验等方面的考察。

课程设置：强调课程体系的设计符合市场需求，体现理论与实践相结合原则。

校企合作：重点评估合作企业的资质、合作项目的具体内容及其对学生综合素质提升的作用。

学生发展：关注毕业生的就业率、平均薪资水平、职业发展前景等指标。

2. 引入多元化评估主体

除了政府部门外，现代产业学院还应积极引入行业协会、专业评估机构乃至公众代表共同参与监管与评估工作。具体做法如下。

行业协会：利用其丰富的行业经验和专业知识，对现代产业学院的专业设置、课程内容等提供指导性意见。

专业评估机构：借助其客观公正的立场，对现代产业学院的整体运营状况进行全面深入的分析评价。

公众代表：邀请家长、学生及其他利益相关者参与监督，增加评估过程的透明度。

（四）强化信息公开与共享

为解决信息不对称问题，现代产业学院需加强信息公开力度，打造透明高效的监管平台。具体措施包括以下几个方面。

定期公布评估结果，将每次评估的结果及时向社会公布，接受公众监督。

搭建信息交流平台，鼓励各地现代产业学院之间分享成功经验和典型案例，促进相互学习借鉴。

建立大数据监测系统，运用现代信息技术手段，实时收集整理各类相关信息，为决策提供依据。

（五）完善反馈与改进机制

良好的反馈与改进机制是确保监管与评估工作持续有效的关键。为此，各地政府应做到以下几点。

设立专门机构负责跟踪整改，一旦发现问题，立即通知相关单位限期改正，并定期回访查看整改进度。

建立奖惩制度，对于表现优秀的现代产业学院给予表彰奖励，反之则采取相应惩戒措施直至取消资格。

加强后续培训指导，针对普遍存在的薄弱环节，组织专题讲座或培训班，帮助相关人员提高业务水平。

近年来，我国政府出台了一系列支持政策以促进产教融合和校企合作。这些政策为现代产业学院的建设和发展提供了坚实的制度基础。进一步细化了产教融合的具体措施，推动了教育链、人才链与产业链、创新链的有效衔接。未来可以从强化顶层设计，完善法律法规；加大支持力度，拓宽融资渠道；构建科学合理的评价监督体系；利用多种媒体平台广泛宣传职业教育的重要意义和成功案例，改变传统观念，营造全社会关心支持职业教育的良好氛围；开展形式多样的职业技能竞赛活动，展示职业教育的魅力和价值，吸引更多优秀学生投身其中；积极开展国际交流合作，学习借鉴国外先进的职业教育理念和实践经验，不断提升自身办学水平。

第二节　现代产业学院育人的机制保障

在产教融合背景下，现代产业学院作为职业教育的重要载体，承担着培养满足产业需求高素质技术技能人才的重任。它通过建立学校与企业之间的紧密联系，实现了资源共享、优势互补，为学生提供了更加贴近实际工作环境的学习平台。然而，尽管现代产业学院的发展态势良好，但在实践中也遇到了诸多问题，如人才培养方案与产业需求脱节、学院定位不清、责任主体不明等。这些问题的存在，严重影响了现代产业学院育人功能的有效发挥。现代产业学院的育人机制要想顺利实施，不仅需要政策支持和组织架构的保障，更需要一套科学、完善且可持续的机制保障体系。机制保障作为现代产业学院育人体系的核心支撑，是确保各方主体协同合作、育人目标有效达成的关键环节。

一、育人的机制保障理论基础

（一）耗散结构理论

耗散结构理论由比利时科学家伊里亚·普利高津提出，是一种关于非平衡系统的自组织理论。该理论认为，一个开放系统在远离平衡态的条件下，会与外界不断交换物质和能量，当系统内部某个参数达到特定阈值时，会发生涨落变化，从而从无序状态转变为有序、稳定的状态。现代产业学院作为开放的教育系统，需要与企业、行业、政府等外部环境不断互动，通过资源共享、协同育人等方式实现系统的有序化和稳定化。

（二）协同理论

协同理论强调系统内部各要素之间的协同作用，通过优化各要素之间的关系，使系统的整体功能大于各部分功能之和。在现代产业学院育人机制中，协同理论主要体现在以下几个方面。

1. 多元主体协同

现代产业学院涉及学校、企业、行业协会、政府等多个主体。这些主体通过共建共管、资源共享、利益共享等方式，实现各方资源的优化配置。

2. 教育链与产业链协同

现代产业学院通过专业设置与产业需求、课程内容与职业标准、教学过程与工作过程的有效衔接，实现教育链与产业链的深度融合。

3. 动态调整机制

现代产业学院需要根据产业发展的动态需求，及时调整育人目标、课程体系和教学内容，以确保人才培养的适应性。

（三）系统论

系统论强调从整体出发，研究系统内部各要素之间的相互关系及其与外部环境的互动。现代产业学院育人机制的构建需要从系统论的角度出发，将现代产业学院视为一个复杂的教育生态系统，包括学校、企业、学生、教师、行业等多个子系统；通过优化各子系统之间的关系，实现系统的整体优化。例如，通过建立"四方四级"现代产业学院组织架构，实现"政行企校"四方联动，推动资源共享、人才培养和平台建设。

（四）激励与约束机制理论

激励与约束机制是现代产业学院育人机制的重要组成部分。激励机制通过奖励措施激发各个主体的积极性；约束机制则通过明确的责任与义务规范各方行为，确保合作的可持续性。例如，通过建立绩效考核制度、动态激励机制和利益分配机制，激励师生和企业参与现代产业学院的建设。同时，现代产业学院通过明确各方的责任与义务、违约责任等，确保合作规范性和稳定性。

二、育人的机制保障现状与问题

（一）现状

近年来，我国在现代产业学院育人机制保障方面进行了积极探索，取得了一定的成效。当前现代产业学院育人机制保障的主要现状主要有：

1. 多元主体协同共建逐步完善

现代产业学院通过"政行企校"多元主体协同共建模式，突出企业在育人中的主体地位，推动企业深度参与人才培养方案制定、课程开发、教材编写等环节。这种协同模式不仅丰富了产教融合的内涵，还提升了职业院校服务产业转型发展的能力。

2. "岗课赛证"融通模式的探索

许多职业院校通过"岗课赛证"融通模式，将岗位标准、课程体系、技能竞赛和职业资格证书有机结合，形成了综合育人机制。例如，永州职业技术学院通过"四链融合"构建课程内容体系，实现了专业链与产业链的对接。

3. 资源共享与激励机制的初步实践

在资源共享方面，一些现代产业学院通过校企共建实验实训基地、工程技术中心等，实现了资源的共建共享。例如，在资源共享与激励机制中，通过设计三方共享激励机制，保障了资源共享的长期稳定性。这种模式在现代产业学院中也得到了初步应用，优化了校企资源的配置。

4. 组织架构与制度保障的优化

部分现代产业学院在组织架构上进行了创新，采用"1+N"模式，即以教学部为核心，辅以研发部、双创部、培训部等其他部门，形成了集知识、技术、创新、服务于一体的有机生态体系。同时，地方政府也在积极探索通过政策引领和资金支持，推动现代产业学院的建设。

（二）存在的问题

尽管取得了一定进展，但现代产业学院育人机制保障仍面临诸多挑战和问题：

1. 制度保障供给不足

当前，我国在产教融合各方主体的权责边界、法律地位以及相关保障制度等方面，仍缺乏系统性的制度安排。例如，现代产业学院的法律属性尚未明确，参与各方的权责利划分不清晰，知识产权保护、成本分担和利益分配等关键问题尚未形成明确规范。

2. 协同育人机制与资源共享机制不完善

虽然"政行企校"协同共建模式已初步形成，但在实际运行中，企业参与育人的持续动力和热情不足。法律层面虽有相关规定，但落实不到位，地方政府在资金支持、税收优惠、奖励等政策方面仍需进一步细化。此外，企业与学校在育人目标、课程设置、教学过程等方面的协同仍存在脱节现象。

资源共享机制在实际运行中仍面临诸多问题。一方面，校企资源对接困难，资源利用率低；另一方面，资源共享平台的建设仍处于初级阶段，缺乏有效的管理和运营机制。此外，企业对资源共享的积极性不高，主要原因是缺乏明确的激励措施。

3. 质量监控机制与激励约束机制不健全

在质量监控方面，现代产业学院尚未形成科学、系统的评价体系。现有评价多以学校内部考核为主，缺乏企业、行业协会等多元主体的参与，难以全面、客观地反映育人质量。同时，动态反馈机制不完善，现代产业学院难以根据产业需求及时调整育人方案。

激励与约束机制是保障现代产业学院育人模式可持续运行的关键，但目前仍存在不足。激励措施方面，对参与各方的奖励措施有限，难以充分调动各方积极性。约束机制方面，缺乏可操作性的违约责任条款，导致企业参与育人的责任难以落实。

4. "岗课赛证"融通难度大

"岗课赛证"融通模式在实践中面临诸多挑战。例如，岗位需求与课程体系的对接仍不紧密，教学内容与实际工作需求脱节现象依然存在。此外，技能竞赛与课程教学的融合难度较大，证书标准与课程体系的衔接不够顺畅。

5. 区域发展不平衡

不同地区的现代产业学院建设成效存在明显差异。经济发达地区通过政策支持和资金投入，现代产业学院建设成效显著，而经济欠发达地区则面临资金短缺、政策落实不到位等问题，导致区域发展不平衡。

三、育人的机制保障构建路径

（一）强化政策支持，优化顶层设计

1. 制定专项扶持政策

政府应出台专门针对职业教育产教融合型学院建设的培育政策，细化各项激励措施，提高政策落地率。例如，在税收优惠、财政补贴、土地使用等方面给予更多支持，鼓励企业积极参与到职业教育中来。同时，政府还应加快修订和完善有关社会资本参与办学的相关法律法规，为企业参与职业教育提供更加宽松的环境。

2. 加强区域合作与协同

各地方政府可以结合本地实际情况，建立区域性职业教育联盟或行业协会，促进区域内高校与企业的深度合作；通过联合举办招聘会、技能竞赛等活动，搭建起校企沟通交流的桥梁，增进双方了解与信任。此外，政府还可以设立专项资金，用于资助那些具有发展潜力但暂时面临资金困难的企业，帮助他们更好地参与到职业教育中来。

3. 推动国际化进程

鼓励和支持有条件的现代产业学院开展国际交流合作项目，引进国外先进教育资源和技术标准，提升自身办学水平。具体而言，现代产业学院可以通过聘请外籍教师、选派优秀学生赴海外实习等方式，拓宽师生视野，增强国际竞争力。同时，其也可以尝试与国外知名院校或企业共建联合实验室或研发中心，共同攻克技术难题，实现互利共赢。

（二）优化组织架构设计，提升运行效率

1. 实体化运作模式

推进现代产业学院实体化运作，赋予更多办学自主权。对于那些条件成熟且具备一定规模和影响力的现代产业学院，政府可以考虑将其转变为独立法人实体，使其能够独立承担民事责任并享有相应的权利义务。这样不仅有利于理顺内部管理关系，也有助于提高决策效率和服务质量。

2. 多元治理结构

建立健全多元化治理体系，充分发挥理事会等独立机构的作用，增强决策透明度和执行力。理事会成员应由政府代表、企业高管、学校领导及行业专家组成，确保各方利益得到充分考虑。在日常工作中，理事会要定期召开会议，讨论重大事项并做出决策；同时还要加强对执行情况的监督，确保各项工作有序推进。

3. 灵活用人机制

在人事制度方面，要打破传统束缚，实行更加灵活的用人机制。一方面，现代产业学院要允许企业技术人员以兼职形式进入学校任教，充实师资队伍；另一方面，则是要为学校教师提供更多到企业挂职锻炼的机会，使他们能够及时掌握行业最新动态和技术发展趋势。此外，现代产业学院还可以探索实施"双师型"教师特设岗位计划，对符合条件者给予特殊待遇，以吸引更多优秀人才投身职业教育事业。

（三）加强资源保障，夯实发展基础

1. 多渠道筹集资金

拓宽资金筹集渠道，现代产业学院除争取政府专项拨款外，还应积极吸引企业投资和社会捐赠。比如，其可以通过成立教育基金会的方式，接受社会各界的捐款捐物；或者与企业签订合作协议，按照一定比例分配培训费用或其他收益。此外，现代产业学院还可以利用资本市场融资手段，如发行债券、上市募集资金等，缓解资金紧张状况。

2. 高水平师资队伍

加大对企业导师和技术设备的支持力度，不断提升师资队伍的整体素质。首先，现代产业学院要建立健全"双师型"教师培养机制，通过定期轮岗锻炼、参加技能培训等方式提升教师业务能力。其次，现代产业学院要加强与企业之间的交流合作，邀请一线工程师担任兼职教师或客座教授，为学生传授实践经验。最后，现代产业学院要注重教师的职业发展规划和个人成长需求，为其提供广阔的发展空间。

3. 改善教学设施条件

加快基础设施建设步伐，不断更新实验设备和实习场地，改善教学条件。具体来说，现代产业学院可以根据市场需求变化和技术进步趋势，适时调整专业设置和课程内容，确保所学知识与实际工作紧密结合。同时，其还可以引入虚拟现实（VR）、增强现实（AR）等现代信息技术手段，创设沉浸式学习环境，增强学生的学习兴趣和动手实践能力。

（四）完善质量监控体系，确保教育质量

1. 建立全过程质量管理体系

构建涵盖招生录取、课程设置、课堂教学、实习实训、毕业设计等各个环节的质量监控体系，确保每一环节都能达到预期标准。例如，在招生环节，现代产业学院可以通过面试、笔试等多种方式选拔出综合素质较高且符合专业要求的学生；在教学过程中，则要严格执行教学大纲和考试制度，保证教学质量不打折扣。此外，其还应建立健全毕业生跟踪反馈机制，收集用人单位意见，以便及时调整改进相关工作。

2. 制定统一评估标准

制定统一的质量评估标准，定期开展内部审计和第三方评估，确保教育质量持续提升。具体而言，现代产业学院可以从师资力量、课程设置、教学设施、学生满意度等多个维度出发，设定量化指标进行综合评价。在此基础上，其还要注意借鉴国内外成功经验，吸收国际通行的质量认证体系，如 ISO 9001 质量管理体系，进一步规范管理工作流程，提高管理水平。

3. 关注行业发展动态

关注行业发展动态和技术变革趋势，及时调整专业设置和课程内容，使培养的人才更好地满足市场需求。为此，现代产业学院需要加强与行业协会、科研机构等外部单位的合作，获取第一手信息资料。同时，其也要注重发挥校友资源优势，邀请往届毕业生回校分享工作经验，帮助在校生了解职场需求，提前做好职业规划准备。

四、现代产业学院育人机制保障的实践与成效案例

（一）常州大学阿里云大数据学院

常州大学阿里云大数据学院成立于 2017 年，旨在培养适应新一代信息技术产业发展需求的大数据工程创新人才。该学院由常州大学、常州市人民政府、阿里云计算有限公司等共建，形成了"学校+政府+企业"的合作模式。

1. 实践措施

政策支持：学院得到了江苏省教育厅和常州市政府的大力支持，在资金投入、税收优惠等方面享受了多项优惠政策。

组织架构：学院实行理事会领导下的院长负责制，理事会成员包括政府部门代表、企业高管、学校领导及行业专家，确保决策科学合理且高效执行。

2. 资源保障

师资队伍：整合校企优质资源，聘请阿里巴巴集团的技术专家担任兼职教师，同时选派本校教师赴阿里云进行培训，提升其专业水平。

教学设施：配备了先进的云计算实验室和大数据分析平台，为学生提供了良好的学习环境。

质量监控：建立了严格的教学质量评估体系，定期开展内部审计和第三方评估，并引入国际认证标准（如 ISO9001），以确保教育质量持续提升。

3. 育人成效

（1）人才培养质量显著提高

近几年来，阿里云大数据学院获批中石化、中石油科技计划项目近两千万元，发表高水平论文两百余篇，其中 Nature 子刊论文、热点论文、高被引论文等均有收录。

（2）社会影响力扩大

"面向大数据产业发展的高校现代产业学院建设探索与实践"项目获教育部新工科研究与实践项目"优秀"结题，成为全国范围内推广的成功

案例之一。

（二）东莞理工学院粤港机器人学院

东莞理工学院粤港机器人学院于2015年9月成立，该学院联合香港科技大学、广东工业大学等多家单位共同打造，致力于培养高水平应用型机器人技术人才，满足智能制造行业对高端技能型人才的需求。

1. 实践措施

政策支持：学院依托东莞市制造业转型升级战略，获得了地方政府的专项资助和支持，用于改善教学条件和发展科研项目。

组织架构：采用"五跨式"协同培养模式，即跨境、跨校、跨学院、跨学科、跨专业的全方位合作方式，实现了多主体、多层次的深度融合。

2. 资源保障

课程设置：根据市场需求和技术发展趋势，动态调整课程内容，注重理论与实践相结合，强化项目驱动的教学方法。

实习实训基地：与腾讯、华为等知名企业合作建立多个校外实习基地，为学生提供丰富的实践机会。

质量监控：建立了完善的毕业生跟踪反馈机制，定期收集用人单位的意见和建议，及时调整改进相关工作。

3. 成效

就业率高且满意度好：学生毕业后广泛受到企业欢迎，就业率保持在较高水平，且多数毕业生能在短期内成长为企业的核心骨干力量。

竞赛成绩优异：在全国机器人大赛中表现突出，特别是在RC、RM等赛事中屡获佳绩，提升了学院的社会知名度和品牌影响力。

（三）白云电器智能电气现代产业学院

广州白云电器设备股份有限公司作为广东省首批产教融合型企业之一，通过与广东机电职业技术学院等多所院校合作，成立了智能电气现代产业学院，专注于培养智能电力装备领域的高素质技术技能型人才。

1. 实践措施

政策支持：广州白云电器设备股份有限公司充分利用国家及地方关于深化产教融合的相关政策，积极参与到职业教育改革中来，争取到了一系列财政补贴和税收减免政策。

组织架构：构建了"四维主体、五个融合"的独特产教融合实践体系，涵盖党建、资源、人才、制度、文化五个方面的深度融合，形成政府、行业、学校、企业四维主体共同参与的良好格局。

2. 资源保障

实训基地建设：投资建设了智能配电设备绿色数字化生产基地作为学生的实习实训场所，让学生能够接触到最新的生产工艺和技术。

师资队伍建设：派遣企业技术人员到学校任教，同时邀请学校教师到企业挂职锻炼，促进了双方的经验交流与知识共享。

质量监控：制定了详细的教学质量评价标准，并通过定期检查、年度考核等方式对教学效果进行全面评估。

3. 成效

人才培养规模扩大：自 2020 年以来，该学院已累计培训超过 800 名学生，大大缓解了行业内专业技术人才短缺的问题。

创新能力增强：通过实施"双师型"教师特设岗位计划，成功引进了一批具有丰富实践经验的企业导师，有效提升了学生的创新意识和实践能力。

现代产业学院作为深化产教融合的重要载体，通过校企合作实现资源共享与优势互补，旨在培养满足现代产业发展需求的高素质应用型人才。在育人机制保障方面，构建一个科学合理的支持体系是确保现代产业学院高效运作和持续发展的关键所在。只有通过不断的政策支持，科学的组织架构的设计，充分有力的资源保障以及建立健全的质量监控与评价体系才能够发挥现代产业学院在育人方面的最大作用，才能够真正推动高校与企业之间的深度合作，推动教育链、人才链与产业链、创新链的有效衔接，让现代产业学院在新时代背景下发挥更大的作用，成为推动经济社会高质量发展与高质量人才培养的重要力量。

第三节　现代产业学院的组织保障

组织保障是现代产业学院建设与发展的基石，对推动产教融合、提升育人质量具有至关重要的作用。现代产业学院作为应用型人才培养的重要载体，其运行涉及学校、企业、行业协会、政府等多个主体，需要通过科学合理的组织架构和高效的运行机制，明确各方权责，协调各方利益，确保各方资源的有效整合与利用。组织保障是现代产业学院实现高质量发展的关键支撑，能够有效提升现代产业学院的运行效率和育人质量，推动职业教育更好地服务地方经济社会发展。

一、现代产业学院组织架构设计

组织架构设计是现代产业学院建设的核心环节，它直接关系到现代产业学院的运行效率、资源整合能力和育人质量。一个科学合理的组织架构能够有效协调各方利益，明确职责分工，推动校企深度融合，实现教育链与产业链的有机衔接。以下是现代产业学院组织架构设计的详细内容。

我们在设计现代产业学院组织架构时，需要遵循以下原则：

1. 目标导向原则

组织架构设计应围绕现代产业学院的育人目标和产业发展需求展开，确保架构能够有效支持人才培养、技术研发和社会服务等核心任务。

2. 协同合作原则

现代产业学院涉及学校、企业、行业协会、政府等多元主体，组织架构应促进各方协同合作，明确各方职责与权利，形成合力。

3. 灵活性与适应性原则

产业发展和技术更新迅速，组织架构应具备灵活性，能够根据产业需求和政策变化及时调整。

4. 高效性原则

架构应简洁高效，减少管理层次，优化管理流程，确保信息传递和决策执行的高效性。

5. 资源共享原则

组织架构应促进校企资源的整合与共享，提升资源利用效率，避免重复建设。

二、现代产业学院组织架构的类型

常见的现代产业学院的组织架构类型包括以下几种。

（一）矩阵式架构

矩阵式架构是一种将职能型和项目型组织架构相结合的模式。在这种架构下，现代产业学院的管理既按照职能划分（如教学、实践、研发等），又按照项目或专业方向划分，形成纵横交错的矩阵结构。这种架构的优势在于能够灵活调配资源，适应多项目并行的需求，但管理复杂度较高。

（二）项目化架构

项目化架构以项目为核心，围绕具体的校企合作项目组建团队。每个项目团队包括学校教师、企业工程师和学生，团队成员根据项目需求动态调整。这种架构的优势在于能够快速响应产业需求，提升项目执行效率，但对项目管理能力要求较高。

（三）"政行企校"四方联动架构

这种架构强调政府、行业协会、企业和学校四方的深度合作。政府负责政策引导和资金支持，行业协会负责行业标准制定和资源整合，企业负责提供实践基地和技术支持，学校负责人才培养和教学实施。四方通过合作委员会等方式进行沟通协调，形成协同育人的合力。

三、现代产业学院组织架构的具体设计

以下是一个典型的现代产业学院组织架构设计，采用"政行企校"四方联动架构，结合矩阵式和项目化特点，以实现高效协同和资源整合。

（一）组织架构图

现代产业学院组织架构如下图8-1所示。

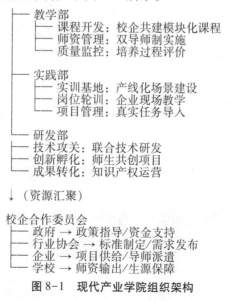

图8-1　现代产业学院组织架构

（二）组织架构各层级职责

1. 院长职责与权力

院长全面负责现代产业学院的管理工作，制定发展战略和年度工作计划；统筹协调各方资源，推动校企合作项目的实施；监督各部门的工作执行情况，确保组织目标的实现。院长拥有下列权力。

决策权：对现代产业学院的重大事项、资源配置、人事安排等具有最终决策权。

指挥权：对各部门的工作进行指导和协调。

监督权：对各部门的工作进行监督和评估。

2. 政企合作部职责与权力

政企合作部负责与政府、行业协会和企业的沟通协调，争取政策支持和资源投入；组织校企合作委员会会议，推动合作项目的落地实施；负责现代产业学院的对外宣传和品牌建设。政企合作部拥有下列权力。

协调权：协调各方资源，推动合作项目的实施。

建议权：对合作项目的立项和实施提出建议。

监督权：对合作项目的执行情况进行监督。

3. 教学部职责与权力

教学部负责现代产业学院的教学管理工作，包括课程设置、教学计划制定、教材编写等；组织教师开展教学研究和教学改革，提升教学质量；负责学生的学籍管理和学业考核。教学部拥有下列权力。

决策权：对教学计划、课程设置等教学事务具有决策权。

指挥权：对教学人员的工作进行指导和协调。

监督权：对教学过程和教学质量进行监督和评估。

4. 实践部职责与权力

实践部负责校内外实践基地的建设与管理，确保实践教学的顺利开展；组织学生参加实习实训、技能竞赛等活动，提升学生的实践能力；负责与企业对接，安排学生的实习岗位和实践项目。实践部拥有下列权力。

协调权：协调校内外资源，推动实践教学的实施。

指挥权：对实践教学人员的工作进行指导和协调。

监督权：对实践教学过程和效果进行监督和评估。

5. 研发部职责与权力

研发部负责现代产业学院的技术研发工作，推动技术成果转化；组织教师和企业工程师开展科研项目，提升学院的科研水平；负责与企业的技术合作，为企业提供技术支持和服务。研发部拥有下列权力。

决策权：对研发项目的立项和实施具有决策权。

指挥权：对研发人员的工作进行指导和协调。

监督权：对研发过程和成果进行监督和评估。

6. 校企合作委员会职责与权力

校企合作委员会由政府、行业协会、企业、学校四方代表组成，负责现代产业学院重大事项的决策和协调；定期召开会议，商讨现代产业学院的发展战略、合作项目、资源配置等重大事项；监督现代产业学院的工作执行情况，确保各方利益的实现。校企合作委员会拥有下列权力。

决策权：对现代产业学院的重大事项具有最终决策权。

协调权：协调各方资源，推动合作项目的实施。

监督权：对现代产业学院的工作执行情况进行监督和评估。

（三）组织架构运行机制

1. 决策机制

校企合作委员会是现代产业学院的最高决策机构，负责制定现代产业学院的发展战略、年度工作计划、重大合作项目等。

院长办公会是日常决策机构，负责落实校企合作委员会的决策，处理日常事务；部门工作会是各职能部门的内部决策机构，负责制订部门工作计划和执行方案。

2. 协调机制

定期会议制度：校企合作委员会每季度召开一次全体会议，院长办公会每月召开一次例会，各部门每周召开一次部门工作会。

日常沟通渠道：建立线上沟通平台，如企业微信、钉钉等，方便各方实时沟通和信息共享。

项目协调机制：设立项目协调专员，负责跨部门项目协调和推进，确保项目顺利实施。

3. 执行机制

任务分配：根据校企合作委员会和院长办公会的决策，将任务分解到各部门和责任人。

项目管理：采用项目化管理方式，明确项目目标、时间节点和责任人，确保任务按时完成。

监督与评估：建立任务执行的监督机制，定期对任务完成情况进行评估和反馈，确保任务执行的质量和效率。

4. 反馈与调整机制

信息反馈渠道：通过定期会议、问卷调查、访谈等方式，收集各方对组织运行的意见和建议。

动态调整机制：根据反馈信息，及时调整组织架构和运行机制，优化资源配置，提升组织运行效率。

（四）组织架构的优化与创新

1. 引入项目化管理

项目化管理：将现代产业学院的各项工作以项目的形式进行管理，每个项目设立项目团队，团队成员根据项目需求动态调整。

项目负责人制：每个项目设立项目负责人，并由其负责项目的整体规划、实施和评估，提升项目执行效率。

2. 建立虚拟组织

虚拟组织：利用信息技术，建立虚拟组织架构，打破时间和空间限制，提升组织运行效率。

线上平台：搭建现代产业学院信息化管理平台，实现信息共享、资源调配、项目管理等功能，提升组织的灵活性和适应性。

3. 引入敏捷管理理念

敏捷管理：引入敏捷管理理念，优化组织架构和运行机制，提升组织的响应速度和适应能力。

迭代优化：定期对组织架构和运行机制进行迭代优化，根据产业发展和技术更新及时调整，确保组织始终处于高效运行状态。

四、现代产业学院人员配置与管理

人员配置与管理是现代产业学院高效运行的关键环节，直接影响到育人质量、技术研发和社会服务能力。科学合理的人员配置与完善的管理机制能够充分调动各方积极性，提升现代产业学院的整体效能。

（一）人员配置原则

1. 适岗适才原则

根据现代产业学院的岗位需求，选拔具备相应专业能力和经验的人员，确保人岗匹配，充分发挥人员的专业优势。

2. 动态调整原则

由于产业发展和技术更新迅速，现代产业学院的人员配置应根据实际需求动态调整，避免人员冗余或岗位空缺。

3. 多元化原则

现代产业学院涉及教学、实践、研发、管理等多个领域，人员配置应涵盖教师、企业导师、技术人员、管理人员等，形成优劣互补的团队结构。

4. 激励与约束相结合原则

通过合理的激励机制激发人员的工作积极性，同时通过明确的约束机制规范人员行为，确保工作目标的实现。

（二）人员配置架构

现代产业学院的人员配置主要包括教师队伍、企业导师队伍、行政人员和技术人员。以下是各部分人员的具体配置方案。

1. 教师队伍

（1）工作职责

专任教师负责理论课程的教学工作，确保教学内容与产业需求紧密结合；参与课程开发、教材编写和教学改革，提升教学质量；指导学生参加技能竞赛和创新创业项目，培养学生的实践能力。

（2）配置标准

根据专业方向和课程设置，按照师生比 $1:18 \sim 1:20$ 的比例配置专任教师；教师应具备相关专业背景和丰富的教学经验，原则上应具有硕士及以上学历或中级及以上职称。

（3）发展机制

定期组织教师参加行业培训和企业实践，提升其专业能力和实践技能，鼓励教师参与科研项目和产学研合作，推动技术成果转化。

2. 企业导师队伍

（1）工作职责

企业导师负责学院实践教学环节的指导，包括实习实训、项目实践等；参与课程设计和教材编写，将企业实际案例融入教学内容；指导学生的职业规划和就业指导，提升学生的职业素养。

（2）配置标准

按照每个专业方向至少配备 $2 \sim 3$ 名企业导师的标准进行配置，企业导师应具备 5 年及以上行业工作经验，原则上应具有本科及以上学历或高级工及以上职业资格。

（3）激励机制

为每位企业导师提供一定的津贴，根据其工作量和指导效果进行动态调整；对表现优秀的企业导师授予"优秀导师"称号，并在企业内部进行表彰。

（4）管理机制

建立企业导师聘任制度，明确聘任条件、聘任程序和聘任期限，每学期对导师的工作进行评估，评估结果作为续聘和奖励的依据。

3. 行政人员

（1）行政人员职责

行政人员负责现代产业学院的日常行政管理工作，包括文件管理、会议组织、资源调配等；协调校企合作项目，推动各项工作的顺利开展；负责学生的学籍管理、学业考核和就业指导。

（2）配置标准

根据现代产业学院的规模和工作量，合理配置行政人员。原则上，每1 000名学生配备1~2名行政人员。行政人员应具备较强的组织协调能力和沟通能力，原则上应具有本科及以上学历。

4. 技术人员

（1）技术人员职责

技术人员负责校内外实践基地的设备维护和技术支持，确保实践教学的顺利开展；参与技术研发项目，为企业提供技术支持和服务；协助教师和企业导师开展实践教学活动，提供技术指导。

（2）配置标准

根据实践基地的规模和技术需求，合理配置技术人员。原则上，每500名学生配备1名技术人员。技术人员应具备相关专业背景和丰富的技术经验，原则上应具有大专及以上学历或高级工及以上职业资格。

（3）发展机制

定期组织技术人员参加技术培训和行业交流活动，提升其技术水平；鼓励技术人员参与科研项目和技术创新，推动技术成果转化。

（三）人员管理机制

科学合理的人员管理机制是现代产业学院高效运行的重要保障。以下是具体的人员管理机制。

1. 聘任与考核机制

（1）聘任机制

专任教师：通过公开招聘、校内调配等方式选拔教师，严格审核学历、职称和教学经验。

企业导师：由合作企业推荐，现代产业学院审核聘任，聘期一般为1~2年。

行政人员：通过公开招聘或内部调配的方式选拔，严格审核其学历和工作经验。

技术人员：通过公开招聘或校企联合选拔的方式招聘，严格审核其学历和技术能力。

（2）考核机制

教师考核：采用学生评价、同行评价和专家评价相结合的方式，对教师的教学质量进行考核。每学期进行一次教学考核，考核结果将作为职称评定和绩效奖励的依据。

企业导师考核：通过学生反馈、实践项目完成情况和企业评价等方式对导师进行考核。每学期进行一次考核，考核结果将作为续聘和奖励的依据。

行政人员考核：采用工作绩效考核和同事评价相结合的方式，对行政人员的工作能力和服务态度进行考核。每年进行一次考核，考核结果将作为晋升和绩效奖励的依据。

技术人员考核：通过设备维护记录、技术支持项目完成情况和用户反馈等方式对技术人员进行考核，每年进行一次考核，考核结果将作为晋升和绩效奖励的依据。

2. 激励机制

（1）物质激励

教师：根据教学工作量和教学质量，发放绩效工资和教学成果奖励。

企业导师：为每位企业导师提供津贴，根据其工作量和指导效果进行动态调整。

行政人员：根据工作绩效，发放绩效奖金。

技术人员：根据设备维护和技术支持项目完成情况，发放绩效奖金。

（2）精神激励

教师：对教学成果突出的教师授予"优秀教师"称号，并在全校范围内进行表彰。

企业导师：对表现优秀的企业导师授予"优秀导师"称号，并在企业内部进行表彰。

行政人员：对工作表现突出的行政人员授予"优秀员工"称号，并在全校范围内进行表彰。

技术人员：对技术创新能力强、设备维护工作突出的技术人员授予"优秀技术员"称号，并在全校范围内进行表彰。

3. 培训与发展机制

（1）教师培训

定期组织教师参加行业培训、企业实践和教学改革研讨会，提升其专业能力和教学水平。鼓励教师攻读博士学位或参加高级职称评定，提升其学术水平。

（2）企业导师培训

为新聘任的企业导师提供岗前培训，内容包括教学方法、学生管理等；定期组织企业导师参加行业交流活动，提升其教学能力和行业影响力。

（3）行政人员培训

定期组织行政人员参加管理培训和业务学习，提升其管理能力和业务水平；鼓励行政人员参加职业资格认证考试，提升其职业素养。

（4）技术人员培训

定期组织技术人员参加技术培训和行业交流活动，提升其技术水平和创新能力；鼓励技术人员参加技术职称评定，提升其职业发展。

人员配置与管理是现代产业学院高效运行的重要保障。通过科学合理的人员配置，结合完善的管理机制，能够充分调动各方积极性，提升现代产业学院的整体效能。在实际运行中，现代产业学院应根据产业发展和技术更新的动态需求，不断优化人员配置与管理机制，引入激励与约束相结合的管理理念，为现代产业学院的可持续发展提供坚实的人力资源保障。

五、现代产业学院的制度建设与保障

制度建设与保障是现代产业学院高效运行和可持续发展的关键支撑。科学合理的制度体系能够明确各方权责、规范运行流程、激发各方积极性，从而推动现代产业学院在人才培养、技术研发和社会服务等方面取得实效。

（一）现代产业学院制度建设的主要内容

1. 组织管理制度

（1）章程与基本制度

现代产业学院章程：明确现代产业学院的办学宗旨、组织架构、职责分工、运行机制和决策程序等基本内容。章程应作为现代产业学院治理的纲领性文件，确保各方在合作中遵循共同的规则。

基本管理制度：制定涵盖人事管理、财务管理、资产管理、教学管理、学生管理等方面的制度，规范现代产业学院的日常运行。

（2）组织架构与职责

明确现代产业学院内部各部门（如教学部、实践部、研发部、政企合作部等）的职责与权限，确保各部门高效协同。制定各部门的工作流程和岗位职责说明书，明确每个岗位的工作内容和要求。

2. 决策与协调机制

（1）决策机制：建立校企合作委员会、院长办公会等决策机构，明确重大事项的决策程序和规则。重大事项包括发展规划、合作项目、资源配置等。

（2）协调机制：设立定期会议制度（如季度会议、月度例会等），确保各方及时沟通、协调一致。同时，建立线上沟通平台，方便日常事务的处理。

3. 校企合作制度

（1）合作协议与管理

合作协议：与合作企业、行业协会和政府部门签订全面的合作协议，明确各方在人才培养、技术研发、资源共享等方面的权利与义务。协议应涵盖合作期限、资源投入、利益分配、知识产权保护等内容。

项目管理制度：制定校企合作项目的立项、实施、评估和验收流程，确保合作项目有序推进。每个项目应明确项目负责人、时间节点和预期目标。

（2）资源共享与利益分配

资源共享机制：制定资源共享制度，明确校企双方在设备、场地、师资、技术等方面的合作方式和使用规则。通过资源共享平台，实现资源的优化配置和高效利用。

利益分配机制：明确合作项目中的利益分配原则，包括经济利益、知识产权归属、成果转化收益等。通过合理的利益分配机制，激发各方的合作积极性。

（3）监督与评估

监督机制：建立校企合作项目的监督机制，定期检查项目执行情况，确保项目按计划推进。监督内容包括项目进度、资金使用、质量标准等方面。

评估机制：制定校企合作项目的评估标准和流程，定期对合作项目进行绩效评估。评估结果将作为项目续签、调整或终止的依据，同时为后续合作提供参考。

4. 教学质量保障制度

（1）教学标准与课程体系

教学标准：制定与产业需求相契合的教学标准，明确各专业的人才培养目标、课程设置和教学质量要求。教学标准应与职业资格标准、行业规范相结合。

课程体系：建立"岗课赛证"融通的课程体系，将岗位需求、课程内容、技能竞赛和职业资格证书有机结合。课程体系应根据产业发展动态及时调整。

（2）教学过程管理

教学计划管理：制订详细的学期教学计划和课程教学大纲，明确教学内容、教学方法和考核方式。教学计划应经校企双方共同审核通过。

教学过程监控：建立教学过程监控机制，通过课堂观察、教学日志、学生反馈等方式，实时监控教学过程。定期开展教学检查，确保教学质量。

（3）质量评估与反馈

评估机制：建立多元化的教学质量评估机制，引入企业、行业协会、学生等多元主体参与评估。评估内容包括教师教学质量、课程建设质量、学生学习效果等方面。

反馈与改进：建立教学质量反馈机制，定期收集各方意见和建议，及时反馈给教师和教学管理部门。根据评估结果和反馈信息，制定改进措施，持续提升教学质量。

5. 激励与约束制度

（1）激励机制

教师激励：制定教师绩效考核制度，将教学成果、科研成果、校企合作项目纳入绩效考核指标。设立教学成果奖、科研成果奖、优秀教师奖等，对表现突出的教师给予物质和精神奖励。

企业导师激励：为聘任的企业导师提供津贴，根据其指导学生实践、参与课程开发等工作量和效果进行动态调整。对表现优秀的企业导师授予"优秀导师"称号，并在企业内部进行表彰。

学生激励：设立奖学金、技能竞赛奖、创新创业奖等，对表现优秀的学生给予奖励。通过"优秀毕业生"评选等活动，激励学生努力学习、提升实践能力。

（2）约束机制

违约责任：在合作协议中明确违约责任条款，对违反协议的行为进行约束。违约责任包括经济赔偿、项目终止、责任追究等方面。

绩效考核：建立严格的绩效考核制度，对教师、企业导师、行政人员和技术人员的工作进行定期考核。考核结果作为续聘、晋升和奖励的依据，对考核不合格的人员给予调岗或解聘处理。

6. 资源保障制度

（1）资金保障

资金投入：建立多元化的资金投入机制，争取政府专项资金支持，吸引企业投入，同时学校配套资金支持。明确资金的使用范围和管理流程，确保资金专款专用。

资金管理：制定资金管理制度，规范资金的申请、审批、使用和报销流程。定期对资金使用情况进行审计，确保资金使用合理、透明。

（2）场地与设备保障

场地规划：制定校内外实践基地的建设规划，明确场地布局和功能分区。校内实践基地应满足日常教学和实践需求，校外实践基地应与企业生产环境紧密结合。

设备管理：制定设备采购、使用、维护和更新制度，确保设备的高效运行和合理使用。定期对设备进行维护保养，延长设备使用寿命。

（3）信息资源保障

信息化平台：搭建现代产业学院信息化管理平台，实现教学管理、项目管理、资源共享、信息交流等功能。通过信息化平台，提升管理效率和信息透明度。

资源管理：制定信息资源管理制度，规范教学资源、科研成果、实践项目等信息的收集、整理和共享。通过资源管理平台，实现资源的优化配置和高效利用。

（二）制度建设的实施与监督

1. 制度宣传与培训

通过组织培训、召开会议、印发手册等方式，对制度进行宣传和解读，确保各方主体了解制度内容和执行要求。定期开展制度培训活动，提升人员的制度意识和执行能力。

2. 制度执行与监督

建立制度执行的监督机制，明确监督主体和监督内容。通过定期检查、专项审计等方式，确保制度的严格执行。对制度执行过程中出现的问题，及时进行整改和调整，确保制度的有效性。

3. 动态调整与优化

根据产业发展动态和合作需求变化，定期对制度进行评估和修订，确保制度的适应性和前瞻性。鼓励各方主体提出对制度的改进建议，通过民主决策程序对制度进行优化和完善。

现代产业学院通过建立健全的组织管理制度、校企合作制度、教学质量保障制度、激励与约束制度以及资源保障制度，能够明确各方权责、规范运行流程、激发各方积极性，从而推动学院在人才培养、技术研发和社会服务等方面取得实效。在实际运行中，现代产业学院应根据产业发展动态和合作需求变化，不断优化制度建设与保障机制，为学院的高质量发展提供坚实保障。

六、现代产业学院资源保障与支持

资源保障与支持是现代产业学院建设的关键环节，直接关系到现代产业学院的运行效率和育人质量。通过整合政府、企业、学校等多方面的资源，构建多元化的资源保障体系，可以为现代产业学院的可持续发展提供坚实的物质基础和政策支持。

资源保障不仅包括资金、场地、设备等物质资源，还涉及政策支持、技术资源、人才资源等。科学合理的资源保障体系能够提升现代产业学院的运行效率，增强校企合作的积极性，推动产教融合的深度发展。

（一）资金保障

资金是现代产业学院建设的核心资源，充足的经费投入是保障现代产业学院正常运行的关键。

1. 政府资金支持

政府可以设立专项资金，用于支持现代产业学院的基础设施建设、教学设备购置、师资培训、技术研发等。例如，南京市政府通过整合经济、产业和教育主管部门的力量，为职业院校现代产业学院建设提供专项资金支持。

2. 企业投入

鼓励企业参与现代产业学院建设，通过资金、设备和技术支持，推动校企合作项目的实施。企业投入不仅可以缓解资金压力，还能增强企业对现代产业学院建设的参与度和责任感。

3. 学校自筹

学校应合理调配内部资源，设立现代产业学院建设专项经费，支持现代产业学院的日常运行和重点项目建设。

4. 多渠道筹措经费

通过社会捐赠、校友支持、科研成果转化等多渠道筹集资金，形成多元化经费投入机制。

（二）场地与设备保障

场地和设备是现代产业学院开展实践教学和技术研发的重要基础。现代产业学院可重点考虑从以下方向进行建设。

1. 校内实践基地建设

学校应为现代产业学院提供相对集中、面积充足的物理空间，建设高标准的实践教学基地。例如，佛山职业技术学院投入550万元建立了工业4.0智能制造实训中心。

2. 校外实践基地建设

通过校企共建校外实践基地，为学生提供真实的企业环境和实践项目。例如，浙江交通技师学院与京东集团共建校外实践基地，满足学生实习实训需求。

3. 设备购置与更新

根据产业需求，购置先进的教学设备和实验仪器，确保实践教学与企业生产环境接轨。同时，定期更新设备，保持技术的先进性。

（三）技术资源保障

技术资源是现代产业学院提升教学质量和创新能力的重要支撑。可以从以下方面进行：

1. 校企技术共享

通过校企合作，共享企业的技术资源和学校的科研成果，推动技术转化和应用。例如，安徽某职业院校通过校企协同创新，将单个横向课题实际到账总金额超过30万元且通过验收的项目视为省重点研发计划项目。

2. 信息化平台建设

搭建现代产业学院信息化管理平台，实现教学资源、科研成果、实践项目等信息的共享与管理。例如，东北石油大学通过信息化平台提升教学资源的共享效率。

3. 图书资料与数据库

现代产业学院应充分利用学校的图书馆资源，为师生提供丰富的图书资料和数据库支持。例如，中北大学图书馆为新能源汽车现代产业学院提供了海量的图书和数据库资源。

（四）政策支持

政策支持是现代产业学院建设的重要保障，能够为各方主体提供明确的行动指南和激励机制。

1. 政府政策引导

政府应出台相关政策，鼓励和支持现代产业学院建设。例如，江苏省教育厅通过政策引导，将现代产业学院建设纳入"十四五"发展规划，并在资源配置上予以倾斜。

2. 税收与金融支持

政府应完善税收优惠政策，对参与现代产业学院建设的企业给予税收减免或财政补贴；同时，通过金融手段支持现代产业学院的发展，例如设立专项基金或低息贷款。

3. 人才政策支持

政府在人才选聘、人事管理和考核激励等方面给予现代产业学院政策支持。例如，赋予现代产业学院技能人才评价自主权，支持其开展职业技能等级认定。

（五）社会服务与资源共享

现代产业学院应通过社会服务和资源共享，提升自身的社会影响力和资源利用效率。

1. 职业技能培训

现代产业学院应面向社会提供职业技能培训服务，满足企业职工和社会人员的技能提升需求。例如，佛山职业技术学院通过现代产业学院开展多层次的职业技能培训。

2. 产学研合作平台

现代产业学院应建立产学研创一体化平台，推动校企合作项目的落地实施。例如，广州工商学院通过现代产业学院探索多主体共建共享的科技服务平台。

3. 资源优化配置

现代产业学院可通过整合校内外资源，实现资源共享和优化配置。例如，南京市政府通过统筹协调，推动了职业院校现代产业学院的资源整合与共享。

资源保障与支持是现代产业学院建设的重要基础。通过整合政府、企业、学校等多方面的资源，构建多元化的资源保障体系，可以为现代产业学院的可持续发展提供坚实的物质基础和政策支持。在实际运行中，现代产业学院应根据产业发展动态和合作需求变化，不断优化资源保障与支持机制，推动学院在人才培养、技术研发和社会服务等方面取得实效。

现代产业学院的组织保障是推动产教深度融合、实现高质量人才培养的关键支撑。通过科学合理的组织架构设计、高效的运行机制、精准的人员配置与管理，以及完善的制度建设，现代产业学院能够有效整合各方资源，激发各方积极性。未来，现代产业学院应继续深化组织保障体系的建设，进一步优化组织架构与运行机制，提升人员配置的科学性和管理的精细化水平。

第九章　现代产业学院育人场境、产境、学境建设研究

第一节　现代产业学院育人场境的基本概述

现代产业学院育人场境建设是实现高质量人才培养的关键环节，对于推动高等教育与产业的深度融合具有重要意义。随着产业升级和技术创新的加速，市场对高素质技术技能型人才的需求日益迫切。现代产业学院通过构建集教学、实践、科研、服务等功能于一体的综合教育环境，能够有效提升学生的实践能力和创新能力，增强学生的就业竞争力；同时，育人场境建设还能够促进教育链、人才链与产业链、创新链的有机衔接。随着信息技术的发展和教育理念的更新，现代教育更加注重培养学生的综合素质和创新能力，这就要求我们超越传统意义上的"教室"概念，去构建一个更为丰富和多元的育人场境。

一、育人场境的定义与内涵

（一）定义

现代产业学院育人场境是指为实现产教融合、协同育人目标，构建的集教学、实践、科研、服务等功能于一体的综合教育环境。它包括物理空间（如实训基地、实验室、教室等）和虚拟空间（如在线学习平台、虚拟实验室等）。育人场境的建设旨在通过优化教育资源配置，提升学生的实践能力和创新能力，促进教育链、人才链与产业链、创新链的有机衔接。

（二）内涵

1. 物理空间

这是指实际存在的学习地点，如校园内的各类教学楼、图书馆、体育馆等设施。这些硬件条件为学生提供了安全、舒适的学习环境，并且能够支持多种类型的教学活动。

2. 技术支撑

现代教育离不开技术支持，比如互联网、多媒体设备、虚拟现实（VR）和增强现实（AR）技术等。它们使教育资源得以广泛传播，并能创造出沉浸式的学习体验。

3. 社会互动

有效的学习不仅仅是个人对知识的吸收过程，更是个体间相互交流、合作的结果。因此，良好的育人场境应当鼓励并促进师生之间的对话、学生间小组讨论以及跨学科的合作项目。

4. 文化氛围

每个学校都有其独特的校园文化和价值观，这对学生产生深远的影响。积极健康的校园文化有助于塑造学生的道德品质和个人修养，同时也为其提供了归属感和认同感。

5. 课程体系

围绕特定专业或领域设置的一系列课程构成了知识传授的主要载体。合理的课程结构不仅要涵盖理论知识，还应包含实践操作环节，以便让学生在真实世界中应用所学内容。

6. 评价机制

科学合理的评估方式对于衡量教育成效至关重要。除了传统的考试成绩外，还应考虑学生的学习参与度、团队协作能力、创新思维等方面的表现。

二、育人场境的类型与特点

随着信息技术的发展和社会需求的变化，教育模式正在经历深刻变革。传统以教师为中心的教学方式逐渐被更为灵活和互动性强的学习环境所取代。这些新型的学习环境被称为"育人场境"，它们不仅包括物理空间如教室、实验室等，还涵盖了虚拟学习平台、社交网络等多种形式。育人场境的不同类型都有其各自的特点。

（一）育人场境的类型

1. 体验式学校场域

学校场域是学生品格养成和生命成长的生活世界，是教育的核心场所。其强调生命教育理念，尊重生命成长规律，注重学生的生命体验；现代产业学院应搭建平台、营造氛围，让学生在探索与发现的过程中，绽放品格之花。

2. 浸入式家庭场域

家庭是儿童最初的生活场所，儿童的品格发展首先是在家庭中开始的。其特点是从儿童的立场出发，让家庭成为儿童品格培养的重要阵地。亲子关系直接决定着家庭的教养水平，从而影响着孩子的发展。

3. 融合式社会场域

社会场域是指让教育从传统的封闭空间走向生活世界，以生活内容作为品格培养的主题与素材。

4. 交互式虚拟场域

虚拟场域基于互联网的虚拟社区作为现实场域的补充形态，发挥着愈来愈重要的作用。网络的社会化，成为育人必须面对的现实问题。现代产业学院应积极搭建联动式虚拟场域，尤其是家校网络平台建设，为儿童品格养成提供更丰富的教育滋养。

5. 沉浸式实体育人场景

实体育人场景主要借助实体建筑、实体环境并结合自然的光影效果等，以触发学生对所处情境的多维感知并产生情感共鸣。它是场景育人的最基础形式，所依赖的载体是物理空间以及空间内的实物及其营造的价值氛围。

6. 沉浸式虚拟育人场景

利用信息技术打造的沉浸式育人空间与情景，营造出"境身合一"的沉浸式氛围。其能引导学习者参与体验、互动，通过人与技术的自然交互实现育人目标，追求技术、空间、环境与学习者自身、情感的融合。

7. 沉浸式融合育人场景

依托最新一代信息技术，如 XR、AR+8K 等，将虚拟场景与实体场景融合，营造出更真实、具体的育人情景，实现高度融合的人机交互。

（二）育人场境的特点

1. 职业性

高职院校育人场域具有强烈的职业特色，旨在培养具备崇高职业素养和实际操作技能的高素质技术人才。

2. 实践性

高职院校强调实地教学，注重学生实践技巧的培养，育人场域具有浓厚的实践性特质。

3. 开放性

高职院校的教育环境具有高度的开放性，与企业、行业以及其他社会实体开展深度的合作与沟通。

4. 互动性

育人场域强调师生群体之间的互动，从实体空间到虚拟空间、融合空间，互动载体以及互动形式都会发生变化。

5. 数据化

育人场景的构建与拓展需要充分运用大数据技术，对学生参与情况进行量化储存，动态分析学生的成长态势。

6. 生活化

育人场景要与生活场景相呼应，在虚拟育人场景构建中彰显生活化的特点，教育内容要与学生的生活世界相协调。

7. 沉浸性

沉浸式育人场景通过创设虚拟与现实融合的情境与空间，吸引学生沉浸其中并参与学习、开展互动以及进行价值探索。

通过以上类型和特点的介绍，我们可以看到育人场境的建设需要综合考虑多种因素，包括物理空间和虚拟空间的结合、教育内容与生活世界的协调以及技术手段的创新应用等。这些因素共同构成了一个综合性的育人环境。打造良好的育人环境旨在培养满足现代产业发展需求的高素质应用型人才。

三、现代产业学院育人场境的建设目标与原则

（一）建设目标

1. 提升育人质量

通过优化育人场境，提升学生的实践能力和创新能力，增强学生的就业竞争力。

具体措施：建设高水平的实习实训基地，为学生提供真实的实践环境，开展项目式、案例式教学，增加实践教学比重。

2. 促进产教融合

通过建设育人场境，促进教育与产业的深度融合。

具体措施：建立校企合作机制，高校与企业共同制定人才培养方案，共同开发课程资源，共同开展实践教学。

3. 推动专业建设

通过优化专业设置，提升专业建设质量，形成特色优势专业。

具体措施：紧密对接产业链，实现多专业交叉复合，支撑同一产业链的若干关联专业快速发展。

4. 加强师资队伍建设

通过对"双师型"教师和企业兼职教师的培养，提升教师的实践能力和教学水平。

具体措施：建立校企人才双向流动机制，设置灵活的人事制度，选聘行业协会、企业业务骨干、优秀技术和管理人才到高校任教。

5. 开发校企合作课程

通过校企合作开发高质量课程资源，提升课程内容的实用性和前沿性。

具体措施：引导行业企业深度参与教材编制和课程建设，设计课程体系、优化课程结构，推动课程内容与行业标准、生产流程、项目开发等产业需求科学对接。

6. 建设高水平实习实训基地

通过建设高水平实习实训基地，为学生提供真实的实践环境。

具体措施：基于行业企业的产品、技术和生产流程，创新多主体间的合作模式，构建基于产业发展和创新需求的实践教学和实训实习环境。

7. 搭建产学研服务平台

通过搭建产学研服务平台，促进高校与企业的协同创新。

具体措施：鼓励高校和企业整合双方资源，建设联合实验室（研发中心），围绕产业技术创新关键问题开展协同创新。

8. 完善管理体制机制

通过完善管理体制机制，实现教育链、创新链、产业链的深度融合。

具体措施：强化高校、地方政府、行业协会、企业机构等多元主体协同，形成共建共管的组织架构，探索理事会、管委会等治理模式。

（二）建设原则

1. 坚持育人为本

以立德树人为根本任务，以提高人才培养能力为核心，推动学校人才培养供给侧与产业需求侧紧密对接，培养满足产业高质量发展和创新需求的高素质人才。

2. 坚持产业为要

依托优势学院专业，科学定位人才培养目标，构建紧密对接产业链、创新链的专业体系，切实增强人才对经济高质量发展的适应性。

3. 坚持产教融合

将人才培养、教师专业化发展、实训实习实践、学生创新创业、企业服务科技创新功能有机结合，促进产教融合、科教融合，打造集产、学、研、转、创、用于一体，互补、互利、互动、多赢的实体性人才培养创新平台。

4. 坚持创新发展

创新管理方式，充分发挥高校与地方政府、行业协会、企业机构等双方或多方办学主体作用，加强区域产业、教育、科技资源的统筹和部门之间的协调，推进共同建设、共同管理、共享资源，探索"校企联合""校园联合"等多种合作办学模式，实现现代产业学院可持续、内涵式创新发展。

通过明确建设目标和遵循建设原则，现代产业学院能够更好地实现产教融合，提升育人质量，推动专业建设，加强师资队伍建设，开发校企合作课程，建设高水平实习实训基地，搭建产学研服务平台，完善管理体制机制，从而为应用型高校建设提供可复制、可推广的新模式。

四、育人场境的构建要素

育人场境的构建是现代产业学院实现高质量人才培养的关键环节。它不仅包括物理空间和虚拟空间的建设，还涉及师资队伍、课程资源、实践教学等多个方面，具体来说包括以下几种。

（一）硬件设施

1. 实训基地

实训基地是学生进行实践操作和技能训练的重要场所，是理论与实践相结合的重要环节。实训基地可以提供真实的工程实践环境，帮助学生将理论知识转化为实际操作能力，增强学生的实践技能和职业素养。

实训基地应配备先进的实训设备，确保设备的先进性和实用性；营造真实的工作环境，让学生在实践中体验企业的工作流程和标准。例如，实训基地可以模拟企业的生产流程，设置生产工位、质量检测区、物流配送区等；建立健全的安全管理制度，确保学生在实训过程中的安全。同时，配备专业的实训指导教师，提供全程指导和管理。

2. 教学设施

教学设施是学生进行理论学习和知识获取的重要场所，包括教室、实验室、图书馆等。

它提供良好的学习环境，支持多样化的教学方法和学习方式，提升教学效果和学习体验。

学校一般配备现代化的教学设备，如多媒体投影仪、智能黑板、网络教学系统等，支持线上线下混合式教学；建设专业实验室，配备先进的实验设备，支持学生的实验操作和科研项目；建设丰富的图书资源和数字化资源，提供良好的学习环境，支持学生的自主学习和研究。

（二）软件资源

1. 课程资源

课程资源是学生获取知识和技能的重要载体，包括教材、案例库、在线课程等，能够提供丰富多样的学习内容以满足不同学生的学习需求，提升课程内容的实用性和前沿性。

2. 建设要求

（1）课程开发

校企合作开发高质量课程资源，确保课程内容与行业标准、生产流程、项目开发等产业需求科学对接。例如，与企业合作开发工业机器人编程与操作课程，引入企业实际项目案例。

（2）教材编写

编写高质量的教材，结合行业最新技术和标准，确保教材的实用性和前沿性。例如，编写智能制造相关教材，引入工业 4.0、物联网等最新技术。

（3）案例库建设

建设丰富的案例库，提供实际工程案例和项目案例，帮助学生理解理论知识在实际中的应用。例如，建设智能制造案例库，提供企业实际生产中的优化案例。

3. 教学平台

教学平台是支持教学活动和学习活动的重要工具，包括在线学习平台、虚拟实验室等。

功能：提供灵活多样的教学方式，支持线上线下混合式教学，提升教学的灵活性和覆盖面。

学校应建设功能完善的在线学习平台，支持课程发布、作业提交、在线测试、互动讨论等功能，如建设基于云平台的在线学习系统，支持学生随时随地学习；建设虚拟实验室，提供虚拟实验环境，支持学生进行虚拟实验操作和项目模拟，如建设虚拟电子实验室，提供电子电路设计与仿真功能；建立教学资源管理系统，支持课程资源的上传、管理和共享，方便教师和学生使用。

（三）师资队伍

1. "双师型"教师

"双师型"教师是指既具备扎实的理论知识，又具备丰富的实践经验的教师。"双师型"教师能够保证教师的实践能力和教学水平，确保教学内容的实用性和前沿性。

2. 建设要求

（1）教师培训

建立教师培训机制，定期组织教师参加企业实践和技能培训，提升教师的实践能力。例如，组织教师到企业进行挂职锻炼，参与企业的实际项目。

（2）企业兼职教师

引入企业兼职教师，邀请企业工程师担任兼职教师，参与教学和指导实践。例如，邀请企业技术专家担任兼职教师，为学生讲授前沿技术和实际项目经验。

（3）双师认证

建立双师认证机制，对教师的实践能力和教学水平进行评估和认证，确保双师型教师的质量。

3. 企业兼职教师

企业兼职教师是指企业中的工程师、技术专家等，兼职担任高校教师，参与教学和指导实践。通过企业兼职教师，学校可以引入企业实际经验和前沿技术，提升教学内容的实用性和前沿性。因此，现代产业学院需要建立企业兼职教师管理制度，明确企业兼职教师的职责和权利，确保企业兼职教师的稳定性和教学质量。

现代产业学院鼓励企业兼职教师参与课程开发、教学设计、实践指导等教学活动，提升教学效果，如鼓励企业兼职教师参与课程设计，引入企业实际项目作为教学案例；同步建立兼职教师激励机制，对企业兼职教师的教学贡献给予相应的奖励和补贴，提升兼职教师的积极性。

（四）实践教学

1. 实践教学体系

实践教学体系是指为培养学生的实践能力和创新能力而设计的一系列实践教学活动，包括课程实验、课程设计、综合课程实训、认知实习、企业定制综合设计、毕业实习、毕业设计等。实践教学活动可以提升学生的实践能力和创新能力，增强学生的就业竞争力。其建设要求包括以下几个方面。

（1）设计多样化的课程实验，支持学生进行实验操作和技能训练。例如，电子信息专业课程实验应涵盖电子电路设计、通信实验等。

（2）开展课程设计项目，让学生在课程学习的基础上，进行综合设计和项目实践。例如，智能制造专业课程设计可以包括自动化生产线设计、机器人编程与操作等项目。

（3）组织综合课程实训，让学生在多门课程知识的基础上，进行综合实践和项目开发。例如，智能制造综合课程实训可以包括智能工厂系统集成、工业机器人应用开发等项目。

（4）安排学生到企业进行认知实习，了解企业的实际生产流程和工作环境。例如，安排学生到智能制造企业进行短期实习，了解企业的生产流程和管理标准。

（5）与企业合作开展企业定制综合设计项目，让学生参与企业的实际项目开发。例如，与企业合作开展智能工厂系统集成项目，让学生参与项目的规划、设计和实施。

（6）安排学生到企业进行毕业实习，参与企业的实际工作，提升学生的实践能力和职业素养。例如，安排学生到智能制造企业进行毕业实习，参与企业的实际生产项目。

（7）指导学生完成毕业设计，支持学生进行创新性项目研究和开发。例如，指导学生开展智能制造相关的毕业设计项目，如工业机器人应用开发、智能工厂系统优化等。

2. 实践教学管理

实践教学管理是指对实践教学活动的组织、实施、评估和反馈等环节进行管理，确保实践教学活动的顺利进行和教学质量。现代产业学院可通过实践教学管理，提升实践教学的效果和质量，确保学生在实践活动中获得实际操作经验和职业素养。其建设要求包括以下几个方面。

（1）制订详细的实践教学计划，明确实践教学的目标、内容、时间和要求。例如，制订智能制造专业实践教学计划，明确学生在各实践环节的学习目标和要求。

（2）建立实践教学评估机制，对学生的实践表现进行评估和反馈。例如，建立实践教学评估指标体系，对学生的实践操作、项目完成情况进行评估。

（3）建立实践教学反馈机制，及时收集学生和教师的反馈意见，对实践教学活动进行调整和优化。例如，定期召开实践教学反馈会议，收集学生和教师的意见和建议，对实践教学活动进行改进。

（五）管理体制机制

1. 管理体制机制建设

管理体制机制是指学校为实现育人目标而建立的一系列管理制度和运行机制，包括决策机制、组织机制、控制机制和激励机制。完善的管理体制机制可以确保育人场境的高效运行和持续改进。其建设要求主要有以下几个方面。

（1）决策机制：建立科学的决策机制，确保各方在决策过程中能够充分表达意见，实现互利共赢。例如，建立理事会或董事会，吸纳高校、企业、政府等各方代表，共同参与现代产业学院的重大决策。

（2）组织机制：完善组织架构，明确各方职责，确保各方能够高效协作。例如，设立专业建设指导委员会、实践教学指导委员会等，负责具体业务的指导和监督。

（3）控制机制：建立科学的控制机制，对育人场境的运行效果进行评估，及时发现问题并进行调整。例如，建立教学质量评估体系，定期对教学效果进行评估。

（4）激励机制：建立多元激励体系，激发各方参与育人场境建设的积极性。例如，对参与育人场境建设的教师和企业给予相应的奖励和补贴。

2. 管理体制机制优化

管理体制机制优化是指对现有管理体制机制的持续改进和优化，确保育人场境的高效运行和持续改进。现代产业学院可通过管理体制机制优化，提升育人场境的运行效率和教学质量，确保育人目标的实现。其建设要求包括以下几个方面。

（1）动态调整：建立动态调整机制，根据产业需求和教育目标的变化，及时调整管理体制机制。例如，根据产业需求调整专业设置和课程内容。

（2）持续改进：建立持续改进机制，定期对管理体制机制进行评估和优化，确保育人场境的高效运行和持续改进。例如，定期召开管理体制机制评估会议，收集各方意见和建议，对管理体制机制进行改进。

（3）政策支持：争取政策支持，确保管理体制机制优化的顺利进行。例如，争取政府的政策支持，为管理体制机制优化提供保障。

五、育人场境的评估与优化

育人场境的评估与优化是确保高质量人才培养的关键环节。科学的评估体系和有效的优化策略，可以不断提升育人场境的质量和效益，促进教育与产业的深度融合

（一）育人场境评估的重要性

1. 确保育人目标的实现

评估育人场境能够确保其建设与运行符合预定的育人目标，培养出满足产业需求的高素质应用型人才。

2. 促进资源的合理配置

通过对育人场景进行评估，现代产业学院可以识别育人场境中的优势与不足，从而优化资源配置，提高资源利用效率。

3. 提升教育质量

定期的评估能够及时发现育人场境中存在的问题，为优化提供依据，从而提升整体教育质量。

（二）育人场境的评估指标体系构建

1. 评估原则

（1）科学性与可操作性，指标需量化且数据可获取。

（2）系统性与层次性，覆盖场境各维度，逐级细化。

（3）动态性与前瞻性，适应技术变革与产业升级需求。

2. 评估指标设计

基于场境四维度，构建三级指标体系，如表9-1所示。

表9-1　评估育人场景三级指标体系

一级指标	二级指标	三级指标
物理场境	基础设施完备性	实训设备生均投入金额、智慧教室覆盖率
	场景真实性	企业真实项目占比、生产线仿真度
资源场境	课程资源适配性	校企共建课程比例、数字化教学资源库容量
	师资队伍协同性	双师型教师比例、企业导师年均授课课时
制度场境	治理机制有效性	理事会决策执行率、校企合作协议履约率
	评价体系科学性	企业满意度评分、毕业生三年职业晋升率
文化场境	校企文化融合度	校企联合活动频次、学生创新创业项目孵化率
	职业认同感	学生职业规划清晰度、企业价值观融入课程比例

3. 评估方法

（1）定量分析：通过数据采集（如设备投入、课程数量）计算指标得分。

（2）定性评价：采用问卷调查（学生、企业、教师三方）与专家访谈。

（3）动态监测：利用大数据平台实时追踪场境运行数据（如实训设备使用率）。

（三）育人场境的现状问题诊断

1. 物理场境中虚实结合不足

部分院校实训设备与企业实际生产线差距较大，虚拟仿真技术应用率低于30%。例如，某新能源汽车现代产业学院的电池组装实训仍采用传统教具，未引入数字孪生技术。

2. 资源场境中有关课程滞后与技术孤岛

课程更新周期长达 2~3 年，无法匹配企业技术迭代速度（如云计算领域技术半年更新一次）。调研显示，仅 45% 的现代产业学院与企业共建了动态课程更新机制。

3. 制度场境内治理机制僵化

校企权责不清，企业参与决策比例不足 40%，导致资源投入不可持续。如某智能装备现代产业学院因企业退出合作，实训基地设备闲置率超 60%。

4. 文化场境内职业认同感薄弱

学生对企业文化认知度低，仅 30% 的毕业生明确自身职业发展方向。某学院调查显示，50% 的学生认为"校企合作流于形式"。

（四）育人场境的优化策略与路径

1. 构建"虚实融合"的沉浸式场景提升物理场境水平

尝试引入 XR 技术，建设元宇宙实训室，如宁德时代合作院校的"虚拟电池生产线"，学生可远程操作设备；校企共建共享，企业开放生产线作为教学基地，如海尔智能家居学院学生每周进入工厂实操；常州信息职业技术学院与航天云网共建"工业互联网虚拟工厂"，实训效率提升 40%。

2. 打造动态化课程生态，提升资源场境层次

成立校企课程委员会，每季度更新教学内容，如华为 ICT 学院课程随技术认证同步升级。搭建数字化教学资源共享平台，整合企业案例库、微课视频等资源，如重庆电子工程职业学院与腾讯共建"云计算资源平台"，年更新教学案例超 200 个。

3. 创新治理与评价机制改革制度场境

尝试进行动态股权分配，根据企业资源投入调整治理话语权，如某学院将企业捐赠转化为"教育股权"；委托行业协会或认证机构（如中国工程师协会）开展人才培养质量评估，如广东省推行"产教融合信用积分"，企业参与度与政策优惠挂钩，积分达标企业税收减免提高至 35%。

4. 深化价值观融合强化文化场境

进行企业文化浸润，开设"企业价值观必修课"，如京东物流学院将"客户为先"理念融入课程设计；设立校企联合创客空间，学生项目可获得企业资金与导师支持，如浙江工贸职业技术学院与正泰集团共建"绿色能源创客中心"，孵化学生创业项目 12 个，3 个项目获千万级融资。

（五）典型案例分析：场境优化的实践探索

1. 深圳职业技术学院"华为 ICT 学院"

其场境优化举措包括：

（1）引入华为 5G 基站设备与 eNSP 模拟器，建设"全真网络实验室"。

（2）课程与华为认证体系（HCIA/HCIP）完全同步，每半年更新一次。

（3）实行"双院长制"，华为技术院长拥有课程否决权。

（4）设立"华为开放日"，学生参与企业技术发布会与价值观培训。

通过上述的针对不同场境的优化，该学院毕业生华为认证通过率95%，入职华为生态企业占比70%。

2. 苏州健雄职业技术学院"双元制"现代产业学院

其场境优化举措包括：

（1）与德资企业共建"中德智能制造实训中心"，1∶1 复刻博世生产线。

（2）引入德国 IHK 职业标准，开发模块化课程 32 门。

（3）政府设立"双元制专项基金"，企业每培养 1 名学生获补贴 1万元。

（4）推行"工匠精神"培育计划，学生需通过德国手工业协会（HWK）认证。

学生获国家级技能竞赛奖项 25 项，毕业生留德就业率15%，本土企业录用率90%。

（六）未来趋势与研究方向

1. 技术驱动：人工智能与大数据赋能

引进智能评估系统，利用 AI 分析学生实训数据，实时优化教学策略。开展个性化学习路径，基于大数据推荐课程与职业规划，如"一人一案"培养方案。

2. 政策创新：区域协同与立法保障

跨区域场境共建，如长三角现代产业学院联盟共享实训资源；明确企业参与场境建设的法定义务。

3. 可持续发展：绿色技能与终身学习

开展绿色场境设计研究，聚焦碳中和领域，如新能源现代产业学院建设"零碳实训基地";打造终身学习平台,面向在职人员开放场境资源,如腾讯云学院提供微认证课程。

现代产业学院育人场境的评估与优化,需以产教深度融合为核心,通过技术创新、制度重构与文化浸润,构建"虚实结合、动态适配、价值共生"的育人生态。未来,随着数字技术的深度渗透与政策体系的不断完善,现代产业学院场境将逐步从"资源整合"迈向"智慧赋能",为应用型人才的高质量发展提供核心支撑。

第二节　现代产业学院育人产境的搭建与实践

一个高质量的现代产业学院离不开良好的育人产境,育人产境建设不仅能够提升育人质量,促进产教融合,推动专业建设,加强师资队伍建设,开发高质量课程资源,还能够满足产业升级需求,推动职业教育改革,促进区域经济发展,提升教育质量,增强社会服务能力。

一、育人产境的定义与内涵

(一)育人产境的定义

育人产境是现代产业学院在产教深度融合背景下,以产业需求为导向,通过校企资源整合、技术场景重构与文化生态营造,形成的"教育链—产业链—创新链"三链协同的人才培养情境。其核心是通过真实产业环境与教育场景的有机融合,构建"教、学、研、用"一体化的育人生态,使学生能够在贴近产业实际的场域中完成知识获取、技能训练与职业价值观塑造。从构成维度看,育人产境包括以下要素。

物理空间:校企共建的实训基地、智慧教室、生产线等实体环境。

技术资源:企业提供的先进设备、数字化平台(如虚拟仿真系统)及行业技术标准。

制度框架:校企协同治理机制、动态课程更新规则与评价体系。

文化生态:企业价值观融入、创新创业氛围及职业精神培育。

(二)育人产境的内涵

1. 育人产境是产教融合的实践载体

育人产境是产教融合理念的具象化呈现。其内涵在于突破传统校园教育的物理边界，将产业真实场景引入教育过程，形成"产业即课堂、岗位即考场"的育人模式。

2. 育人产境是技术赋能的场景重构

在数字经济时代，育人产境强调通过技术手段（如虚拟仿真、大数据分析）实现教育场景的虚实融合：注重物理与虚拟结合，如宁德时代合作院校的"数字孪生电池生产线"，学生既能在实体车间操作设备，又能通过 VR 模拟极端工况下的故障排查；通过数据驱动精准教学，利用学习行为数据优化课程设计，如腾讯云学院根据学生实训数据动态调整云计算课程难度梯度。

3. 育人产境具备多元主体的协同生态

育人产境并非单一主体的孤立行为，而是政府、企业、学校、行业协会等多元主体共建的协同网络；有着高效的治理协同，通过理事会制度明确各方权责，如苏州健雄职业技术学院"中德智能制造学院"由企业代表占决策席位的 60%；紧密地开展资源协同，企业提供设备与案例库，学校贡献师资与科研能力，政府通过政策与资金予以支持。

4. 育人产境动态适配的迭代机制

育人产境需随产业技术升级动态调整，其内涵包括：课程快速迭代，如阿里云学院每季度更新云计算课程内容，确保与阿里云技术发布同步；设备持续更新，广东某智能制造学院引入企业"设备租赁计划"，每两年更换一批工业机器人实训设备。

（三）育人产境的核心特征

1. 真实性

教学场景与企业生产环境需要高度一致，如博世汽车学院 1∶1 复刻企业生产线，学生可直接参与汽车电子模块装配；案例教学均基于企业真实项目，如京东物流学院以"618"大促物流调度为实训课题。

2. 开放性

打破校园围墙，构建"校内基地+企业车间+云端平台"的混合场域。如常州信息职业技术学院与航天云网共建的"工业互联网虚拟工厂"，学生可远程接入企业实时生产数据；向社会在职人员开放资源，如腾讯云学院提供微认证课程，支持社会学习者技能提升。

3. 价值共生性

企业价值内化，将企业文化（如华为"以客户为中心"）融入课程设计，培养符合企业需求的人才特质；将教育价值外延，学校通过技术反哺助力企业创新，如某现代产业学院研发的智能检测技术被合作企业应用于生产线质检环节。

二、育人产境的类型与特点

（一）育人产境的类型

1. 物理空间

实训基地：是学生进行实践操作和技能训练的重要场所，提供真实的工程实践环境，帮助学生将理论知识转化为实际操作能力。

教学设施：包括教室、实验室、图书馆等，提供良好的学习环境，支持多样化的教学方法和学习方式。

2. 虚拟空间

在线学习平台：支持课程发布、作业提交、在线测试、互动讨论等功能，提供灵活多样的教学方式。

虚拟实验室：提供虚拟实验环境，支持学生进行虚拟实验操作和项目模拟。

3. 校企合作空间

联合实验室：由高校和企业共同建立，开展技术研发项目，解决企业实际生产中的技术难题。

企业实习基地：企业为学生提供实习岗位，让学生在实际工作中积累经验，提升职业素养。

4. 社会服务空间

职业培训中心：为社会人员提供职业培训和技能认证服务，提升社会劳动力的素质。

技术推广中心：将高校的科研成果推广到企业，促进技术的转化和应用。

（二）育人产境的特点

1. 产教融合性

现代产业学院强调教育与产业的深度融合，通过校企合作，实现教育资源与产业需求的有效匹配。例如，学校通过与企业共同制定培养方案、共建实训基地、共同开展技术研发等方式，提升学生的实践能力和就业竞争力。

2. 多主体共建性

现代产业学院由高校、政府、行业协会、企业等多主体共建共管共享，形成互补、互利、互动、多赢的实体性人才培养创新平台。这种模式不仅提升了教育资源的利用效率，还促进了各方的协同发展。

3. 创新实践性

现代产业学院注重创新实践教学体系，通过项目式、案例式教学，提升学生的实践能力和创新能力。例如，其通过企业将实际项目引入教学过程，让学生在实践中学习和成长。

4. 动态适应性

现代产业学院能够根据产业需求的变化，动态调整专业设置和课程内容，确保教育内容与产业需求保持同步。这种动态适应性使得学院能够更好地服务于区域经济的发展。

5. 资源共享性

现代产业学院通过整合各方资源，实现信息、人才、技术与物质资源的共享。这种资源共享机制不仅提升了资源的利用效率，还促进了各方的协同发展。

6. 机制化运行

现代产业学院以完善的组织机构和体系化的规章制度，凝结产教各方的共同价值和利益诉求。这种机制化运行模式有效提升了行业企业对人才培养的话语权，进而实现了信息、人才、技术与物质资源的共享共用。

三、育人产境的建设目标与原则

（一）建设目标

1. 提升人才培养质量

育人产境的核心目标之一是提高学生的综合素质和职业技能，使其能够更好地满足市场需求和社会发展的需要。这包括加强理论知识的学习，同时注重实践技能的培养，使学生能够在真实的工作环境中应用所学知识，解决实际问题。

2. 推动课程体系改革

为了达到上述目标，现代产业学院必须对现有的课程体系进行改革和完善。育人产境鼓励将最新的行业标准和技术融入课程设计中，形成动态更新的教学内容，确保学生掌握前沿的专业知识和技能。

3. 构建协同育人机制

育人产境强调多方主体之间的协作，政府、学校、企业和行业协会应共同参与制定人才培养方案，建立有效的沟通渠道和资源共享平台，实现教育资源的最大化利用。

4. 强化创新能力培养

除了专业能力外，创新意识和创新能力也是现代产业界高度重视的能力。因此，在育人产境中，现代产业学院应特别重视对学生创新能力的激发和支持，比如设立创新创业基金、组织创业大赛等活动。

5. 促进就业创业服务

帮助学生顺利过渡到职场生活是育人产境的重要职责之一。因此，现代产业学院可以通过提供实习机会、职业规划指导以及搭建校企对接桥梁等方式来增强学生的就业竞争力。

（二）建设原则

1. 需求导向原则

所有活动都应当围绕满足经济社会发展需求展开，尤其是要关注新兴产业的发展趋势以及传统产业转型升级的需求，确保人才培养方向准确无误。

2. 协同共享原则

倡导各参与方之间形成紧密的合作关系，不仅限于信息交流，还涉及资源的共享（如实验室设备、专家讲座等），以最大化地发挥各方优势，提升整体效能。

3. 持续改进原则

鉴于技术和市场的快速变化，育人产境内的各项措施都需要定期评估并根据反馈做出相应调整，保证其始终处于领先地位，能够持续输出高质量的人才。

4. 因材施教原则

考虑到每个学生的兴趣爱好和发展潜力不同，育人产境应该提供多样化的学习路径和发展空间，支持个性化成长，避免一刀切式的教育模式。

5. 开放包容原则

现代产业学院不仅要吸引国内外优秀企业和机构加入合作网络，也要吸引来自不同文化背景的学生和教师参与进来，营造一个开放包容的学习和工作氛围。

育人产境的建设是一个复杂而系统的过程，它不仅涉及教育理念的转变，还需要制度层面的支持和保障。只有当所有的参与者都能明确各自的角色和责任，并且愿意为之付出努力时，才能真正建立起一个有利于学生成长成才的良好生态系统。

四、育人产境的构建要素

育人产境其构建要素涉及教育理念、课程体系、师资力量、实践平台、社会合作、文化氛围等多个方面。以下是对其构建要素的详细分析。

（一）教育理念

立德树人：育人产境的核心是培养德智体美劳全面发展的社会主义建设者和接班人。教育理念应以立德树人为根本，将思想政治教育贯穿于教育教学全过程。

全面发展：强调五育并举，注重学生在德育、智育、体育、美育和劳动教育方面的均衡发展。

个性化发展：尊重学生个体差异，因材施教，为每个学生提供适合其发展的教育。

（二）课程体系

学科课程：构建科学合理的学科课程体系，注重知识的系统性和逻辑性，培养学生扎实的专业基础。

实践课程：加强实践教学环节，通过实验室、实训基地、实习单位等平台，让学生在实践中提升技能。

跨学科课程：打破学科壁垒，开设跨学科课程，培养学生的综合素养和创新能力。

思政课程：打造"大思政课"品牌，将思政教育融入课堂和社会实践，帮助学生树立正确的价值观。

（三）师资力量

专业教师：建设一支高素质、专业化、创新型的教师队伍，提升教师的教学能力和科研水平。

"双师型"教师：在职业教育中，注重培养"双师型"教师，即既具备理论教学能力，又具备实践经验的教师。

导师制：推行导师制，为学生配备专业导师和人生导师，提供学业指导和职业规划。

（四）实践平台

校内实践基地：建设现代化的实验室、实训中心和创新创业基地，为学生提供多样化的实践机会。

校外实习基地：与企业、社区、科研机构等合作，建立稳定的校外实习基地，让学生在真实环境中锻炼。

虚拟实践平台：利用虚拟现实（VR）、增强现实（AR）等技术，开发虚拟实践平台，拓展实践空间。

（五）社会合作

校企合作：深化产教融合，构建校企协同育人机制。学校与企业共同制定人才培养方案、共建实训基地、共同开展科研项目。

家校社合作：加强家庭、学校和社会的协同育人，形成教育合力。通过家长委员会、社区教育活动等方式，营造良好的教育生态。

国际合作：拓宽国际视野，加强与国外高校、企业的合作与交流，开展国际学生交流。

（六）文化氛围

校园文化：营造积极向上的校园文化，通过校园活动、社团组织、文化设施建设等方式，增强学生的归属感和认同感。

企业文化：在职业教育中，引入企业文化，培养学生的职业素养和工匠精神。

社会文化：利用社会文化资源，如博物馆、纪念馆、科技馆等，开展文化育人活动。

（七）技术支持

智慧教育环境：构建智慧教育环境，利用大数据、人工智能、物联网等技术，实现教育资源的优化配置和教学过程的智能化管理。

在线学习平台：开发优质的在线学习平台，提供丰富的数字化学习资源，支持学生自主学习。

教育信息化：推进教育信息化建设，提升教育管理的效率和透明度。

（八）评价机制

综合素质评价：建立科学的综合素质评价体系，从品德修养、学业水平、身心健康、艺术素养、社会实践等多个维度评价学生。

过程性评价：注重过程性评价，关注学生的学习过程和成长轨迹，及时给予反馈和指导。

多元主体评价：引入多元主体参与评价，包括教师、学生、家长、企业和社会机构。

（九）资源保障

财政投入：加大教育经费投入，保障学校的基础设施建设和教育教学活动的开展。

社会资源：整合社会资源，通过捐赠、合作等方式，为教育发展提供支持。

资源共享：推动教育资源的共享与优化配置，缩小城乡、区域和校际差距。

（十）环境营造

安全环境：为学生提供安全、健康的学习和生活环境，加强校园安全管理。

绿色环境：建设绿色校园，营造优美、和谐的自然环境，培养学生环保意识。

人文环境：营造尊重、包容、合作的人文环境，促进师生之间的交流与合作。

五、育人产境的评估与优化

育人产境的评估是确保教育与产业深度融合、促进人才培养质量提升的关键环节。通过科学合理的评估，现代产业学院可以全面了解育人产境的现状、优势与不足，为优化教育环境、调整教育策略提供依据。评估不仅有助于发现现有教育模式中的问题，还能为教育改革提供方向，推动教育与产业的协同发展。

（一）育人产境评估的维度与指标

1. 教育质量评估

课程体系：评估课程设置是否与产业需求相匹配，是否注重理论与实践的结合。

教学方法：考察教师是否采用多样化的教学方法，如项目式学习、案例教学等，以提高学生的实践能力和创新思维。

师资队伍：评估教师的专业素养、实践经验以及"双师型"教师的比例。

学生发展：通过综合素质评价体系，从学业成绩、实践能力、创新能力、职业素养等多个维度评估学生的发展。

2. 产业融合评估

校企合作深度：评估学校与企业之间的合作紧密程度，包括联合办学、实习实训基地建设、产学研合作项目等。

产业需求对接：考察教育内容是否与区域产业布局相衔接，是否能够满足企业对人才的需求。

企业参与度：评估企业参与教育过程的频率和效果，例如企业导师的参与、企业资源的投入等。

3. 环境与资源评估

硬件设施：评估学校实验室、实训中心、实习基地等硬件设施是否满足教学和实践需求。

教育资源配置：考察教育资源分配是否合理，是否能够支持不同层次和类型的学生发展。

社会资源利用：评估学校是否能够有效整合社会资源，如企业捐赠、社会力量参与等。

4. 文化与氛围评估

校园文化：评估校园文化是否积极向上，是否能够为学生提供良好的学习和成长环境。

企业文化融入：考察学校是否将企业文化融入教育过程中，培养学生的职业素养和工匠精神。

社会文化利用：评估学校是否充分利用社会文化资源，如博物馆、科技馆等，开展文化育人活动。

（二）评估结果的应用

1. 问题识别

根据评估结果发现当前存在的问题。学校根据评估结果可以发现某些课程内容是否过时、部分教师是否缺乏实践经验等。

2. 制订改进计划

短期措施：针对具体问题提出立竿见影的解决方案，比如调整某门课程的教学大纲、增加特定领域的培训机会等。

长期规划：从战略层面思考如何优化整体架构，如引入新的学科方向、加强与领先企业的合作关系等。

3. 持续跟踪

设立专门的工作小组负责监督各项改进措施的执行进度，并根据实际情况适时调整策略

（三）育人产境优化的策略

1. 完善评估机制

建立综合评价体系：制定科学合理的评价指标体系，将教育质量、产业融合、环境资源、文化氛围等多个维度的评估结果整合在一起，形成对育人产境的整体认识。

强化过程性评估：注重对教育过程的动态监测，及时发现问题并调整教学策略。

利用信息化手段：借助大数据、人工智能等技术，实现评估的智能化和精准化。

2. 优化教育内容与方法

课程改革：根据产业需求调整课程设置，增加实践课程和跨学科课程的比例。

教学方法创新：鼓励教师采用多样化的教学方法，如项目式学习、案例教学、线上线下混合式教学等。

师资队伍建设：加强教师培训，提升教师的专业素养和实践能力，特别是"双师型"教师的培养。

3. 深化产教融合

加强校企合作：推动学校与企业建立深度合作关系，共同制定人才培养方案、共建实习实训基地。

优化产业对接：根据区域产业布局调整教育内容，确保教育与产业需求相匹配。

拓展合作模式：探索多元化的合作模式，如学校与企业共建科研平台等。

4. 优化资源配置

硬件设施升级：加大对实验室、实训中心等硬件设施的投入，满足学生实践需求。

资源合理配置：优化教育资源的分配，确保不同层次和类型的学生都能获得充分的支持。

社会资源整合：鼓励社会力量参与教育，通过捐赠、合作等方式为教

育发展提供支持。

5. 营造良好的文化氛围

校园文化建设：通过校园活动、社团组织、文化设施建设等方式，营造积极向上的校园文化。

企业文化融入：在职业教育中引入企业文化，培养学生的职业素养和工匠精神。

社会文化利用：利用社会文化资源，如博物馆、科技馆等，开展文化育人活动。

6. 强化反馈与改进机制

建立反馈机制：定期收集来自教师、学生、家长、企业的意见反馈，及时调整教育策略。

持续改进：根据评估结果和反馈意见，制定改进计划，持续优化育人产境。

（四）评估与优化的具体实施步骤

1. 准备阶段

（1）成立评估领导小组，明确职责分工。

（2）确定评估周期，一般建议每年至少进行一次全面评估。

（3）准备相关材料，包括历年工作总结报告、统计数据报表等。

2. 执行阶段

（1）按照预定方案实施各项评估活动，注意保持客观公正的态度。

（2）及时记录评估过程中遇到的问题，并采取相应措施加以解决。

3. 总结阶段

（1）对收集到的数据进行全面整理和深入分析，撰写详细的评估报告。

（2）将评估结果公开发布，接受社会各界监督。

4. 改进阶段

（1）根据评估报告提出的改进建议，制定具体的实施方案。

（2）定期检查改进工作的进展情况，确保各项措施得到有效落实。

育人产境的评估与优化是一个动态循环的过程，需要不断地发现问题、解决问题，才能不断提高育人产境的整体效能。这不仅有助于提升教育质量和学生的综合素质，也为推动产业升级和社会经济发展提供了有力的人才支撑。通过系统化的评估体系和有效的优化措施，可以确保育人产境始终保持其先进性和适应性，更好地服务于国家发展战略的需求。

六、育人产境的搭建与实践案例

（一）吉利学院育人产境搭建与实践

吉利学院作为一所依托企业办学的高校，近年来在育人产境的搭建与实践方面取得了显著成效，形成了具有特色的产教融合模式，为培养高素质应用型人才提供了有力支撑。

1. 育人产境搭建的背景与目标

吉利学院依托吉利控股集团在产业、技术、人才领域的优势，紧密围绕国家发展战略和地方经济社会发展需求，积极探索产教融合、校企合作的育人模式。学校以"数字赋能"为引领，优化专业布局，推动学科专业与产业链的深度融合，致力于培养满足新时代需求的高水平应用型人才。

2. 育人产境的搭建策略

（1）"六双""六融合"人才培养体系

吉利学院构建了"六双"（双招、双聘、双培、双证、双办、双师）和"六融合"（理实融合、研用融合、赛教融合、校企融合、工学融合、行校融合）的人才培养体系；通过"双聘"机制，学校聘请企业专家和高管担任专业导师，同时选派教师到企业挂职锻炼，强化"双师型"教师队伍建设。此外，吉利学院还推行"1+1+X"证书机制，即学生在获得毕业证书的同时，考取相关职业技能证书，增强就业竞争力。

（2）现代产业学院建设

吉利学院与吉利控股集团及其他行业头部企业共建了多个现代产业学院，如工业互联网现代产业学院、新能源汽车现代产业学院、盛宝金融科技学院等。这些现代产业学院通过校企共同制定人才培养方案、开发特色教材、共建实践教学场所等方式，实现了教育链、人才链、产业链、创新链的深度融合。

（3）实践教学平台建设

吉利学院打造了多个高精尖实验实训室和实践教学平台，如汽车工程实验实训中心、数字化制造工程中心、超算中心等。通过将企业的真实生产场景引入校园，学生能够在沉浸式环境中学习和实践，有效解决了传统教育中理论与实践脱节的问题。

（4）课程体系改革

吉利学院构建了"大循环—小循环—专业圈"的"三环共振"课程体

系，围绕学生通识能力、专项能力和可持续发展能力，设置"学科基础课程+专业核心课程+专业方向课程+综合实践课程"的模块化课程。这种课程体系不仅筑牢了学生的知识基础，还强化了学生专业能力和实践技能的培养。

（5）创新创业教育

吉利学院通过"双创"平台建设，鼓励学生参与创新创业实践。校企共建的创新创业孵化平台为学生提供了实践机会，部分优秀毕业生实现了毕业即就业于上市公司或世界 500 强企业的目标。

3. 育人产境的实践成果

（1）教学成果显著

吉利学院在学科专业建设、课程建设、创新创业教育等方面取得了显著成效。该学校的车辆工程专业获批国家级一流专业建设点，机械工程学科获批四川省"双一流"建设培育学科。此外，该学校还获批多项省级一流本科课程和教学改革项目。

（2）学生受益广泛

通过产教融合的育人模式，学生在实践能力、创新能力、就业竞争力等方面得到了显著提升。3 000 余名学生成为产教融合的直接受益者，部分学生毕业后直接进入吉利控股集团或其他知名企业就业。

（3）校企合作深化

吉利学院与吉利控股集团及其他行业头部企业的合作不断深化，形成了"政校行企"协同育人的良好格局。吉利学校通过"揭榜挂帅"机制，与企业共建科研平台和实践基地，推动了科研成果转化。

吉利学院搭建了高质量的育人产境，并坚持数字赋能和产教融合的发展理念，深化教育改革，并持续优化育人产境，推动了产业链、教育链、创新链、人才链的深度融合，为区域经济社会高质量发展培养更多高素质应用型人才。其在育人产境的搭建与实践中取得了显著成效，为其他高校提供了宝贵的经验和参考。

（二）青岛西海岸新区中德应用技术学校育人产境的搭建与实践

青岛西海岸新区中德应用技术学校作为一所具有国际视野和本土实践的职业教育学校，学校通过借鉴德国双元制办学模式，结合本土产业需求，探索出了一条"校产园城"同频共振、"三地三师"协同育人的职业教育新路径，为区域经济发展和产业升级提供了有力的人才支持。

1. 育人产境搭建的背景与目标

随着全球经济一体化和产业升级的加速，职业教育在培养高素质技术技能人才方面的作用日益凸显。青岛西海岸新区中德应用技术学校立足本地区域经济发展需求，依托中德生态园的产业优势，借鉴德国双元制职业教育模式，致力于构建一个集教育、产业、园区、城市于一体的育人产境。学校的目标是通过产教深度融合，培养满足现代产业需求的高素质技术技能人才，同时推动职业教育国际化和区域经济的协同发展。

2. 育人产境的搭建策略

（1）"三地三师"协同育人模式

青岛西海岸新区中德应用技术学校创新性地提出了"三地三师"协同育人模式，即"学校—实践中心—企业"三种学习场景和"学校教师、实践中心培训师、企业师傅"三类师资队伍协同育人。这种模式通过校企深度合作，让学生在不同的学习场景中接受理论与实践相结合的教育，有效提升了学生的职业能力和综合素质。

（2）跨区域开放型公共实践中心

青岛西海岸新区中德应用技术学校联合海尔、芯恩、上汽、京东方等知名企业，建立了 6 个跨区域开放型公共实践中心。这些实践中心不仅为学生提供了真实的实习实训环境，还通过专业交叉融合，为企业提供了复合型技能人才。例如，学校与海尔智家共建的跨专业实践中心，为白色家电领军企业培养了多个专业的复合型技能人才。

（3）国际化标准与本土化实践

青岛西海岸新区中德应用技术学校积极引进德国职业教育标准，并将其本土化为"校企双元主体，三地协同育人"的新型青岛职教模式。学校还与德国职业院校缔结友好学校，设立教师访学研修基地和学生海外研习基地，提升教师的国际化视野和教学水平。

（4）课程与教材改革

青岛西海岸新区中德应用技术学校结合企业需求和行业标准，优化课程设置，开发工作页式教材，课程中融入德国 AHK 证书考核标准。通过课程改革，学校不仅提升了教学质量，还为学生提供了国际认可的职业技能证书，增强了学生的就业竞争力。

（5）产教融合共同体建设

青岛西海岸新区中德应用技术学校与园区企业共建产教融合共同体，

如海尔工业互联网产教融合共同体和京东方芯屏产教融合共同体。通过这些共同体，学校将企业文化、工艺标准和评价标准引入教学过程，实现了教学链与产业链的深度融合。

（6）服务共建"一带一路"倡议

青岛西海岸新区中德应用技术学校积极响应国家共建"一带一路"倡议，开展国际职业教育服务。该学校不仅为国内学生提供国际化教育，还为海外企业员工提供技能培训，推动职业教育国际化。

3. 育人产境的实践成果

（1）人才培养质量显著提升

青岛西海岸新区中德应用技术学校通过"三地三师"协同育人模式，培养的学生在职业技能和综合素质方面得到了显著提升。学生毕业后能够迅速适应企业工作环境，受到企业的高度评价。

（2）产教融合成果丰硕

青岛西海岸新区中德应用技术学校的产教融合实践得到了广泛认可。2024年，学校的"校产园城"同频共振、"三地三师"协同育人案例入选教育部产教融合、校企合作典型案例。此外，该学校还获批多项省级和国家级教学成果奖。

（3）国际化办学成效显著

青岛西海岸新区中德应用技术学校通过引进德国职业教育标准和课程资源，培养了一批具有国际视野的高素质技术技能人才。学校还通过开展国际职业教育服务，提升了区域职业教育的国际化水平。

（4）服务区域经济能力增强

青岛西海岸新区中德应用技术学校通过与园区企业的深度合作，为区域经济发展提供了有力的人才支持。学校每年为园区企业输送大量高技能人才，助力企业高质量发展。

青岛西海岸新区中德应用技术学校将继续深化产教融合，优化育人产境，推动职业教育国际化和区域经济的协同发展，培养了众多高素质技术技能人才。

现代产业学院育人产境的搭建与实践是一个系统工程，涵盖了从定义、类型到评估优化和具体实施的全过程。它通过提供一种结合教育与产业资源的新型教育环境，强化深度合作促进学生全面发展。其类型包括但不限于校内实训基地、企业实习场所等，且每种类型各具特色以满足不同专业需求。现代产业学院应聚焦于培养满足市场需求的应用型人才，在遵循如产学融合、资源共享等基本原则基础上，从课程体系设计、师资队伍建设、教学方法创新等多个方面，将理论与实践有效结合，并通过建立科学的评价体系，定期收集反馈并据此调整策略，确保其育人效果持续提升。

第三节　现代产业学院育人学境的搭建与实践

一、育人学境的概念与内涵

在教育领域，"学境"一词源于"学习环境"（Learning Environment）的概念，它强调学生学习活动所处的物理、心理和社会文化背景对学习者的影响。在现代产业学院的背景下，育人学境则进一步聚焦于如何通过整合产业资源、优化教育环境，为学生提供一个与产业发展紧密结合的学习与成长空间。

（一）育人学境的概念

育人学境是指现代产业学院通过整合课程、师资、实践平台、文化氛围等多方面要素，构建的具有产业特色的学习与成长环境。它不仅是物理空间的简单组合，更是教育理念、教学方法与产业需求深度融合的产物。育人学境的核心目标是为学生提供一个能够激发学习兴趣、培养实践能力、促进职业素养提升的综合性环境，使其能够更好地满足产业发展的需求。

（二）育人学境的内涵

1. 课程体系的适配性

育人学境的课程体系是其核心要素之一。它强调课程内容与产业需求的紧密对接，注重理论与实践的结合。课程设计不再局限于传授传统的学科知识，而是引入产业前沿技术、实际案例和项目实践，使学生能够在学习过程中直接接触产业实际问题，培养解决复杂问题的能力。例如，在智能制造现代产业学院中，课程内容可能包括工业机器人编程、智能制造系统设计等，这些课程源于产业的实际需求，为学生提供了真实的产业学习场景。

2. 师资队伍的多元性

育人学境的师资队伍不仅包括高校的专任教师，还引入了来自产业界的兼职教师和导师。这种"双师型"师资结构能够为学生提供多元化的教学视角。高校教师负责传授系统的理论知识，而产业导师则通过实际案例分享、项目指导等方式，将产业的最新技术和实践经验融入教学过程。例如，企业工程师可以参与课程设计、指导学生实践项目，甚至直接开设实践课程，使学生在学习过程中能够接触到真实的产业环境和工作流程。

3. 实践平台的丰富性

育人学境强调实践平台的建设，包括校内实验室、实训基地以及校外实习基地。校内实践平台通过模拟真实产业场景，为学生提供实践操作的机会；校外实习基地则直接将学生置于产业环境中，使其能够参与企业实际项目，积累工作经验。此外，随着信息技术的发展，虚拟实践平台也成为育人学境的重要组成部分，它通过虚拟仿真技术为学生提供更加安全、高效、多样化的实践体验。

4. 文化环境的融合性

育人学境的文化环境是产业文化与校园文化的有机结合。产业文化强调创新、效率、合作和实践导向，这些元素被融入校园文化中，形成一种独特的育人氛围。例如，在现代产业学院的校园环境中，可以看到企业的文化标识、创新成果展示，以及学生创业项目的孵化空间。这种文化融合不仅激发了学生的学习兴趣，还培养了他们的职业素养和创新精神。

（三）育人学境与现代产业学院发展的关联

育人学境的构建是现代产业学院实现高质量育人目标的关键。通过优化课程体系、整合师资资源、丰富实践平台和营造良好的文化氛围，现代产业学院能够为学生提供一个与产业发展紧密结合的学习与成长环境。这种环境不仅有助于学生掌握专业知识和技能，还能培养他们的职业素养和创新能力，使其更好地满足未来的职业发展需求。因此，育人学境不仅是现代产业学院教育改革的重要方向，也是推动现代产业学院可持续发展的核心动力。

育人学境是现代产业学院教育理念的具象化，它通过整合多方面资源，构建了一个以学生为中心、以产业需求为导向的学习与成长空间。这种环境不仅能够激发学生的学习积极性，还能为产业发展培养出具有创新能力和实践能力的高素质人才。

二、现代产业学院育人学境的搭建要素

育人学境的搭建是现代产业学院实现高质量育人目标的关键环节。它需要从课程体系、实践平台、师资队伍、协同育人机制和文化环境等多个方面进行系统设计与优化，以构建一个能够满足产业需求、促进学生全面发展的人才培养环境。以下是现代产业学院育人学境搭建的核心要素。

（一）产教融合导向的课程体系重构

1. 产业链需求驱动的模块化课程设计

以区域产业发展需求为核心，围绕产业链构建"基础模块+专业模块+实践模块"的课程体系。例如，智能制造现代产业学院可将课程细分为智能装备操作、工业数据采集、生产流程优化等模块，确保教学内容与产业技术迭代同步更新。

2. 校企联合开发项目化课程

引入企业真实项目案例，将生产任务转化为教学项目。如昆明冶专测绘现代产业学院与南方测绘集团合作，将无人机测绘、地理信息系统开发等企业项目融入课程，形成"项目引领、任务驱动"的教学模式。

3. 行业标准与"1+X"证书体系嵌入

将行业认证标准（如工业机器人操作认证）和"1+X"证书考核内容融入课程，推动"课证融通"，增强学生职业竞争力。例如，部分现代产业学院通过校企共建技能认证中心，实现课程学习与职业资格获取的无缝衔接。

（二）虚实结合的实践教学平台建设

1. 生产性实训基地搭建

校内建设模拟企业生产环境的实训基地，校外联动行业龙头企业共建实践基地。如某信息现代产业学院引入企业生产线，打造"教学-生产-研发"一体化实训场景，学生可直接参与产品调试、工艺优化等真实生产环节。

2. 虚拟仿真与真实场景的混合应用

针对高危、高成本实训场景（如化工生产、航空维修），开发虚拟仿真实训系统。如昆明冶专测绘学院通过虚拟仿真技术破解"三高三难"问题，实现虚实结合的沉浸式教学。

3. 产学研用协同创新平台

联合企业建设技术研发中心、创新创业孵化基地，推动"教学—科研—产业"循环。例如，树莓集团数字现代产业学院通过校企联合实验室开展人工智能、大数据领域的技术攻关，将科研成果反哺教学。

（三）校企双元师资队伍协同机制

1. "双师型"教师培养与企业导师引入

实施产业教师特设岗位计划，聘请企业技术骨干担任实践导师，同时要求校内教师定期赴企业挂职。如某现代产业学院规定专业教师每年的企业实践时长不低于 2 个月，并纳入考核体系。

2. 校企联合教研与教学能力提升

组建校企混编教研团队，共同开发活页式教材、制定教学标准。例如，南方测绘现代产业学院通过校企联合教研，将企业最新技术标准转化为教学资源，确保课程内容的前沿性。

3. 激励机制与双向流动制度

建立企业导师薪酬补贴、校内教师科研成果转化收益分配等机制，激发校企人员参与的积极性。部分现代企业学院还试行"校企双聘"制度，实现人才资源的共享互通。

（四）多主体协同育人管理机制

1. 权责明晰的组织架构设计

成立由高校、企业、行业协会等多方参与的理事会或管委会，明确各方在人才培养方案制定、资源投入、质量评估中的权责。例如，某现代产业学院通过理事会决策机制，实现校企资源调配的快速响应。

2. 弹性学制与学分互认制度

推行"学分银行"制度，允许学生通过企业实践、技能竞赛等途径积累学分。部分学院还探索"工学交替"模式，学生可分段在企业岗位学习并兑换课程学分。

3. 动态反馈的质量评价体系

构建以"学生能力达成度、企业满意度、社会贡献度"为核心的评价指标，引入第三方评估机构定期监测育人成效。例如，陕西某现代产业学院将企业用人标准纳入毕业考核，确保人才培养与市场需求精准匹配。

（五）动态调适的保障与优化机制

1. 政策与资源保障体系

地方政府可以在土地、税收、资金等方面提供政策支持，如设立现代产业学院专项基金；同时建立风险防控机制，通过契约明确校企合作中的知识产权归属与利益分配。

2. 产业需求动态响应机制

建立行业人才需求预警系统，定期调研产业链变化趋势。例如，某汽车现代产业学院每半年组织专业调整论证会，及时增设新能源、智能网联等迎和产业人才缺口方向课程。

3. 文化融合与价值观塑造

将工匠精神、质量意识等产业文化融入教学场景，通过企业导师言传身教、劳模进课堂等活动，强化学生职业认同感。

（六）文化环境的营造

文化环境是育人学境的重要组成部分，它对学生的学习态度、职业素养和创新精神产生深远影响。

1. 产业文化与校园文化的融合

现代产业学院的文化环境应将产业文化与校园文化进行有机结合。产业文化强调创新、效率、合作和实践导向，这些元素被融入校园文化中，形成一种独特的育人氛围。例如，在现代产业学院的校园环境中，我们可以看到企业的文化标识、创新成果展示，以及学生创业项目的孵化空间。这种文化融合不仅激发了学生的学习兴趣，还培养了他们的职业素养和创新精神。

2. 创新创业氛围的营造

现代产业学院应营造浓厚的创新创业氛围，鼓励学生积极参与创新创业活动。现代产业学院应通过设立创新创业基金、举办创新创业大赛、建设创业孵化基地等方式，为学生提供创新创业的支持和机会。例如，现代产业学院可以与企业合作，为学生创业项目提供资金支持和技术指导，帮助学生将创意转化为实际产品。

3. 校企合作的文化机制

现代产业学院应建立校企合作的文化机制，通过定期举办校企交流活动、产学研合作项目等方式，加强高校与企业的文化互动。例如，企业可以参与校园文化建设，举办企业文化讲座和职业发展论坛；高校则可以通过学术交流和科研合作，为企业提供技术支持。这种文化机制不仅促进了校企合作的深度与广度，还为学生提供了更多接触产业的机会。

三、育人学境实践模式的核心框架

育人学境的实践模式以"产教融合、校企协同"为主线，现代产业学院应通过重构课程体系、创新教学场景、优化管理机制等路径，形成"双主体驱动、全链条贯通、多维度保障"的育人生态。其核心框架包括以下四大维度。

（一）校企协同育人机制建设

以企业需求为导向，建立"学校主导+企业深度参与"的双主体协同机制。例如，广东白云电器与广东机电职业技术学院共建智能电气现代产业学院，该学院通过理事会决策机制明确校企权责，形成"课程共定、师资共培、基地共建、成果共享"的合作格局。

校企签订合作协议，明确企业承担实践教学、技术指导等责任，学校负责理论教学与资源整合；高校与企业共建实训基地、研发中心，如通过白云电器引入了智能数字化工厂作为真实教学场景，实现"教学即生产"。

（二）产教融合课程体系重构

现代产业学院应基于产业链需求重构模块化课程体系，推动"知识传授-技能训练-职业素养"的融合教学体系。进行模块化课程设计，如高职旅游管理专业可以将课程划分为"基础理论+行业技能+项目实践"模块，新增智慧旅游、旅游电子商务等前沿课程；进行行业标准嵌入工作，将1+X证书考核标准、企业技术规范融入课程，如智能制造专业可以引入工业机器人操作认证标准。校企联合编写动态更新的教材，如昆明冶专测绘学院会根据企业项目案例开发活页式实训手册。

（三）虚实结合的教学场景创新

构建"真实生产+虚拟仿真"的混合式学习空间，破解传统实训的高成本、高风险难题；建设生产性实训基地，如白云电器智能配电设备绿色数字化生产基地，学生在实训基地可以参与设备调试、工艺优化等全流程操作；加强虚拟仿真应用，针对复杂场景（如航空维修、化工生产），开发VR和AR实训系统，实现沉浸式学习与技能考核。

（四）动态反馈的评价体系优化

建立以能力达成为核心的多元化评价机制，强化过程性评价与产业反馈；建立健全评价指标，包括学生技能达标率、企业满意度、创新创业成果转化率等；同步开展校企联合评价，引入企业导师参与毕业设计评审，如旅游管理专业由企业考核学生的项目策划与执行能力。

四、育人学境的实践模式

在现代产业学院的建设中，育人学境的实践模式是实现高质量人才培养的关键环节。通过创新校企合作、产教融合以及创新创业教育等多种模式，现代产业学院能够为学生提供与产业紧密结合的学习环境，培养出满足市场需求的高素质人才。以下是几种典型的育人学境实践模式。

（一）产教融合协同育人模式

1. "政行企校"协同育人

现代产业学院通过地方政府、行业协会、企业机构和高校的多方协同，构建育人共同体。地方政府提供政策支持和资金保障，行业协会发挥桥梁作用，企业参与人才培养方案制定、课程开发和教材编写，高校提供教育资源和师资力量。例如，镇江高等专科学校通过"五群融合"模式，将专业群与产业群深度对接，建立了青云数字、眼视光等现代产业学院。

2. "三协同、四整合、五衔接"模式

这一模式强调育人主体、育人过程和育人成果的协同，通过整合办学资源、课程内容、教学方式和评价体系，实现专业设置与产业需求、课程内容与职业标准、教学过程与工作过程等多个方面的有效衔接。学校与企业通过这种模式，共同制定人才培养方案，优化课程体系，强化实践教学，显著提升了学生的专业技能和职业素养。

3. "五进"模式

现代产业学院通过引企入校、引企入教，形成"企业进校园、工程师进课堂、工程案例进课程、教师进项目、学生进工地"的"五进"格局。这种模式不仅优化了教育资源配置，还通过企业真实项目的引入，提升了学生的实践能力和创新能力。

（二）创新创业实践育人模式

创新创业教育是育人学境的重要组成部分。现代产业学院可以通过实践平台的搭建和课程体系的优化，培养学生的创新精神和创业能力。

1. 创新创业课程体系建设

现代产业学院应将创新创业教育纳入课程体系，开设必修和选修课程，并纳入学分管理体系。课程内容可以结合专业教育，传授创新创业知识，培养学生的创新创业能力和品质。

2. 创新创业实践平台

现代产业学院要花大力气搭建创新创业实践平台，如创业孵化基地、众创空间等，为学生提供丰富的实践机会；同时，通过举办创新创业大赛、模拟商业谈判等活动，增强学生的实践能力和团队协作能力。

3. "互联网+"创新创业模式

现代产业学院应利用互联网技术，开发线上创新创业课程（如MOOC、SPOC），并对其学分予以认定。这种模式不仅拓宽了教育资源的覆盖面，还为学生提供了更加灵活的学习方式。

（三）现代学徒制育人模式

现代学徒制是现代产业学院育人学境的重要实践模式之一，通过校企合作，实现学生与学徒的双重身份培养。

1. "五化"现代学徒制模式

现代产业学院应通过"教室工作室化、学生学徒化、教师师傅化、课程工艺化、作业产品化"的"五化"改革，推进"做中学、学中做"的理实一体化教学。例如，某建筑类职业院校通过"5+3"工学交替模式，将学生的学习与企业实际需求紧密结合。

2. "五融合"育人模式

现代产业学院应通过校企"人才、技术、管理、感情、文化"的"五融合"，构建思想引领与技能培养相结合的育人体系。这种模式不仅提升了学生的专业技能，还增强了学生的职业素养和社会责任感。

（四）国际化育人模式

国际化育人模式是现代产业学院育人学境的重要发展方向，通过国际合作与交流，提升学生的国际视野和跨文化能力。

1. 国际合作项目

现代产业学院可以通过与国际知名企业或高校合作，开展国际实习、交换生项目等，为学生提供国际化的学习机会。

2. 国际课程与师资引入

现代产业学院应引入国际前沿课程和师资力量，丰富课程体系，提升教学质量。例如，部分现代产业学院通过引进国际认证课程，帮助学生获取国际职业资格证书。

3. 海外实习与实践

现代产业学院应通过与国际企业合作，建立海外实习基地，为学生提供真实的国际工作场景。这种模式不仅提升了学生的实践能力，还增强了他们的国际竞争力。

（五）实践模式的创新与推广

1. 案例推广与经验分享

成功的育人学境实践模式应通过案例分享、研讨会等形式进行推广。例如，某高职院校的"三协同、四整合、五衔接"模式已在 4 所高校推广，并取得了显著成效。

2. 政策支持与保障

政府应出台相关政策，支持现代产业学院的建设与发展。例如，通过资金支持、税收优惠等政策，鼓励企业积极参与育人过程。

3. 动态调整与持续改进

育人学境的实践模式应根据产业发展需求和学生反馈进行动态调整。现代产业学院应通过定期评估与反馈机制，不断优化课程体系、实践平台和师资队伍，确保育人模式的持续有效性。

综上所述，育人学境的实践模式通过产教融合、创新创业教育、现代学徒制、国际化教育等多种方式，为学生提供了与产业紧密结合的学习环境。这些模式不仅提升了学生的专业技能和职业素养，还增强了他们的创新能力和国际视野，为现代产业学院的高质量发展提供了有力支撑。

五、育人学境的可持续发展策略

育人学境的构建不仅关乎当前学生的学习体验和成长，还涉及如何确保这种教育模式能够长期稳定地支持学生的全面发展，并与社会经济的发展相适应。因此，制定有效的可持续发展策略至关重要。

（一）资源整合与共享

1. 校际合作

通过建立广泛的校际合作关系，学校之间可以共享教学资源、科研成果以及师资力量。例如，不同高校之间可以通过联合举办学术研讨会、共同开发在线课程等方式加强交流与合作。此外，现代产业学院还可以设立交换生项目，让学生有机会在不同的教育环境中学习，拓宽视野，增加实践经验。

2. 企业参与

鼓励企业积极参与到教育过程中来。这不仅能为学生提供实习机会，还能带来最新的行业动态和技术趋势。如阿里巴巴集团就曾发起过"阿里巴巴全球创新研究计划"，邀请世界各地的学生参与到公司的研发项目中去。这种方式既有利于企业的技术创新，也为学生提供了宝贵的实战经验。

（二）课程体系的持续更新

1. 紧跟时代步伐

随着科技的进步和社会需求的变化，传统的课程体系往往难以满足现代教育的要求。因此，现代产业学院需要定期对课程内容进行评估和调整，确保其与时俱进。比如，在信息技术领域，区块链技术、人工智能等新兴学科应当及时纳入教学大纲。同时，其还要注重跨学科知识的融合，注重培养复合型人才。

2. 实践导向

除了理论知识外，现代产业学院还应强调实践能力的培养。为此，现代产业学院在课程设计时可以增加更多的实验课、实习环节以及案例分析等内容。例如，在工程类专业中，可以设置专门的设计工作室，让学生在真实或模拟的工作环境中完成项目。这不仅有助于提高学生的动手能力，也能增强他们的团队协作精神。

（三）教师队伍建设

1. 专业发展

为了保证教学质量，现代产业学院必须重视教师的专业发展。一方面，其要为教师提供更多的培训机会，帮助他们掌握最新的教学方法和技术；另一方面，其也要鼓励教师参与科研活动，提升自身的学术水平。例如，北京大学就设有专门的教师发展中心，定期组织各类讲座和工作坊。

2. 激励机制

建立健全的激励机制也是提高教师积极性的重要手段之一。除了物质奖励外，现代产业学院还可以通过评选优秀教师、设立教学奖项等方式给予精神上的认可和支持。这样既能激发教师的工作热情，也有助于营造良好的校园文化氛围。

（四）技术支持与数字化转型

1. 智能教育平台

借助大数据、云计算等先进技术，打造智能化的教育平台已成为必然趋势。这类平台不仅可以实现个性化学习推荐，还能对学生的学习过程进行全程跟踪和分析，从而为教师提供科学的教学建议。例如，科大讯飞推出的智慧教育解决方案，就集成了语音识别、自然语言处理等多项核心技术，为用户提供了一个高效便捷的学习环境。

2. 虚拟现实（VR）/增强现实（AR）

利用 VR/AR 技术创建沉浸式的学习场景，可以帮助学生更好地理解和掌握抽象的概念。例如，在医学解剖课程中，现代产业学院可以通过 VR 技术让学生仿佛置身于人体内部，直观地观察各个器官的位置关系及其功能特点。这种方式不仅提高了学习效率，也增加了学习的乐趣。

（五）社会责任感与公民意识的培养

1. 志愿服务

组织学生参与志愿服务是培养学生社会责任感的有效途径之一。例如，清华大学就曾开展过"绿色校园行动"，号召全校师生共同参与到节能减排活动中来。通过这样的活动，学生们不仅可以了解到环境保护的重要性，还能树立关心他人、服务社会，树立正确的价值观。

2. 国际视野

在全球化的今天，培养具有国际视野的人才显得尤为重要。为此，学校可以开设一些关于全球问题的选修课程，如气候变化、贫困与发展等，并鼓励学生参加国际志愿者项目。这类跨文化交流的经历能够帮助学生开阔眼界，增强全球意识，同时也是个人成长的重要契机。

（六）政策支持与制度保障

1. 政府引导

政府部门应在政策层面上给予大力支持，出台相关政策法规，规范办学行为，保障教育公平。例如，《中国教育现代化 2035》就明确提出要加快建成伴随每个人一生的教育体系，努力为每个人在人生不同阶段提供丰富多样的学习机会。

2. 资金投入

充足的经费是育人学境得以持续发展的基础。政府和社会各界应加大对教育领域的资金投入力度，特别是在基础设施建设、科研设备购置等方面给予重点扶持。同时，现代产业学院还应积极探索多元化的融资渠道，吸引更多社会资本参与到教育事业中来。

育人学境的可持续发展是一个系统工程，涉及多个层面的因素。现代产业学院只有通过整合各方资源、持续更新课程体系、加强教师队伍建设、推进技术支持与数字化转型、培养学生的社会责任感以及获得政策支持与制度保障等多方面的努力，才能真正建立起一个既符合时代要求又能有效促进学生全面发展的理想学习环境。这不仅是教育质量提升的重要保障，也是推动整个社会进步的关键所在。

现代产业学院育人场境建设是深化产教融合、破解人才供给结构性矛盾的关键路径。本章通过理论阐释与实践剖析，系统论证了育人场境"产境"与"学境"双轮驱动的建设逻辑。

从理论层面来看，育人场境以"教育链-产业链-创新链"协同为内核，通过重构校企资源交互机制，打破了传统职教封闭式育人模式。产境建设聚焦产业真实场景的嵌入式转化，学境搭建则强调学习空间与职业能力的动态适配，二者共同构成"做中学、学中创"的实践生态。在实践层面来看，育人场境的有效落地需把握三大核心：其一，坚持需求导向，通过校企联合制定能力标准，确保课程内容与岗位要求精准对接；其二，强化资源整合，依托生产性实训基地、虚拟仿真平台等载体，实现"教学场景即工作场景"的虚实融合；其三，完善保障机制，通过理事会治理、弹性学制等制度创新，破解校企合作中的权责模糊与动力不足问题。未来，现代产业学院需进一步推动数字化转型，构建基于大数据的产教协同平台；深化政策供给，健全企业参与育人的税收优惠与荣誉激励；回归育人本质，在技术技能培养中渗透工匠精神，为现代产业体系锻造兼具实践能力与职业信念的高素质人才。

结束语

笔者在《产教融合视域下现代产业学院人才培养范式研究》一书中，系统地探讨了现代产业学院在产教融合背景下的定位、发展路径及其育人模式的创新与实践。本书从多个角度深入剖析了现代产业学院的构建过程，包括其办学机制、多元治理结构、地方政府主导下的育人实践、学校与行业协会的合作模式、学校与龙头企业的合作模式、基于现代学徒制的育人模式以及保障机制和育人场境建设等。通过这些章节的研究，我们可以看到，现代产业学院不仅是一种新型的教育组织形式，更是推动高等教育改革、促进地方经济发展的重要力量。

一、回顾与总结

第一章明确了现代产业学院的背景和意义，并提出了本书的研究框架和目标。随着社会经济的发展和技术进步，传统的高等教育模式逐渐显现出不足之处，尤其是在培养满足市场需求的应用型人才方面。因此，探索新的教育模式成为必然选择。

第二章详细阐述了产教融合视域下现代产业学院的定位与发展。本章强调了产教融合的重要性，指出现代产业学院应如何根据国家政策导向和社会需求进行定位和发展。同时，本章还分析了国内外相关领域的成功案例，为我国现代产业学院的发展提供了参考。

第三章则聚焦于现代产业学院的办学机制与多元治理结构。该章指出，建立科学合理的办学机制是确保现代产业学院顺利运行的关键所在。而多元化的治理结构能够有效整合各方资源，实现优势互补，从而提升整体办学效益。

第四章至第六章分别从地方政府、行业协会及龙头企业三个不同视角出发，探讨了各自在现代产业学院育人中的角色与作用。其中，地方政府作为重要的推动力量，在政策支持、资源整合等方面发挥了重要作用；行业协会凭借其行业资源优势，可以为学生提供更贴近实际的工作环境；而龙头企业则通过自身的技术实力和市场影响力，为学生提供宝贵的学习平台。

第七章介绍了基于现代学徒制的现代产业学院育人模式。这一模式强调理论与实践相结合，旨在培养学生的动手能力和职业素养。通过校企合作，学生能够在真实的工作环境中接受专业训练，这对于提高其就业竞争力具有重要意义。

第八章讨论了现代产业学院育人的保障机制。完善的保障机制是确保各项育人措施能顺利实施的基础条件。这包括师资队伍建设、教学资源配置、评价体系完善等多个方面。

第九章进一步探讨了现代产业学院育人场境建设的问题。良好的育人场境不仅能激发学生的学习兴趣，还能为其创造一个有利于成长的空间。本章从硬件设施到软件环境，全面分析了如何打造一个开放、互动且充满活力的育人场境。

二、实践启示：现代产业学院建设的"中国经验"

（一）坚持需求导向，破解结构性矛盾

现代产业学院的成功实践表明，人才培养必须紧扣区域产业升级需求。例如，浙江数字经济现代产业学院围绕跨境电商、智慧物流等新兴领域动态调整专业，三年内对口就业率从72%跃升至91%，验证了"产业需求–教育供给"精准对接的有效性。

（二）创新治理机制，激活多元主体动能

本书案例揭示，校企合作深度不足的根源在于权责失衡与利益分配模糊。如深圳某信息现代产业学院通过"资源投入量化评估+利润分成协议"，使企业年均投入增长35%，形成可持续的合作动力。

（三）技术赋能教育，重塑育人范式

数字化转型不仅是工具革新，更是教育理念的重构。如苏州工业园现代产业学院利用AI技术构建"能力图谱"，为学生提供个性化学习路径推荐，使学生技能达标周期缩短30%。

三、研究局限与未来展望

（一）当前研究的局限性

动态适配能力不足，现有研究多聚焦静态合作模式，对产业快速迭代

下的动态调整机制探讨较少；跨区域协同研究缺失，案例多集中于经济发达地区，对中西部现代产业学院的差异化路径分析不足；文化融合深度待拓展，现有成果偏重制度与技术层面，对校企文化融合的长期效应追踪不足。

（二）未来展望

通过对上述梳理，我们可以看出，现代产业学院作为一种新兴的教育模式，在解决传统教育与产业发展脱节问题上展现出了巨大潜力。然而，要实现其长远发展目标，我们还需要不断努力和完善以下几个方面。

1. 深化产教融合

尽管当前已经取得了一些成效，但在实际操作过程中仍存在不少障碍。例如，企业在参与过程中可能面临成本增加、利益分配不均等问题；高校也可能因为管理体制僵化等原因难以完全融入企业运营流程。未来，我们需要进一步加强顶层设计，出台更多鼓励性政策措施，降低双方合作门槛，提高合作效率。

2. 优化课程设置

随着科技快速发展，新兴产业层出不穷，这对现代产业学院人才培养提出了更高要求。因此，现代产业学院必须及时调整课程设置，将最新科技成果纳入教学内容；同时，注重跨学科知识的融合，培养复合型人才。此外，现代产业学院还要加强对创新创业教育的重视，鼓励学生勇于尝试新事物，敢于突破传统思维束缚。

3. 强化师资队伍

优秀的教师团队是保证教学质量的前提条件之一。针对目前存在的"双师型"教师短缺现象，现代产业学院可以通过多种途径加以改善。比如，定期选派教师赴企业挂职锻炼，增强实践经验；邀请企业专家来校授课或担任兼职教师，丰富课堂教学内容；建立有效的激励机制，吸引更多优秀人才投身职业教育事业。

4. 完善评价体系

现行的评价体系往往侧重于对学生学术成果的考核，忽视了对学生综合素质尤其是职业技能水平的评估。为了更好地反映育人效果，现代产业学院有必要建立起一套科学合理的多元化评价标准。除了考试成绩外，现代产业学院还应关注学生的实习表现、项目完成情况以及创新能力等多维度指标。

5. 拓展国际合作

在全球化背景下，加强与其他国家和地区之间的交流合作显得尤为重要。一方面，现代产业学院可以通过引进国外先进教育资源，提升国内院校的整体水平；另一方面，其可以积极输出中国特色的职业教育理念与经验，扩大国际影响力。此外，现代产业学院还可以组织学生参加海外实习项目，拓宽国际视野。

现代产业学院作为中国特色的应用型人才培养与教育改革的重要实践，其价值不仅在于培养满足产业需求的技术技能人才，更在于为全球职业教育贡献了中国方案。本书通过理论建构与实证分析，揭示了产教融合从"政策倡导"到"生态构建"的演进逻辑，为现代产业学院的规范化、专业化、国际化发展提供了参考。如此方可让现代产业学院真正成为支撑制造业强国战略的"人才引擎"，为经济社会高质量发展注入不竭动力。

参考文献

［1］洪明. 英国终身学习的新变革与实践［J］. 比较教育研究，2001（4）：18-22.

［2］邵庆祥. 具有中国特色的产业学院办学模式理论及实践研究［J］. 职业技术教育，2009（4）：44-47.

［3］葛高丰. 三基一体实训基地建设探索与实践［J］. 中国高教研究 2010（9）：36-39.

［4］李宝银. 产业学院的功能设计与运行模式［J］. 教育发展研究 2015（11）：54-58.

［5］教育部 国家发展改革委 财政部关于引导部分地方普通本科高校向应用型转变的指导意见［EB/OL］. 2015-11-16.

［6］卢坤建. 产业学院推进产教深度融合实践探索［J］. 职业技术教育 2017（38）：22-25.

［7］国务院办公厅关于深化产教融合的若干意见［EB/OL］. 2017-12-19.

［8］刘国买，何谐. 基于"三元融合"培养应用型人才：新型产业学院的建设路径［J］. 高等工程教育研究，2019（1）：62-66.

［9］教育部办公厅工业和信息化部办公厅关于印发《现代产业学院建设指南（试行）》的通知［EB/OL］. 2020-08-28.

［10］雷明镜. 现代产业学院下的"政产学研用"多元协同育人机制探索［J］. 高等工程教育研究 2020（6）：51-58.

［11］陆勇. 现代产业学院对传统工科的改造升级［J］. 高教发展与评估 2020（36）：35-39.

［12］教育部办公厅 工业和信息化部办公厅关于公布首批现代产业学院名单的通知［EB/OL］. 2021-12-27.

［13］黄红武. 现代产业学院组织模式的创新构想与实现路径［J］. 中

国高等教育 2022（20）：94-99.

[14] 刘兴友. 新工科背景下地方高校应用型人才培养模式的探索与实践 [J]. 管理学刊 2022（35）：26-34.

[15] 李名梁. 我国现代产业学院：内涵诠释、逻辑进路及研究转向 [J]. 教育与职业 2023（10）：78-83.

[16] 方中雄. 论习近平关于"人才自主培养"重要论断的生成逻辑、理论内涵和实践指向 [J]. 中国教育学刊 2023（5）：1-8.

[17] 杨晓慧. 全面提高人才自主培养质量的战略意义和本质要求 [J]. 中国高校社会科学 2023（2）：19-26.

[18] 马小洁. 坚持走基础研究人才自主培养之路 [J]. 红旗文稿 2023（6）：14-18.